KB252864

제주 4·3, 여순 10·19의 기억을 위한 연대

제주 4·3, 여순 10·19의 기억을 위한 연대

인문학술원 연구총서 07
제주 4·3 여순 10·19 연구총서 01

제주 4·3, 여순 10·19의 기억을 위한 연대

초판 1쇄 발행 2024년 9월 30일

엮은이 국립순천대학교 인문학술원
펴낸이 윤관백
펴낸곳 선인
등록 제5-77호(1998.11.4)
주소 서울시 양천구 남부순환로 48길 1, 1층
전화 02)718-6252/6257
팩스 02)718-6253
이메일 suninbook@naver.com

ISBN 979-11-6068-914-3 93900
정가 30,000원

이 교재(연구)는 2024년 교육부 재원으로 국립대학육성사업 지원을 받아 수행되었음

인문학술원 연구총서   07
제주 4·3 여순 10·19 연구총서   01

제주 4·3, 여순 10·19의 기억을 위한 연대

국립순천대학교 인문학술원 편

　국립순천대학교 인문학술원이 『제주 4·3 여순 10·19의 기억을 위한 연대』를 〈순천대·제주대 4·3, 10·19 공동 연구총서〉 제1권으로 발간하게 되었습니다. 2001년에 설립된 인문학술원은 그동안 〈전쟁사 연구총서〉를 6권 출판하였고, 〈종교역사문화총서〉를 4권 발행했고, 〈동아시아 냉전 연구총서〉의 2024년 하반기 출판을 준비하고 있습니다. 인문학술원은 여순 10·19 사건이 발생한 현장에서 〈순천대·제주대 4·3, 10·19 공동 연구총서〉를 시작하게 되어 기쁘게 생각합니다.

　국립순천대학교 인문학술원 〈순천대·제주대 4·3, 10·19 공동 연구총서〉 제1권은 순천대학교 인문학술원과 제주대 학교 탐라문화연구원이 2018년 이후 지난 6년 동안 진행한 공동학술대회의 성과를 정리한 것입니다. 그동안 6회에 걸쳐 제주 4·3사건과 여순 10·19 사건에 대한 다양한 주제들에 대한 논문들이 발표되었습니다. 어려운 상황 속에서 공동학술대회 개최에 혼신의 노력을 기울여 주신 제주대학교 탐라문화연구원 전영준 원장님과 김치완 원장님께 깊은 감사를 드립니다.

그동안 발표된 연구 성과들을 2개의 주제로 묶어 제주대학교 탐라문화연구원과 순천대학교 인문학술원이 각각 한 권씩 출판하게 되었습니다. 순천대학교 인문학술원은 『제주 4·3, 여순 10·19의 기억을 위한 연대』를, 제주대학교 탐라문화연구원은 『제주 4·3, 여순 10·19의 책임을 위한 연대』를 출판합니다. 〈순천대·제주대 4·3, 10·19 공동 연구총서〉 발간기념으로 〈제주 4·3, 여순 10·19의 기억과 책임을 위한 연대〉 주제로 2024년 10월에 순천대에서 제7차 학술대회가 개최됩니다.

순천대 인문학술원이 출판하는 『제주 4·3 여순 10·19의 기억을 위한 연대』는 3부로 구성되어 있습니다. 1부에서는 제주 4·3사건과 여순 10·19 사건의 배경과 전개 과정을 다룹니다. 2부에서는 여순 10·19 사건의 표상을 살펴봅니다. 3부에서는 제주 4·3사건과 여순 10·19 사건의 과제를 고민합니다.

순천대 인문학술원은 2017년에 한국연구재단 대학중점연구소 사업에 선정되면서 순천대학교 인문학술원은 아시아태평양전쟁과 한국전쟁 관련 연구를 통해 6년 동안 진행하면서 6권의 연구총서와 6권의 자료총서 등 총 12권을 출판하였습니다. 또한 인문학술원은 2023년 '동아시아 냉전과 지역사회의 내파(內破)'를 주제로 한국연구재단 인문사회연구소 지원사업에 재선정 되었습니다.

이를 바탕으로 인문학술원은 '열전에서 냉전으로' 연구 주제를 확대해 나가려고 합니다. 순천대 인문학술원은 '동아시아냉전 연구총서'와 '여순사건 미국자료총서'들을 향후 6년 동안 출판하려고 합니다. 이와 더불어 이번에 새로 시작된 〈순천대·제주대 4·3, 10·19 공동 연구총서〉도 계속 출판될 수 있도록 순천대 인문학술원은 제주대 탐라문화연구원과 함께 계속 노력하겠습니다.

그동안 공동학술대회에서 발표해 주시고 〈순천대·제주대 4·3, 10·19 공동 연구총서〉에 원고를 주신 선생님들께 이 자리를 빌려 다시 감사드립니다. 이 책이 출간되기까지 수고해 주신 예대열 선생님을 비롯한 학술원 선생님들께 깊이 감사드립니다. 또한 이러한 공동 연구 활동이 가능하도록 국립대육성사업을 통해 재정적 지원을 해주신 이병운 순천대학교 총장님께도 고맙다는 말씀을 드립니다.

2024년 9월
국립순천대학교 인문학술원장 **강 성 호**

연대와 기억으로 보는 제주 4·3과 여순 10·19

강성호(순천대학교 인문학술원장)

2024년 7월 30일 국회에서 '여수·순천 10·19 사건 진상규명 및 희생자 명예회복에 관한 특별법'(이하 '여순사건특별법') 개정안이 발의되었다. 2021년 6월 29일에 국회에서 통과된 여순사건특별법은 제주 4·3특별법에 비해 20년 뒤에 제정되었음에도 불구하고, 조사 기간이 짧고 관련 지원 규정이 미비해서 제정 당시부터 논란이 있었다.

여순사건특별법 제정 이후 '여수·순천 10·19사건 진상규명 및 명예회복위원회(이하 여순사건위원회)'가 설립되어 진상규명과 명예회복을 위한 활동을 진행하고 있다. 그러나 피해 신고와 희생자 결정, 보고서 작성 등이 진행되지 않은 채 여순사건특별법이 정한 조사 기간이 곧 끝나게 되었다. 따라서 진상조사를 제대로 하기 위해서 필요한 조사 기간 연장과 지원 강화를 담은 특별법 개정안이 국회에 제출된 것이다. '여순사건특별법개정안'이 통과되어 여순사건의 진상 조명, 명예회복,

충실한 보고서 작성 등이 순조롭게 진행되기를 기대한다.

'여수·순천 10·19 사건(이하 여순사건)'은 1948년 10월 19일 여수에 주둔하고 있는 국군 제14연대 일부 군인들이 제주 4·3 진압 명령을 거부하면서 일어났다. 여순사건은 1948년 10월 19일부터 지리산 입산 금지가 해제된 1955년 4월 1일까지 여수·순천 지역뿐만 아니라 전남, 전북, 경남 지역에서 많은 사망자가 발생한 사건이다. 당시 전라남도 조사에 따르면 1949년 11월 기준 사망자는 1만 1,131명이었다.[1]

여순사건에 대한 지역에서의 조사와 연구는 1980년대 민주화운동이 시작된 이후에서야 비로소 시작될 수 있었다. 지역 시민사회가 여순사건을 먼저 조사하고 연구하기 시작했다. 1990년에 순천지역에서 전남동부지역사회연구소가 『지역과 전망』에서 여순사건을 본격적으로 다루기 시작했다. 여수 지역에서는 여수문화원의 『여수문화』가 여순사건에 대한 증언과 자료를 다루었다. 1998년에는 여수지역사회연구소가 『여순사건 피해실태보고서』 1집을 발간하였다.

지역 대학에서는 2014년부터 여순사건에 대한 연구가 시작되었다. 국립순천대학교에서 2014년에 지리산권문화연구원 산하에 여순연구센터를 설립하였다. 여순연구센터는 여순사건 관련 신문자료와 기사자료를 체계적으로 정리하여 4권으로 된 『여순사건자료총서』를 2015년 발간하였다. 여순연구센터는 이후 2024년 1월에 국립순천대 인문학술원으로 이관되어 『여순사건자료총서』 개정판 출판 준비를 하고 있다.

이후 여순사건 연구가 순천대 인문학술원, 10·19 연구소(구 여순연구소),

---

[1]　강성호, 「시민과 함께 가야 할 여순사건 연구」, 『시민과 함께 읽는 여순사건』, 선인, 2023, 10쪽.

전남대 여수학연구원 등에서 진행되고 있다. 2018년에 설립된 순천대 10·19 연구소는 여순사건 관련 구술채록, 추념 창작집, 연구총서 등을 출판하였다.[2] 또한 여순사건 진상규명을 위한 다양한 행사와 전시회 등을 활발하게 진행하고 있다. 2022년에 전남대 여수캠퍼스에 설립된 여수학연구원도 여순사건 관련 학술행사를 개최하고 있다.[3]

순천대 인문학술원은 여순사건과 관련하여 세 가지 작업을 진행하고 있다. 첫째, 여순사건 관련 미국자료 조사·수집·번역 작업을 진행하고 있다. 인문학술원은 2021년부터 여순사건 관련 미국 소장자료의 국내 수집 현황을 조사한 뒤에, 6차례에 걸쳐 미국에 파견·조사를 진행하여 여순사건 관련 조사 및 수집 작업을 진행하였다. 이 과정에 수집된 자료는 인문학술원에서 2024년 하반기부터 총 6권 규모의 『여순사건 미국자료총서』(가제)로 출간될 예정이다.

또한 인문학술원은 '여순사건위원회'가 발주한 '여순사건 관련 미국자료 조사·수집·번역 용역'을 2023년부터 2차례 수주하였다. 인문학술원은 2023년 6월부터 2024년 4월까지 1차 용역사업을 성공적으로 마쳤다. 2024년 7월부터 2024년 12월까지 2차 용역사업을 하고 있다. 인문학술원이 수행한 여순사건 관련 미국 자료 조사 및 수집은 국사편

---

[2] 순천대 10·19 연구소는 여순사건 증언록으로 『나 죄없응께 괜찮을거네』, 『한 번도 불러보지 못한 이름, 그리운 아버지』, 『몸서리 나는 세상이라 참말로』, 『하루하루가 목숨같은 시간이여』, 『한풀고 눈 감으면 좋으련만』 등을 출판하였다. 이외에도 10·19 연구소에서 추념창작집으로 『해원의 노래』 1, 2 3권이 연구총서로 『문학으로 본 여순 10·19의 진실과 상처』 등이 출판되었다.

[3] 전남대 여수학연구원은 2022년 설립 이후로 여순사건 관련 학술 행사들을 개최하고 있다. 『한국 과거사 진상규명의 성과와 과제: 제주 4·3과 여수』, 2022; 『한국 과거사 진상규명의 성과와 과제: 부마민주항쟁과 여순사건』, 2022; 『한국 과거사 진상규명의 성과와 과제: 5·18민주화운동과 여순사건』, 2022; 『여순사건에 대응한 국가권력의 작용』, 2024; 『여순사건의 진상규명과 문학적 형상화』, 2024 등을 들 수 있다.

찬위원회를 통해서 향후 온라인으로 서비스될 예정이고, 여순사건 문서 번역자료도 여순사건위원회에서 번역총서로 출판될 예정이다.

둘째, 순천대 인문학술원은 여순사건 연구자 양성을 위해 순천대 대학원 여순지역학과와 공동으로 노력하였다. 인문학술원은 여순지역학과 대학원생 세미나, 학술답사 등을 진행하였다.[4] 2024년에 여순지역학과에는 석사과정 11명과 박사과정 3명이 다니고 있다. 인문학술원 대학원생들 중심으로 학술 세미나를 운영하여 석사학위 논문 작성에 도움을 제공하였다. 또한 여수, 순천, 광양, 구례 지역에 대한 답사를 시민사회와 함께 진행하여 여순사건 현장을 다양한 관점에서 볼 수 있는 기회를 제공하였다. 2022년에 순천대 대학원에 여순지역학과가 생긴 뒤에 2023년도에 제주대 대학원에 4·3사건 협동과정이 세워졌다. 순천대 인문학술원은 광주과학기술원 융합교육 및 융합연구센터와 함께 제주대 4·3협동과정 및 여순지역학과 교육과정 연구도 같이하려고 한다.

셋째, 순천대 인문학술원 2018년부터 제주대 탐라문화연구원과 MOU를 맺고 제주 4·3사건과 여순 10·19사건 공동학술대회를 개최해 왔다.[5] 순천대와 제주대의 인문사회 분야를 대표하는 두 연구소가

4　순천대 인문학술원과 여순지역학과공동 학술세미나로『여순지역학 하계 워크샵』, 2023. 8;『국립순천대 인문학술원·여순지역학과 공동학술세미나: 해방 전후 지역사회운동과 여순사건의 기억』, 2024. 6 등이 있다. 공동답사로는 〈여수 10·19 유적지 답사〉, 2023. 5. 29; 〈광양·구례 10·19 유적지 답사〉, 2024. 2. 15 등이 있다.

5　2018년 이후 제주대 탐라문화연구원과 순천대 인문학술원 사이에 6번의 공동학술대회가 개최되었다. 1차 학술대회는『여순사건의 기억과 지역사회』, 순천대학교, 2018. 10, 2차 학술대회는『제주 4·3과 여순 10·19 저항의 기억과 연대』, 제주대학교, 2022. 1, 3차 학술대회는『여순 10·19와 제주 4·3의 새로운 이해』, 순천대학교, 2022. 10, 4차 학술대회는『4·3과 10·19에 대한 새로운 해석』, 제주대학교, 2023. 3, 5차 학술대회는『제주 4·3과 여순 10·19의 형상화와 진상규명의 과제』, 순천대학교, 2023. 10, 6차 학술대회는 국제학술대회로『동아시아 냉전과 4·3, 10·19』, 제주대학교, 2024. 3로 개최되었다.

중심이 되어 두 지역의 대표적 현대사 현안을 다루었다는 점에서 공동주최해 주신 제주대 탐라문화연구원 전영준 원장님과 김치완 원장님께 깊은 감사를 드린다.

2018년 이후 6회에 걸친 학술대회가 진행되었다. 2022년 하반기 부터 제주 4·3 사건 주간에는 제주대 탐라문화연구원 주관으로 제주대에서 학술대회를 개최하고, 여순 10·19 사건 주간에는 순천대 인문학술원에서 학술대회를 개최하였다. 그동안 6회에 걸쳐 제주 4·3사건과 여순 10·19 사건에 대한 다양한 주제들에 대한 논문들이 발표되었다. 그동안 발표된 연구성과들을 2개의 주제로 묶어 2024년 하반기에 제주대 탐라문화연구원과 순천대 인문학술원이 각각 한 권씩 출판하기로 하였다. 순천대는 『제주 4·3, 여순 10·19의 기억을 위한 연대』로, 제주대 탐라문화연구은 『제주 4·3, 여순 10·19의 책임을 위한 연대』로 각각 책을 내기로 하였다. 7차 학술대회는 순천대·제주대 4·3, 10·19 공동 연구총서 발간기념으로 〈제주 4·3, 여순 10·19의 기억과 책임을 위한 연대〉 주제로 2024년 10월에 순천대에서 개최된다.

2000년 이후에 진행된 여순사건 연구는 그 이전에 비해 다양한 영역에서 많은 연구가 발표되었다는 점에서 활성화되었다.[6] 무엇보다 먼저, 히구치 유유이치(樋口雄一), 황남준, 존 메릴(John Merrill), 브루스 커밍스, 안종철, 서중석, 이효춘 등의 연구가 축적이 되면서 여순사건에 대한 기존의 반공주의 시각이 약화되기 시작한 것은 큰 성과였다. 또 다른 성과로 김득중, 서중석, 노영기, 김춘수, 임송자, 최선웅, 이선아, 김영택, 손태희, 임종명, 박정석, 주철희, 정호기, 이영일 등이 참여하

---

[6] 임송자, 「여순사건 연구의 현황과 쟁점, 그리고 과제」, 『남도문화연구』, 제42집, 2021. 4, 103쪽.

여 다양한 주제로 연구 영역이 확대된 점을 들 수 있다. 이승만 정부의 성격과 한국 국군의 변화, 반공체제 구축 과정과 국가폭력, 여순사건 주도 인물과 참가 계층, 여순사건과 빨치산의 상호관계, 여순사건 피해실태와 진상규명 현황, 여순사건의 기억과 재현 등 다양한 연구가 진행되었다.

2000년 이후 여순사건에 대한 연구가 상대적으로 많이 진행되었지만, 여순사건에 대한 심층적인 연구를 통해서 해결해야 할 과제들이 여전히 많다.[7] 가장 오래된 과제의 하나는 여순사건에 대한 명칭 문제이다. 여순사건에 대한 명칭은 여수 14연대 반란사건, 여순봉기, 여순병란, 여순군란, 여수·순천 10·19사건, 여순사건, 여순군민항쟁, 여순항쟁 등 다양하지만,[8] 여순사건특별법이 제정되면서 '여수·순천 10·19사건'이라는 명칭으로 잠정적으로 사용되고 있다. 이외에도 여순사건 과제와 관련하여 해결해야 할 과제로 여순사건의 발발 원인, 여순사건에 대한 남로당 개입 문제, 여순사건 주도 세력과 참여자의 성격, 여순사건 당시 인민재판의 존재 여부, 군경의 진압 작전과 피해 양상, 빨치산 활동과 정부 군경의 진압 작전 등이 있다.[9]

이런 과제들을 해결하기 위해서는 여순사건 자체에 대한 연구에서 벗어나 여순사건의 배경이 되는 지역사회의 역사적 구조와 사회적 구조에 대한 폭넓은 연구가 필요하다. 여순사건은 일제 식민지 체제가 제2차 세계대전 이후 동아시아 냉전체제로 재편되는 이행기에 발생했기 때문에 당시 전후 세계체제와의 상관관계 연구도 진행되어야 한

---

[7] 임송자, 「여순사건 연구현황과 과제」, 116~127쪽.

[8] 김득중, 『'빨갱이'의 탄생: 여순사건과 반공국가의 형성』, 선인, 2009, 52~53쪽.

[9] 임송자, 「여순사건 연구현황과 과제」, 39~40쪽.

다. 또한 여순사건 연구의 토대가 되는 여순사건 관련 정부 문서, 군경자료, 미국 자료, 개인 소장 자료, 구술 채록 자료 등에 대한 자료 수집, 정리, 디지털화 작업 등도 체계적으로 이루어져야 한다.

지난 10여 년 동안의 순천대 인문학술원의 여순사건 연구도 이러한 과제를 해결하는 과정의 하나로 볼 수 있다. 그동안 순천대 인문학술원이 여순사건 연구 과정에서 보인 성과들로 다음을 들 수 있다.

첫째, 인문학술원은 학술대회를 개최하여 여순사건과 관련된 주요 성과들을 정리할 수 있었다. 순천대 인문학술원이 2020년 10월에 순천대에서 개최한 『여순사건 72주년 기념학술대회: 여순사건 연구현황과 진상규명의 성과·과제』에서 임송자의 「2000년 이후의 여순사건 연구현황과 과제」가 발표되었다.[10] 발표를 통해서 2000년 이후 여순사건 연구현황이 처음으로 체계적으로 정리되었다. 제주대 탐라문화연구원과의 1차 공동학술대회 〈여순사건의 기억과 지역사회〉에서 그동안 다양하게 진행되어 파악하기 어려웠던 여순사건 구술사 진행 현황도 박병섭의 「여순관련 구술사업의 현황과 과제」를 통해 일목요연하게 정리되었다.[11]

둘째, 여순사건의 배경이 되는 지역 사회의 사회적 구조에 대한 구체적 연구들이 학술대회에서 발표되었다. 임송자의 「여순사건과 순천지역 좌·우 세력의 동향」[12]에 대한 발표는 여순사건 당시 순천지역 사회단체들의 현황과 조직역량을 처음으로 분석하였다. 여순사건 당시

---

[10] 임송자, 「여순사건 연구현황과 과제」, 『여순사건 72주년 기념학술대회: 여순사건 연구현황과 진상규명의 성과·과제』, 순천대학교, 2020. 10. 16.

[11] 박병섭, 「여순관련 구술사업의 현황과 과제」, 『여순사건의 기억과 지역사회』, 순천대학교, 2018. 10. 12.

[12] 임송자, 「여순사건과 순천지역 좌·우 세력의 동향」, 『여순사건의 기억과 지역사회』, 순천대학교, 2018. 10. 12.

순천지역 사회단체에 대한 구체적 분석 연구는 여순사건에 대한 당시 지역민들의 참여 정도를 객관적으로 파악할 수 있다는 점에서 주목할 만한 연구였다. 이정은은 「여순사건과 농지개혁, 그리고 지역의 경험」과 「전남동부지역 귀속재산 연구」 발표에서 여순사건 당시 지역사회의 사회경제적 상황을 구체적으로 연구하였다.[13] 박동명은 「여순사건을 전후로 한 여순지역의 경제적 상황」을 발표하였다.[14] 이러한 연구들은 지역사회의 사회경제적 구조를 파악할 수 있다는 점에서 귀중한 연구였다. 우승완의 「여순 10·19 이전 여수, 순천의 도시 특성」은 여순사건의 발생 배경이 되는 당시 여수도시의 구조를 파악할 수 있게 해준다는 점에서 여순사건 객관화에 중요한 기여를 하였다.[15]

셋째, 인문학술원의 지속적인 여순사건 연구 과정에서 새로운 여순사건 연구자들이 다수 배출되면서 다양한 연구 영역이 새로 열리게 되었다. 임송자, 유상수, 최선웅, 이선아, 예대열, 권오수, 우승완, 이정은, 박광명, 강진구, 김진표 등이 여순사건 연구와 인연을 맺게 되었다. 새로운 연구자들이 합류하면서 여순사건의 사회경제적 배경, 도시구조, 단체 및 계층연구, 빨치산 연구, 가족사 연구, 여순사건 문학, 여순사건 기억과 재현, 여순사건 해외자료 등 다양한 영역에 대한 새로운 연구들이 출현하였다. 새로 신설된 순천대 대학원 여순지역학과 대학원생들을 통해서도 새로운 연구주제가 연구되고 있다.

---

[13] 이정은, 「여순사건과 농지개혁, 그리고 지역의 경험」, 『아시아태평양전쟁과 한국전쟁의 경험』, 순천대학교, 2023. 2. 3; 이정은, 「전남동부지역 귀속재산 연구」, 『동아시아냉전의 기원과 연쇄』, 순천대학교, 2024. 2. 23.

[14] 박동명은 「여순사건을 전후로 한 여순지역의 경제적 상황」, 『여순 10·19와 제주 4·3의 새로운 이해』, 순천대학교, 2022. 10. 20.

[15] 우승완, 「여순 10·19 이전 여수, 순천의 도시 특성」, 『4·3과 10·19에 대한 새로운 해석』, 제주대학교, 2023. 3. 31.

넷째, 인문학술원은 여순사건 연구의 기초자료가 되는 국내외 여순사건 자료를 수집, 정리, 디지털화 토대를 마련하고 있다.[16] 여순사건 미국자료는 국내에서 순천대 인문학술원 중심으로 조사, 수집, 해제, 번역 및 디지털화 작업을 하고 있다. 여순사건위원회 작업은 위에서도 언급하였지만 국사편찬위원회를 통해서 서비스될 것이다. 지역 차원에서는 순천대 인문학술원에서 자체적으로 정리한 자료들을 출판하고 디지털화해서 제공할 계획이다. 또한 2024년 1월에 이관받은 여순연구센터에서 출판한 『여순사건자료총서』 4권도 디지털화해서 인문학술원 홈페이지를 통해서 제공할 계획이다.

다섯째, 여순사건 연구를 하면서 국내외 연구 연대를 구축해 나가고 있다. 제주대 탐라문화연구원과 6년 동안의 공동학술대회를 통해서 제주 4·3 연구자들과 깊은 연대가 구축되었다. 또한 동아시아 냉전 비교연구들 하면서 일본의 오키나와 연구자, 대만의 2·28 연구자와 기관들과도 연대 관계를 만들어가고 있다. 대만 가오슝대학교 한국연구센터와 최근 상호 협력을 위한 MOU를 체결하였다. 서남아시아 지역 대학과도 냉전 비교 연구를 시작하였다.[17]

인문학술원이 이룬 성과들의 상당 부분은 제주대 탐라문화연구원과 공동으로 개최한 제주 4·3/여순 10·19 공동학술대회와 연관되어 있다. 이번에 2018년 이후 지난 6년 동안 개최된 학술대회 성과를 2권

---

[16] 권오수, 「여순사건 관련 해외 자료 수집 현황과 과제」, 『여순 10·19와 제주 4·3의 새로운 이해』, 순천대학교, 2022. 10. 20; 권오수, 「여순사건 관련 국내 미수집 자료 현황과 과제」, 『제주 4·3과 여순 10·19의 형상화와 진상규명의 과제』, 순천대학교, 2023. 10. 20.

[17] Institute of Humanities Research, SCNU, *2024 Sunchon International Conference: Local Society and The Cold War in East Asia & Southwest Asia*, Professor conference room, College of Humanities & Arts, Sunchon National University, April 26, 2024.

의 연구총서로 출판하는 것은 큰 의미가 있다. 흩어져 있던 연구성과를 모은다는 것 자체도 의미도 있을 뿐만 아니라, 최근 여순사건에 대한 본격적인 연구서가 없는 상황 속에서 출판된 연구총서라는 점도 의의가 적지 않다. 또한 양 연구소의 공동학술대회는 계속될 것이기 때문에, 이번 연구총서 출판은 새로운 출발을 알리는 신호이기도 하다.

순천대 인문학술원은 『제주 4·3 여순 10·19의 기억을 위한 연대』 연구총서를 펴내게 되었다. 『제주 4·3 여순 10·19의 기억을 위한 연대』는 3부로 구성되어 있다. 1부에서는 제주 4·3사건과 여순 10·19 사건의 배경과 전개 과정을 다룬다. 2부에서는 여순 10·19 사건의 표상을 살펴본다. 3부에서는 제주 4·3사건과 여순 10·19 사건의 과제를 고민한다.

1부에서는 제주 4·3사건과 여순 10·19 사건의 배경과 전개 과정을 다룬다. 1부 1장에서 제주 4·3 사건의 진압과정과 선무공작의 전개 양상을 다루었다. 이 글은 제주 4·3 사건에서 정부가 강경진압 작전과 함께 선무공작을 전개했다는 점에 주목하고 있다. 이 글에서 제주 4·3 사건 발발부터 1949년 5·10 재선거 실시 기간 동안의 정부의 선무공작이 집중적으로 다루어졌다. 이글은 제주 4·3 사건 초기에는 선무공작은 성과를 거두지 못했지만, 1948년 8월 정부 수립 이후 선무공작이 다각화하고 지속적으로 강화되면서 선무공작의 효과가 크게 나타났다고 분석하고 있다.

1부 2장은 여순 10·19 사건 이전 순천과 여수의 도시 변화 특징을 일제강점기 토지 이용을 중심으로 살펴본다. 이 글은 토지를 중심으로 조선시대 성곽 도시를 이루고 있었던 공간을 중심으로 순천과 여수의 도시공간을 살펴보았다. 이 글에서 여순사건 발생 전까지 도시가 어떻게 변화하고 성장했는지가 성곽 내 토지 이용 면에서 분석되었고, 도시변화는 순천읍과 여수읍으로 구분되어 다루어졌다. 이 글은 여수와 순천의 근대 도시로의 발전 과정을 도시의 물리적 변화에 중점을 두고, 전통 도시 공간 와해기, 전통 도시 영역 확산기, 근대적 도시화기로 구분하였다.

1부 3장은 미군정기 경제 상황과 여순사건의 사회경제적 배경을 순천지역을 중심으로 다루었다. 이 글은 여순사건에 참여했던 대중계층의 참여 배경을 살펴보기 위해서 정부수립기 이전에 전개되었던 미군정기의 경제 상황을 순천지역을 중심으로 살펴보았다. 특히 이 글에서 미군정기의 경제통제 상황 속에서 대중과 밀접한 관련을 맺고 있었던 미곡수집 정책의 실태가 집중적으로 분석되었다. 이 과정에서 식민지 시기의 수탈과 '경찰' 등의 폭력기구로 대변되는 관료들이 미군정 시기 미곡 수집 과정에서도 지속적으로 횡포를 부렸고, 이러한 상황이 대중들의 여순사건 참여에 직접적으로 영향을 주었다는 점도 서술되었다.

2부는 제주 4·3 사건과 여순 10·19 사건의 표상을 다룬다. 2부 4장에서 제주 4·3 사건 표상과 기억이 『제주4·3사건 진상보고서』를 중심으로 다루어졌다. 이 글은 제주 4·3 사건의 표상 과정에서 중요한 전환점인 『제주4·3사건 진상조사보고서』가 나오기까지의 투쟁과 성과, 그 후 과제들을 살펴본다. 이어 제주 4·3특별법 제정, 4·3위원회 구성, 제주 4·3 기획단의 진상조사 활동, 진상보고서 확정과 대통령 사과, 진상보고서 왜곡사건, 4·3특별법 '전부개정법률안' 발의 등이 구체적으로 서술되었다.

2부 5장은 여순 10·19 사건과 시(詩)적 형상화를 김영랑과 조기천을 중심으로 비교 분석한다. 이 글에서 김영랑과 조기천에 의해 재현된 '여순 10·19 사건' 관련 주요 시(詩) 작품들이 다루어졌다. 이 글은 김영랑과 조기천은 '여순 10·19 사건'에 대한 정반대의 표상을 재현했다고 분석했다. 김영랑은 「새벽의 處刑場」에서 여순 10·19 사건을 인면수심의 반인륜적 범죄가 자행되었던 사건으로 재현했고, 조기천은 「항쟁의 려수」에서 인민항쟁의 당당함이 고양된 사건으로 형상화했다는 것이다.

2부 6장은 고등학교 『국사』의 여순사건 서술 변천 과정을 살펴본다. 이 글에서 고등학교 『국사』 교과서의 개정 과정에서 여순사건 서술이 어떻게 변천되었고 그 의미가 무엇인지가 중심적으로 다루어졌다. 이를 위해 이 글은 각 교육과정의 개요와 개정 상황을 살펴보고, 각 교육과정의 대단원 목차를 구체적으로 살펴보았다. 이를 바탕으로 국사교과서 안에서의 여순사건 서술이 비교, 분석되었다. 이 글에서 분석 결과가 『국사』 교과서 개정을 통해 여순사건 서술이 반란에서 사건으로 변천되었다고 나왔다.

3부에서는 제주 4·3 사건과 여순 10·19 사건의 기억과 과제를 살펴본다. 3부 7장은 근대국가 기원 담론으로 본 제주 4·3 사건과 여순 10·19 사건을 분석한다. 이 글에서 건국절 논란의 비판적 고찰, 근대 국민·민족국가 구상과 제주 4·3 사건, 근대 국민·민족국가 대한민국 출범과 여순 10·19 사건 등이 다루어졌다. 결론에서 이 글은 대한민국의 기원 담론을 제주 4·3과 여수·순천10·19에 적용할 필요가 없다고 제안하고 있다.

3부 8장은 여순 10·19 사건 이후 전남 동부 지역민들의 '기억투쟁'을 살펴보고 있다. 이 글에서 1948년 여순사건 발생부터 진상규명 운동이 시작된 1980년대 이전까지의 전남 동부 지역민들의 '기억투쟁'이 다루어졌다. 이 글은 전남 동부 지역민들은 여순 10·19 사건에 대해 침묵을 강요당했지만 그 기억을 잊고 살지는 않았다고 분석한다.

1960년대에 지역민들이 박정희를 지지 혹은 심판했던 것은 여순사건에 기억하고 있었기 때문에 가능했다는 것이다. 또한 이러한 기억들이 지역 내 공감과 연대의 틀을 만들어 내어 1980년대 민주화의 공간이 열렸을 때 여순사건을 공론화시키는 토대가 되었다고 보았다.

제3부 9장은 여순사건 관련 미국 자료의 국내 수집 현황과 과제를 다루고 있다. 여순사건 당시 한국과 미국 간의 관계, 미군의 정보력 및 한국군에 대한 영향력 등을 고려할 때 여순사건과 관련된 미국 정부 및 주한 미군 자료(이하 미국 자료)는 여순 사건 연구에 매우 중요한 위치를 차지한다. 이 글에서 국내에 수집된 미국 자료 중 여순사건 관련 자료 현황이 조사되고, 몇 가지 수집 방향이 제기되었다. 이 중에서, 자료가 방대하고 파편화되어 있어 개인의 역량으로 조사 및 수집하기에는 한계가 있기 때문에 여순사건위원회, 전남도청, 전남동부권 및 경남서부권 지방자치단체, 국사편찬위원회, 군사편찬연구소, 제주 4·3평화재단 등이 서로 협력하자는 제안은 주목할 만하다. 이 제안이 받아들여져서 제주 4·3 사건에 비해 뒤늦게 시작한 여순사건 관련 미국 자료가 빠른 시일 내에 조사되고 정리되기를 기대한다.

이 책은 그동안 제주대 탐라문화연구원과 함께 진행한 연구성과들을 '기억을 위한 연대'와 관련한 부분들을 보여주려고 노력하였다. 그러나 여순사건 관련 자료와 연구가 많지 않고, 다년간 여러 가지 상황에 맞게 학술대회를 진행하다 보니 부족한 부분들도 많다. 부족한 부분들을 보완하기 위해 앞으로 진행될 공동학술대회 기획을 위한 워크샵을 개최하여 중장기적 전망 속에서 체계적으로 공동학술대회를 개최하려고 한다.

2024년 10월에 순천대에서 7차 학술대회는 〈순천대·제주대 4·3, 10·19 공동 연구총서〉 발간기념으로 '제주 4·3, 여순 10·19의 기억과 책임을 위한 연대' 라는 주제로 2024년 10월에 순천대학교에서 개최된다. 이 대회 종합토론에서 향후 공동학술대회의 운영 방향에 대한 다양한 의견을 들을 수 있기를 기대하고 있다. 또한 양연구소를 중심으로 하지만 여순사건 관련 국내외 연구자들과 관련 학회들에게도 문호를 개방하여 폭넓은 연구를 진행해 가려고 한다.

『제주 4·3 여순 10·19의 기억을 위한 연대』가 나오는 데 많은 분이 도움을 주셨다. 바쁜 일정에도 옥고를 보내주신 필자 선생님들께 감사드린다. 이 책의 전반적인 기획과 진행을 맡아 수고해 주신 예대열 순천대 인문학술원 교수님께 고마움을 표한다. 책이 세상에 나올 수 있도록 재정적으로 지원해 주신 이병운 국립순천대 총장님께도 고맙다는 말씀을 드린다.

차례

1부

4·3, 10·19의 배경과 전개 과정

1장

제주 4·3사건의 진압 과정과
선무공작의 전개 양상*

임송자(성균관대학교)

1. 머리말

그동안 제주4·3 연구는 양적으로 질적으로 많은 성과를 거두었다. 하지만 여전히 연구의 공백은 남아 있어 좀 더 다른 각도에서 사건이 전개되는 과정과 그것이 반공체제와 반공문화 확산에 어떠한 영향을 미쳤는지를 검토하는 방향으로 나아가야 한다. 특히 지금까지의 연구에서 뚜렷한 경향을 보이고 있는 것처럼 국가가 강경 진압 일변도로 사건을 처리함으로써 지역민의 희생을 초래했다는 논리만을 가지고 접근하는 것에서 벗어나는 것이 중요하다. 물론 고도의 강경진압 방식이 오랜 기간 지속되었고, 그에 따라 수많은 지역민이 희생된 것은

---

* 이 글은 필자의 「제주4·3의 진압과정과 선무공작의 전개양상」, 『민족문화연구』 98, 2023을 일부 수정·보완한 것이다.

그동안의 연구에서 밝힌 대로 분명하다. 하지만 국가권력은 이러한 진압방식과 함께 작전의 일환으로 '반공국민 만들기'를 목적으로 선무공작을 전개했다는 점에도 유의해야 한다.

제주4·3 과정에서 전개된 선무공작은 일제시기의 치안숙정공작에 영향을 받았다. 만주지역에서 군경으로 활약했던 인사들이 제주4·3 진압의 지휘자로 활약한 것이나 치안숙정공작의 내용이 제주4·3의 진압과정에서 여러 가지로 유사하게 등장하고 있다는 점에서 그러하다. 치안숙정공작은 1932년부터 항일무장세력을 소멸시키기 위해 전개되었으며, 이후 「1935년도 추동계 치안숙정공작」, 1936년의 「만주국치안숙정공작계획대강」, 「3개년치안숙정계획요강」 등을 계기로 치표공작(治標工作), 치본공작(治本工作), 선무공작(宣撫工作)으로 분화·확충되었다. 치표공작은 군경의 무장력에 의한 토벌과 귀순공작으로 무장집단에 대한 직접적이고 적극적인 공작을 말하며, 치본공작은 무장조직을 직접 대상으로 하지 않고, 집단부락의 건설, 교통 통신시설의 완비, 민간 총기의 회수 등을 통해 무장조직이 소멸되도록 전개한 활동이다. 선무공작은 공산주의·반만항일 등의 사상을 배제·탄압하려는 목적으로 전개되는 활동을 이른다.[1]

이 글에서는 선무공작을 '적대세력'의 전의(戰意)를 상실하게 하거나 귀순, 투항을 유도하기 위해 사용한 전술로 이해하면서 그 범위를 교전지역이나 그 인접지역의 주민이 적대세력에 동조하는 것을 차단하여 적대세력을 고립시키는 것도 포함시켜 다루고자 한다.

제주4·3의 진압과정에서 전개된 선무공작을 본격적으로 다룬 연

---

[1]   윤휘탁, 『일제하 '만주국' 연구』, 일조각, 1996, 130쪽, 133쪽.

구는 아직까지 없는 실정이다.[2] 제민일보 4·3취재반이 발간한 『4·3은 말한다』는 제주4·3을 8개의 시기로 구분하고, 그중에서 1949년 3월 2일부터 5월 15일까지를 제5시기 선무활동기로 설정하였다. 그런데 이 책들의 서술대상은 1948년 말로 끝나기 때문에 선무공작의 내용을 전혀 파악할 수 없을뿐더러 가장 큰 문제점은 선무공작이 전개된 시기를 잘못 설정하고 있다는 점이다. 따라서 제주4·3에서 강경진압작전과 더불어 선무공작이 어떻게 전개되었는지 구체적으로 탐색하는 작업이 필요하다.

이 글은 이러한 점을 염두에 두고 제주4·3 진압과정에서 펼쳐진 선무공작을 중점적으로 살펴볼 것이며, 그 시기대상은 1948년 4월 3일 발발부터 1949년 5월 재선거 실시까지로 제한하고자 한다. 그 이유는 제주4·3의 진압과정을 가장 분명하게 드러낼 뿐만 아니라 미군정기와 정부수립 이후에 전개된 진압작전의 변화과정을 적절하게 살펴볼 수 있기 때문이다. 특히 1949년 1월부터 1949년 5월 재선거 실시에 이르는 시기에 정부군은 선무공작을 강화하여 작전을 수행하였으므로 연구범위를 1949년 5월까지로 한정하여 살펴보는 것이 선무공작의 내용을 분명하게 파악할 수 있을 것이다. 그리고 제주4·3에서의 선무공작은 진압작전의 일환으로 전개되었기 때문에 강경진압작전도 함께 다루고자 한다.

이러한 연구는 한국전쟁기 빨치산 진압을 위한 선무공작에 어떠한

---

[2] 지금까지 선무공작을 다룬 연구로는 여순사건 이후 빨치산 진압을 위해 정부군과 경찰이 작전의 일환으로 전개한 선무공작 활동을 살펴본 임송자의 연구가 있다. 이 연구는 선무공작의 범위를 적대세력에 대한 귀순공작활동에 머무르지 않고 '비민분리공작'이나 지역민을 대상으로 한 계몽선전, 의료활동, 정보공작 등으로 확대하여 살펴보았다. 임송자, 「여순사건 이후 선무공작을 중심으로 본 지리산지구의 빨치산 진압」, 『한국근현대사연구』 81, 한국근현대사학회, 2017.6.

영향을 미쳤는지 살펴보는 데도 유용할 것이다. 더 나아가 정부수립 이후 한국전쟁기를 거치면서 반공체제와 반공문화가 어떠한 방식으로 뿌리를 내렸는지를 파악하는데 일조할 것으로 기대된다.

2. 제주4·3 발발 후 군경의 대응과 선무공작

1) 제주4·3 초기 경찰과 경비대의 선무공작

제주4·3이 발발하자 4월 5일 정부는 제주경찰감찰청 내에 경찰토벌대인 '제주비상경비사령부'를 설치하고 경무부 공안국장 김정호(金正晧)를 사령관으로 임명하여 제주도에 파견하였다.[3] 김정호는 만주군 출신이다. 그는 만주국의 중앙육군훈련처(봉천군관학교) 경리양성부(육군군수학교 전신)를 제3기로 졸업한 후 1937년 7월 만주군 군수 소위로 임관하였으며, 일제 패망 당시 만주군 경리 소좌였다.[4] 해방 후 그는 경찰로 변신하여 경찰전문학교 교장을 거쳐 경무부 공안국장을 지내던 중 제주4·3과 맞닥뜨리게 되었다. 그가 제주4·3 발발 당시 공안국장으로 있었으며, 뒤에 언급할 홍순봉(洪淳鳳)이 공안국 공안과장 겸 경비과장으로 재직하고 있었다는 점에서 제주4·3 초기부터 만주국의 경험이 제주4·3 진압에 영향을 미쳤다고 볼 수 있다. 그가 만주국군 경리장교를 지냈기에 반만항일세력에 대한 직접적인 토벌의 경험은 없었을지라도 토벌의 경험이 있던 공안과장 홍순봉의 의견에 공명하여 경무부

---

[3] 「응원대를 급파. 제주도 폭동사건 심대. 경무부 발표」, 『동광신문』, 1948.4.8; 제민일보 4·3취재반, 『4·3은 말한다』 2, 전예원, 1994, 58쪽.

[4] 친일인명사전편찬위원회, 『친일인명사전』 1, 민족문제연구소, 2009, 593~594쪽.

장 조병옥(趙炳玉)이 정책을 결정하는데 영향력을 발휘했을 것으로 보이기 때문이다.

4월 8일 김정호는 포고문을 발표하여 ① 전 경찰력을 집중하여 소탕전을 전개할 것, ② 부락별로 향보단을 조직할 것, ③ 참여자를 두 부류 즉 '폭도'와 '부화뇌동한 도민'으로 나누어 '폭도'에 대해서는 추상같은 태도로 임하고, 부화뇌동한 도민에 대해서는 최선을 다하여 애무할 것, ④ '폭도'에 대해서도 회개하고 귀순한다면 포용할 것이라고 밝혔다.[5] 하지만 이러한 김정호의 포고문은 영향력을 발휘하지 못했다.

남로당 제주도당부는 4월 15일 대회를 개최하여 인민유격대를 조직하였으며,[6] 이튿날에는 〈5·10선거 반대성명서〉를 발표했다. 이를 계기로 무장투쟁으로 전환하여 5·10선거를 파탄시키기 위한 본격적인 투쟁을 전개하였다. 이리하여 밤에는 봉화시위, 낮에는 벼락데모 등이 연이어 일어났다.[7] 이 상황에서 4월 18일 김정호는 "남로당 계열의 악렬분자 등은 우리 삼천리 강토를 소련에 팔아 공산사회를 건설하여 정권을 장악"하기 위해 민생을 도탄에 빠지게 하고 있으니 제주도민들은 부화뇌동하지 말라고 경고하였다. 그리고 개전(改悛)한다면 정상을 참작하여 은전을 베풀 것이니 ① 폭동의 주모자와 직접 행동으로 범죄를 감행한 자는 자수하라, ② 무기와 흉기를 가진 자는 신속

---

5   「경비사령부에서 포고문 발포」, 『제주신보』, 1948.4.10; 제민일보 4·3 취재반, 『4·3은 말한다』 2, 전예원, 1994, 61~62쪽.

6   아라리연구원 편, 『제주민중항쟁』 I, 소나무, 1991(5쇄), 221쪽; 김봉현, 「제주도 4·3항쟁의 현장기록」[노민영 엮음, 『잠들지 않는 남도』, 온누리, 2018(2판) 수록], 177쪽.

7   아라리연구원 편, 앞의 책, 147쪽. 벼락데모는 "소조로 조직된 데모 대원이 분산해 있다가 일정한 신호에 따라 신속히 모여서 데모한 다음 다시 해산하는 것"을 말한다. 김남식, 『남로당 연구』 I, 돌베개, 1984, 370쪽.

히 경찰관서에 납부하라, ③ 폭도에게 식량을 보급한 자 또는 금전 물품 등을 제공하고 부화뇌동한 자도 자수하라고 밝혔다.[8]

한편 경무부는 김대봉 공보실장을 제주도에 파견하였다.[9] 약 2주일의 일정으로 제주도에 파견된 김대봉의 임무는 총선거를 무사히 실시할 수 있도록 선무공작을 전개하는 것이었다. 4월 16일 제주도에 도착한 그는 경무부장 조병옥 명의로 작성된 〈도민에 고함〉이라는 제목의 선무문을 발표하였다. 조병옥은 선무문에서 "총선거가 조선독립의 천재일우의 호기이고 그 완성의 유일한 방도"라면서 "파괴와 기만적 선전 및 폭동에 부화뇌동"하지 말 것을 경고했다. 그리고 "주모자와 직접 행동으로 범죄한 자"들도 "전과(前過)를 회전(悔悛)하고 선량한 국민이 되는 행상(行狀)"을 가진다면 "정상작량(情狀酌量)의 은전을 받을 것"이라고 밝혔다.[10] 김대봉은 4월 19일 〈제주동포에게 보내는 메시지〉를 통해 제주4·3 봉기의 주체를 "국제주의 및 극렬의 공산주의에 감염되어 망국사상에 중독된 일부의 매국도배"로, 그리고 단선단정반대투쟁을 "민족정기를 망각하고 조선을 타국에 예속시키는 국제주의에 도취하여 사회질서를 교란하며 살상과 파괴에 전념하는 만행적 행동"으로 규정하였다. 이러한 조병옥 명의의 선무문과 김대봉의 메시지는 제주4·3을 '국제공산주의와 연계된 매국도배의 만행'으로 왜곡함으로써 제주도민의 공분을 높이고 사태를 더욱 악화시켰다.

따라서 제주4·3 초기부터 경무부는 선무공작을 위해 공보실장을

---

8   「사건진압을 위해서 김 사령관 경고문 발표」, 『제주신보』, 1948.4.20.

9   「경무부 공보실장 제주에 선무행각」, 『경향신문』, 1948.4.13; 「제주도에 선거 유세원 파견」, 『동아일보』, 1948.4.13; 「제주도 폭동에 위무공작대 파견」, 『조선일보』, 1948.4.13; 「김대봉씨 제주도에 선무공작차로 출장」, 『대동신문』, 1948.4.13.

10   「김 공보실장 내도. 조 경무부장 선무문 발표」, 『제주신보』, 1948.4.18.

파견했지만 선무공작은 제대로 이루어지지 않았고 오히려 상황을 더욱 심각한 사태로 몰아갔다. 더욱이 진압경찰은 초토화 작전에 매달려 지역민의 희생을 키웠다. 경찰은 유격대의 부락 침입을 묵인, 은닉하거나 지원하면 부락의 전 주민을 죽이고 가옥과 가재를 소각하는 초토화작전을 전개하였다. 이로 인해 입산하여 유격대 편에 가담하는 사람들의 숫자가 상당수 증가했다.

이는 제9연대장 김익렬(金益烈)의 회고와 제9연대 정보참모 이윤락의 증언에서 뒷받침된다. 김익렬은 회고록에서 김정호 사령관의 지휘 아래 비인도적이고 잔인한 초토화작전이 실시되었으며, 최초의 작전은 극비밀리에 조천면과 애월면 일대의 산간부락에서 행해졌다고 기술하였다. 그리고 이러한 작전은 미군정장관이나 제9연대 정보부에서도 알지 못하다가 뒤늦게 인지한 미군정이 묵인하였으며, 더 나아가 장려하는 태도로 변했다고 언급했다.[11] 이윤락도 미군장교들이 해안선에서 5㎞ 이상 떨어진 중산간지대를 '적성지역'으로 간주하고 토벌을 강화하라는 명령을 내렸다고 증언하였다.[12]

제주4·3 초기 경찰의 초토화 작전은 공안과장 홍순봉의 '치안대책안'과도 관계가 깊다. 홍순봉의 회고록에 따르면, 자신은 조병옥 경무부장의 지시에 따라 치안대책안을 마련하였으며, 이 안이 전체 국과장회의에서 무수정으로 통과되었다. 그런데 여기에서 주목할 점은 홍순봉의 해방 전의 경력이다. 그는 일제 경찰로서 반만항일세력에 대한 소탕·진압활동을 전개했으며, 1935년 만주국 경찰로 변신하였다. 1939년 12월 항일운동세력을 토벌할 목적으로 결성된 간도의용자위

---

11   김익렬, 「4·3의 진실」, 『4·3은 말한다』 2, 전예원, 1994, 302~304쪽.
12   김익렬, 앞의 글, 168쪽.

단을 지원하였다.[13] 따라서 이러한 그의 활동경력에서 볼 때, 제주4·3의 치안대책안에는 항일빨치산을 진압하기 위해 사용된 초토화작전의 경험이 포함되었을 것으로 여겨진다.

4월 17일 진압에 참여한 경비대는 경찰과 다른 방식으로 접근했다. 미군정 수뇌부는 제59군정중대장 맨스필드(John S. Mansfield) 중령에게 경비대 제9연대의 진압작전 참여를 명령했으며, 군정장관 딘(William F. Dean) 소장은 맨스필드 중령에게 군부대를 이용하여 제주도의 폭도들을 진압하고 법과 질서를 회복할 것, 대규모 공격에 앞서 소요집단의 지도자와 접촉하여 그들에게 항복할 기회를 주도록 노력하라는 지시를 내렸다.[14] 이러한 지시에 따라 경비대는 여러 차례에 걸쳐 유격대를 향하여 귀순을 권고하였다. 제9연대는 박경훈(제주도 초대 지사 역임)과 박영훈, 『제주신보』 간부 등 민간 유지들과 협의하여 선무 전단을 만들고, 이를 L-5 비행기로 제주 각지의 마을에 살포하였다.[15] 4월 22일 살포한 전단에서 제9연대장 김익렬 중령은 "생사를 초월한 형제 제위의 적나라한 진의를 잘 알았다", "동족상잔은 이 이상 확대시키지 않기 위해서 형제 제위와 굳은 악수를 하고자 만반의 용의를 갖추고" 있으니 백해무익한 전투를 중지하고 회담하라고 주장했다.[16] 이러한 전단

---

[13] 홍순봉, 『나의 생애』, 서강, 1976, 43쪽, 59쪽; 친일인명사전편찬위원회, 『친일인명사전』 3, 민족문제연구소, 2009, 949~950쪽; 양봉철, 「홍순봉과 제주4·3」, 『4·3과 역사』 17, 2017.12, 38~30쪽.

[14] United States Army Military Government in Korea, 『일반문서』, 1949.4.18; 『육군 역사일지』 1, 1948.4.17(『제주4·3사건 자료집』 5권 수록); 제주4·3사건진상규명 및희생자명예회복위원회, 『제주4·3사건 진상조사보고서』, 제주4·3사건진상규명및 희생자명예회복위원회, 2003, 191쪽.

[15] 장창국, 『육사 졸업생』, 중앙일보사, 1984, 116~117쪽.

[16] 「투쟁하는 형제 잊지 말라. 제주 무장봉기 인민에 대해 국방경비대 김 중령 전투중지 요청」, 『독립신보』, 1948.4.30.

은 이후 며칠간 지속적으로 살포되었으며, 27일 김익렬은, 경비대는 전투 개시를 원치 않으니 귀순 투항하고, 연락원을 급히 파견하라고 선언했다.[17] 이러한 경비대의 선무문은 앞서 언급한 조병옥 경무부장의 선무문과 비교하여 대조를 이룬다.

유격대는 경비대의 몇 차례에 걸친 전단 살포에 불응하다가 회답문을 보내왔다. 회답문에서 유격대는 무장경관대 즉시 해산, 사설 테러 단체 해산과 처벌, 도지사 유해진(柳海辰) 즉시 파면, UN조선위원단 철거, 미소 양군 즉시 철퇴, 단정 반대, 남북통일정부 수립 절대 추진 등을 주장하였다.[18] 경비대는 이러한 요구를 수용할 만한 위치에 있지도 않았을뿐더러 수용할 의사도 없었다. 하지만 유격대의 회답문을 계기로 연대 정보주임인 이윤락 중위와 제주도 유지를 중심으로 귀순·화평회담을 위한 교섭을 추진하였다. 이리하여 4월 말에 경비대와 유격대 사이의 회담이 성사되기에 이르렀다.

유격대는 제9연대의 귀순공작을 역이용할 의도를 갖고 회담 제의에 응하였다. 이는 「제주도 인민유격대 투쟁 보고서」의 내용에서도 드러난다. 즉, 보고서는 "9연대 연대장 김익렬이가 사건을 평화적으로 수습하기 위하여 인민군 대표와 회담하여야 하겠다고 사방으로 노력 중이니 이것을 교묘히 이용한다면 국경(國警)의 산(山)토벌을 억제할 수 있다는 결론을 얻어 4월 하순에 이르기까지 전후 2회에 걸쳐 군책(軍責)과 김 연대장과 면담"한 것으로 기록하였다.[19]

4월 30일, 유격대 총사령관 김달삼과 경비대 제9연대장 김익렬 중

17　「제주도 소요 악화. 경비대 행동개시 선언」, 『대동신문』, 1948.5.3.

18　조덕송, 「유혈의 제주도」, 『신천지』 제3권 제6호, 1948.7, 89쪽.

19　문창송, 『한라산은 알고 있다. 묻혀진 4·3의 진상』, 대림인쇄사, 1995, 78쪽.

령이 대표로 참석한 가운데 회담이 열렸다.[20] 하지만 회담 방식의 선무(귀순)공작을 추진하여 제주4·3을 수습하고자 했던 경비대의 계획은 무위로 돌아갔다. 이운방의 주장처럼 유격대와 경비대가 회담을 통해 화해할 가능성은 거의 없었다.[21] 유격대는 회담을 통해 경비대의 중립을 확보하고 5·10단선 거부라는 목표를 완수하고자 했다.[22] 반면 김익렬은 유격대의 무장 해제와 활동 중단에 초점을 맞추었다. 따라서 유격대와 경비대의 입장 차는 확연했기 때문에 양자 사이의 회담이 성사될 가능성은 거의 희박했다. 따라서 김익렬의 〈유고록〉을 근거로 4월 말의 회담을 과도하게 평가하는 것은 무리가 있다. 김익렬이 〈유고록〉에서 회담이 성사되어 전투가 중지되고 귀순자가 늘기 시작했지만 5월 1일 오라리 사건이 일어나고 5월 3일 미군이 경비대 총사령부에 총공격을 명령함으로써 협상이 파기되었다고 기술한 내용도 신뢰하기 어렵다.[23]

---

[20] 회담일과 회담장소는 그동안 여러 기록과 문헌에서 다르게 나타나고 있어 사실 파악에 다소 혼란스러운 면이 있다. 김용철은 김익렬이 1948년 8월 6~8일 국제신문에 연재했던 〈기고문〉과 1969년 중장으로 예편한 후 기록한 〈유고록〉을 비교분석하여 4월 30일 한라산 쪽 고지대에 있는 평범한 초가에서 회담이 열렸을 가능성이 크다고 주장했다. 여기서는 그의 견해를 따랐다. 김용철, 「제주4·3사건 초기 경비대와 무장대 협상 연구: 소위 4·28 평화협상에 대한 반론」, 『4·3과 역사』 9·10, 2010.12.

[21] 제주4·3연구소, 『이제사 말햄수다: 4·3증언자료집』 I, 한울, 1989, 220쪽. 이운방은 ""타협은 절대불허"라는 매력 있는 유행어에 사로잡혀 경직하고 융통성 없는 달삼에게 대하여 일개 연대장 정도인 김익렬에게 대하여 이 회담에서 어떠한 종류의 바람직한 회담을 끄집어내도록 바라는 것은 최초부터 무리에 속한 일이었을 것"이라고 주장했다.

[22] 양정심, 『제주4·3항쟁: 저항과 아픔의 역사』, 선인, 2008, 102쪽, 187쪽; 김용철, 앞의 글, 393~394쪽.

[23] 이운방도 김익렬 유고의 신뢰성에 의문을 제기했다. 그는 김익렬의 유고를 "지나친 과장"과 "날조의 냄새가 농후"한 것, "진실이 아닌 부분이 거의 전부"라고 평가하면서 4월 말의 회담에 대해서도 구체적으로 비판하였다. 이운방·김용철, 『미군점령기의 제주도인민들의 반제투쟁』, 광문당, 2019, 122~144쪽.

2) 진압작전 변화와 선무공작

5월 6일 제9연대장 김익렬이 해임되고, 박진경(朴珍景) 중령이 그 후임으로 임명되어 제주4·3에 대한 조기 수습의 임무를 부여받았다.[24] 하지만 그 며칠 뒤 실시된 5·10선거에서 제주지역 3개의 선거구 중에서 2개의 선거구가 무효화되었다. 이에 미군정은 5월 15일 제11연대(1948. 5. 4. 수원에서 창설)를 제주도로 이동시키면서 기존의 제9연대를 제11연대에 합편토록 했으며, 제11연대장으로 박진경 중령을 임명하였다.[25] 또한 5월 중·하순경 제주도 현지의 모든 진압작전을 지휘, 통솔하는 권한을 지닌 제주지구 미군사령관으로 광주 주둔 제20연대장인 브라운(Rothwell H. Brown) 대령을 임명하였다. 브라운 대령의 주요 임무는 제주도 사태를 조기에 종결하고 무사히 6·23 재선거를 실시하는 것이었다.[26]

브라운 대령의 지휘 아래 군경합동작전이 펼쳐졌다. 경찰은 한라산을 중심으로 한 주변도로에서 4㎞까지의 구역에서 치안을 확보하는 임무를 수행했으며, 경비대는 "제주도의 서쪽으로부터 동쪽 땅까지

---

[24] 「통위부 특명 제52호」, 1948.5.6; 「총사령부 특명 제61호」, 1948.5.10. 박진경은 일본군 학병 출신으로 태평양 전쟁 말기 제주도에서 근무한 경험이 있어 제주도 지형과 일본군이 한라산에 구축한 진지의 구조를 잘 알고 있었다고 한다. 국방부전사편찬위원회, 『대비정규전사(1945~1960)』, 1988, 54쪽.

[25] 『육군 역사일지』 1, 1948.5.15(『제주4·3사건 자료집』 5권 수록). 제11연대의 병력은 4개 대대(기존 제9연대의 1개 대대, 부산 제5연대에서 차출된 1개 대대, 대구 제6연대에서 차출된 1개 대대, 그리고 제11연대가 수원에서 창설될 당시의 1개 대대)와 기간요원 등으로 구성됐다. 제주4·3사건진상규명및희생자명예회복위원회, 앞의 책, 217쪽.

[26] 제주4·3사건진상규명및희생자명예회복위원회, 앞의 책, 213쪽. 1948년 5월 24일 군정장관 딘 소장은 제주도 북제주군 갑구와 을구에서 시행한 선거에 대해 무효를 선포하고, 6월 23일에 재선거를 실시하도록 지시하였다.

모조리 휩쓸어 버리는” 진압작전을 전개했다.[27] 경비대는 2단계로 작전을 펼쳤다. 제1단계는 각 마을 단위로 마을 주위에 돌담을 쌓아 방벽을 만들고 자위대를 조직하여 자체적으로 경비를 강화하였으며, 제2단계는 본격적으로 전면 포위작전과 지역소탕작전을 전개하였다.[28] 이러한 제2단계 작전에서 지역민의 피해가 컸다. 이는 민간인과 유격대를 구분하지 않고 유격대가 출현하는 지역에 거주하는 주민을 마구잡이로 잡아들였기 때문이다. 군경합동작전을 펼치면서 유격대가 집결하는 장소를 탐지하기 위해 정찰기를 이용하였으며, 산기슭의 마을을 불태우고 그곳의 주민들을 강제로 해안의 수용소로 이주시켰다.[29] 이러한 무리한 작전으로 유격대 측에 가담하는 도민의 숫자가 급격히 증가하였다.[30] 6월 10일 딘 군정장관은 6·23 재선거 실시도 여의치 않게 되자 무기한 연기한다는 담화를 발표하기에 이르렀다. 그 뒤 6월 18일에는 박진경 대령(6월 1일 승진) 암살사건이 일어났다.

이러한 상황에서 군경은 적극적으로 선무공작을 배합하여 제주사태를 수습하려는 방향으로 선회했다. 6월 23일 조병옥 경무부장이 발표한 담화는 강경진압과 더불어 선무공작을 배합하겠다는 의지를 표

---

[27] 「불원 진정 기대」, 『현대일보』, 1948.6.3; 제주4·3사건진상규명및희생자명예회복위원회, 앞의 책, 216쪽. 통위부 참모총장 이형근 대령에 따르면, 현지 군경 사이의 협정으로 치안은 경찰이 담당하고, 경비대는 진압작전을 펼쳤다. 「군은 작전 경찰은 치안. 소요 처리에 이 참모총장 담」, 『조선일보』, 1948.6.4.

[28] 전사편찬위원회, 『한국전쟁사』 제1권, 전사편찬위원회, 1968(재판), 440~441쪽; 국방부전사편찬위원회, 앞의 책, 55쪽. 〈제주도인민유격대 투쟁보고서〉는 5월 하순부터 6월 중순까지의 제11연대 토벌작전에 대해서 기술하였는데, 이에 대해서는 문창송, 앞의 책, 83~84쪽 참조.

[29] John Merrill, 「The Cheju-do Rebellion」[노민영 엮음, 『잠들지 않는 남도』, 온누리, 2018(2판) 수록], 60쪽.

[30] 김익렬, 앞의 글, 347쪽; 제민일보 4·3 취재반, 『4·3은 말한다』 3, 전예원, 1995, 152~153쪽, 156쪽.

명한 것으로 해석할 수 있다. 조병옥은 "법을 무시하고 살인 방화 등 파괴만행에 전념하여 정부를 전복하고 독립을 방해하는 사람은 엄벌 처단하고 무지몽매로 말미암아 부화뇌동하는 분자는 선무선도하는 방침 외에는 없다고 본다"고 밝혔다.[31] 이 담화는 제주4·3 초기에 진압에 나선 경찰이 단지 구호용으로 선무공작을 실시하겠다고 표명한 것과 별반 차이가 없는 것으로 이해될 수도 있다. 하지만 강경진압과 더불어 적극적인 선무공작의 배합이 필요하다고 인식한 후에 나온 담화라는 점에 주의를 기울인다면 조병옥의 발언 내용에서 종전과 다른 점을 짚어낼 수 있다. 조병옥은 부화뇌동한 도민은 선무, 선도할 터이니 귀순하라고 촉구하였으며, 범법자라도 개심하여 자수한다면 형을 관대히 할 것이라고 밝혔다. 더 나아가서 제주경찰 강화, 인사의 공정, 경찰행정 민주화, 인권유린 방지 등에 노력할 것이라고 역설했다.

선무공작과 관련하여 1948년 7월 1일 브라운 대령이 군정청사령관에게 보낸 〈1948년 5월 22일부터 6월 30일까지 제주도 지역 활동보고서〉에 주목할 필요가 있다. 보고서에서 브라운 대령은 제주사태 수습을 위한 방안으로 ① 제주도에 최소한 1년 동안 경비대 1개 연대를 주둔시킬 것, ② 제주도 경찰을 효율적이고 훈련된 단위로 재조직할 것, ③ 장기적이고 지속적인 미국식 교육 프로그램을 실시할 것 등을 제안했다.[32] 이 중에서 맨 마지막 항목인 장기·지속적인 미국식 교육 프로그램 실시는 바로 선무공작을 적절히 배합할 필요가 있다는 점을

---

[31] 「경찰행정민주화 警民의 柔和를 도모. 조 경무부장 제주사건 거듭 담화」, 『동아일보』, 1948.6.24; 「조병옥, 제주사건 수습 담화 발표」, 『조선일보』, 1948.6.24.

[32] 「브라운 대령의 제주도 활동 보고서(1948.7.17.)」 첨부문서 '브라운 대령 보고서(1948.7.1.)' [『제주4·3사건자료집』 9권에 수록]; 양정심, 『제주4·3항쟁: 저항과 아픔의 역사』, 선인, 2008, 137쪽.

강조한 것으로 해석할 수 있다. 그가 미국식 프로그램 실행을 위한 구체적 방안으로써 내세운 것에서 명확히 드러나기 때문이다. 즉, 그는 ㉠ 공산주의 사악성의 적극적인 증거를 제시할 것, ㉡ 미국적 방식이 미래의 희망, 제주도의 건전한 경제적 발전을 제공한다는 것을 보여줄 것, ㉢ 공산주의 선동에 대한 효율적인 역선전을 제시할 것, ㉣ 제주도의 독직(瀆職)과 비능률을 제거할 것 등을 제시했다.

6월 21일 제주도에 부임한 제11연대장 최경록(崔慶祿) 중령도 유격대를 향한 공세를 늦추면서[33] 선무공작을 배합하는 작전을 펼쳤다. 최경록 중령은 부임에 앞서 군정장관 딘으로부터 박진경 연대장 암살범을 조속히 체포하고, 토벌작전보다는 민심수습과 평정작전을 펼치라는 명령을 받았다. 이러한 명령에 따라 그는 ① 피난민수용소 설치와 초토화된 작전지역의 피난민 수용, ② 수용자에 대한 선무교육 실시, ③ 입산주민을 하산시키기 위한 선무공작 실시와 재생의 기회 부여, ④ 축성 중인 해안선 마을 방벽의 조속 완료와 부락자위대에 의한 치안 유지, ⑤ 반도와 민중 분리, 반도들의 근거지 (산중으로) 구축(驅逐) 등을 기본 방침으로 설정하여 진압작전을 전개하였다.[34]

최경록 중령이 제11연대장으로 부임하여 전개한 작전이나 조병옥 경무부장의 담화 내용, 그리고 브라운 대령의 건의 내용을 통해서 알 수 있듯이 선무공작을 적극적으로 배합하여 제주4·3을 수습하고자 하였다. 물론 얼마나 유효적절하게 선무공작을 전개했느냐가 관건이

---

[33] 〈제주도인민유격대 투쟁보고서〉는 "6월 18일 오전 3시경을 기하여 대내(隊內)에서 박 연대장이 암살되자 적은 결정적 타격을 입어 6월 17일까지의 제4차 공격을 최후로 산공격(山攻擊)을 단념, 이후 주로 중산촌 부락을 습격하면서 그들이 퇴격"하였다고 기술하였다. 문창송, 앞의 책, 33쪽.

[34] 전사편찬위원회, 『한국전쟁사』 제1권, 1968, 441~442쪽.

되겠지만 6월 중순 이후 군경은 강경일변도의 진압작전만으로는 제주도 사태를 수습할 수 없다고 인식하게 되었다. 이러한 사실은 6월 24일 제주경찰감찰청장에 임명된 김봉호가 7월 1일 개최된 전도 읍면장 회의석상에서 "부화뇌동한 자는 처벌치 않고 귀순하는 자는 양민으로 인정한다"고 발언한 것에서도, 그리고 동석한 제11연대장 최경록도 "작전행동은 계속 중이다. 사태는 무력만으로는 해결지을 수 없다고 본다"고 발언한 것에서도 뒷받침된다.[35] 그리고 선무공작과 관련하여 또 하나 주목할 점이 있다. 그것은 7월 2일 제주도 내 군수와 읍면장이 참여한 가운데 열린 회의에서 "무고한 도민의 감정을 저해"하고 보복수단으로 사용되었던 '빨갱이'라는 말의 사용을 금지하기로 결정하였다는 사실이다.[36]

경비대총사령부는 7월 15일자로 제9연대를 부활시키면서 연대장으로 기존의 제11연대 부연대장 송요찬(宋堯讚) 소령을, 부연대장으로 기존 제11연대 대대장 서종철(徐鍾喆) 대위를 각각 임명했다.[37] 제11연대는 제주출신으로 구성된 본래의 제9연대 병력만을 배속 해제하여 제주도에 남겨둔 채 7월 24일 연대 창설지였던 경기도 수원으로 철수했다. 이에 앞서 경비대총사령부는 제11연대 철수에 대비해 7월 21일 제3여단 소속 2개 대대를 차출, 제주로 이동시켜 제9연대에 배속시켰다.[38]

이와 때를 같이하여 경무부는 선무공작을 강화하는 방안을 내놓았다. 7월 23일 경무부장 조병옥은 "선무공작도 강경한 대책에 병행해

---

35 「경찰 불법숙청이 급무. 무력만으론 해결 불능. 金청장·崔대장 방침 천명」, 『조선중앙일보』, 1948.7.11.

36 「보복수단의 용어 빨갱이 제주도서 사용금지」, 『남조선민보』, 1948.7.21.

37 「총사령부 특명 제88호」, 1948.7.6(제주4·3사건진상규명및희생자명예회복위원회, 『제주4·3사건자료집』 5, 84쪽).

38 제주4·3사건진상규명및희생자명예회복위원회, 앞의 책, 233쪽.

서만이 효과를 거둘 수가 있을 것"이며, "도민(島民)의 종래의 생활환경 및 문화수준에 감(鑑)하야 완전한 비민분리(匪民分離)는 현상 이상의 강화된 정책으로 적어도 수 개월간 간단없는 지속이 절대 필요"하다고 주장하였다. 그리고 제주4·3의 수습방안을 제안하였는데 이를 요약하여 제시하면 다음과 같다.

(1) 도내(島內) 전 역량을 발휘할 수 있는 통일치안대책기구 설치: 경찰이 치안을 담당하고 국방경비대가 토벌에 종사하는 한편 행정 기관인 도, 군, 읍, 면 등에서는 선전계몽, 시료(施療), 음악 등 선무공작에 주력할 것

(2) 귀순심사기관 설치: 치안수습대책위원회 직속으로 치안심사위원회(가칭)를 설치하고, 귀순자는 소정의 심사와 수속을 밟게 할 것

(3) 귀순자 단체 조직: 귀순자만으로 공산주의에 대항할 수 있는 강력한 반공단체 「도민갱생회(島民更生會)」(가칭)를 조직하고, 경찰의 감시지도로 육성하되 그 기구는 제주읍에 본부를, 각 경찰관서 소재지에 지부를 설치하여 귀순자 전부를 포섭하여 상호 부조하도록 할 것

(4) 집단부락과 보갑제도 실시: 집단부락을 편성하고 보갑연좌법(10호씩 연대책임제)을 실시할 것

(5) 애국청년단체 중흥: 각지의 우익청년단체를 원조하고 중흥시켜 부락자위(部落自衛)와 정보제공에 적극 협력하도록 할 것

(6) 도로망 정비: 중복도로[中腹道路(한라산 중복을 일주하는 도로)]를 비롯하여 종횡도로를 개통하여 사태 발생 시에 신속, 과감하게 행동을 취할 수 있도록 할 것

(7) 경찰행정: 제주도를 1개 행정구역으로 대륙에서 분리하여 독립시키지 말고 전라남도의 일부로 삼고, 수시 인사교류를 통한 융통성 있는 행정을 기도함이 최상책일 것

(8) 배치, 작전: 경찰은 도로에서 4㎞ 밖으로 진입할 수 없도록 규정
하고 있어 역량을 발휘하지 못하고 있으므로 산간오지 특히 중
복도로를 따라 각 부락에 적의배치[適宜配置(지서 증설의 형식으로)]하고 수시
로 무장기마순경대를 편성하여 연락순라(連絡巡邏)케 할 것

(9) 치안병력 일원화: 국방경비대와 국립경찰을 일원화시키고 어느
한쪽에 책임을 지우게 할 것. 만일 경찰이 전적으로 책임을 진다
고 가정하면 고정인원 1천 명, 임시증원 1천 명, 계 2천 명이면 3
개월의 숙청기간으로 족할 것[39]

조병옥 경무부장이 제시한 방안은 상당히 중요한 의미를 담고 있
다. 첫째, 강경진압정책과 병행하여 추진해야 할 선무공작의 내용을
구체화하고 있다. 즉, 선무공작에서 무엇보다도 중요한 것이 계몽과
교화인데, 이를 담당할 조직으로 치안수습대책위원회 구성을, 그리고
귀순자 심사를 위한 치안심사위원회를 치안수습대책위원회 직속으로
구성할 것을 주장하였다. 둘째, 귀순자 단체(사상전향조직)로 도민갱생회를
조직하고, 집단부락 형성과 보갑제도(연대책임제) 실시를 통한 치안확보의
필요성을 강조하였다. 셋째, 제주경찰감찰청의 경찰관구 승격, 2개 경
찰서 신설을 주장해왔던 조병옥이 여기에 더하여 제주4·3의 진압작
전을 주도하기 위한 산악경찰부대 편성을 강조하였다.

앞에서 제주4·3 초기 경찰의 '치안대책안'은 조병옥 경무부장의 지
시를 받은 홍순봉이 작성한 것이었다고 언급했는데, 7월 23일 조병옥

---

[39] United States Army Military Government in Korea, 『일반문서』, 1948.7.23. 조
병옥의 제안 내용은 경무부 경찰교육국 훈련과장으로 제주4·3을 수습하기 위해 제
주경찰감찰청에서 근무하였던 고병억이 『민주경찰』 제2권 5호에 기고한 글에서도
확인할 수 있다. 고병억, 「제주도 사태수습에 관한 사건(私見)」, 『민주경찰』 제2권
제5호(판권지에 발행날짜가 없으나, 1948년 8월호 혹은 9월호로 추정됨). 이글에서
는 조병옥의 제안 내용이 영문으로 번역되는 과정에서 다소 내용이나 단체가 다르
게 옮겨질 수 있다는 점에 유의하여 고병억의 글을 참조하였다.

이 발표한 제주4·3의 수습방안은 고병억(高秉億)이 작성한 것으로 추정할 수 있다. 왜냐하면 조병옥이 발표한 제주4·3의 수습방안과 유사한 내용으로 고병억이 『민주경찰』 제2권 제5호에 기고하고 있기 때문이다. 경무부 수사국 범죄정보과장으로 있던 고병억은 1948년 1월 독직(瀆職) 혐의로 조사를 받고[40] 정직(停職)되었다가 몇 개월 후 복직된 인물이다. 그는 평북 의주 출생으로 만주국 관동군 신징(新京)헌병대 헌병으로 근무했다.[41] 이로써 만주국 경찰과 군, 헌병으로 항일독립운동 토벌에 직간접적으로 활약한 홍순봉, 김정호, 고병억 등이 조병옥 경무부장의 지시에 따라 과거 만주국의 경험을 활용하여 제주4·3 진압에 나섰다는 사실을 포착할 수 있다.

조병옥이 제시한 것 중에서 첫째와 둘째 방안이 언제 어떻게 실현되었는지 구체적으로 파악할 수 없지만, 최경록 중령 지휘 아래 제11연대에서 실시한 선무공작과 유사한 내용으로 이루어져 있으며, 보다 구체화되었다는 것을 확인할 수 있다. 그리고 "귀순자만으로 공산주의에 대항"하자는 즉, 사상전향 조직을 통한 '이이제이(以夷制夷)' 전술을 사용하자는 제안은 송요찬 지휘 하의 제9연대 작전에서 적극적, 본격적으로 활용되었으며, 그 이후에도 계속 채택되었다. 조병옥이 제시한 세 번째 제안 즉, 산악경찰부대 편성은 이루어지지 않았다. 군정장관 딘 소장은 제주도민으로 경찰을 채용하도록 모든 노력을 기울여야

---

[40] 「우선 자가숙청. 수사국 범죄정보과장 구속」, 『조선일보』, 1948.1.10; 「빈발하는 독직경관 이번엔 수사국 범죄정보과장 고병억 구금 문초」, 『동아일보』, 1948.1.10; 「고 수사국 범죄과장 범죄 전부를 자백」, 『동아일보』, 1948.1.13; 「고 정보과장이 범죄사실 자백」, 『경향신문』, 1948.1.14.

[41] 친일인명사전편찬위원회, 『친일인명사전』 1, 민족문제연구소, 2009, 148~149쪽; 「수회(收賄)로 사기로 횡령으로 죄상 확대되는 고 범죄과장」, 『경향신문』, 1948.1.16; 「만주선 헌병 노릇 취관(就官) 후는 사기 상습 고 범죄과장 죄상 폭로」, 『동아일보』, 1948.1.16.

하며 산악경찰부대 편성은 바람직하지 않다는 견해를 조병옥 경무부
장에게 전달했다.[42] 또한 딘 소장은 "제주 출신 경찰관들보다는 본토
출신 경찰관들이 강력하고 단호하게 활동할 수 있다"는 조병옥의 주
장에 대해 회의적인 반응을 보이면서 "제주도의 경찰에 제주도민들
을 채용하기 위한 모든 노력이 이뤄져야 하며 그들은 제주도의 경찰
학교에서 훈련받아야 한다"고 강조했다. 그리고 조병옥은 산악경찰부
대 편성과 더불어 경찰서 증설을 주장했는데, 경찰서 증설문제는 제2
연대가 제주도로 들어온 이후인 1949년 1월 18일 성산포경찰서와 모
슬포경찰서가 신설됨으로써 이루어졌다.[43]

3. 정부수립 이후의 진압작전과 선무공작

1) 강경진압작전과 선무공작의 다각화

　정부수립 이후 제주도 해안선을 봉쇄하고 여객 출입의 사찰을 강화
하였으며, 군경은 소탕전을 준비해나갔다. 9월부터 제9연대장 송요찬
소령의 지휘 아래 토끼몰이식 수색작전을 전개하였으며, 정부는 10월
에 들어서 군경을 증파했다. 그리고 제9관구경찰청장(제주도경찰청장) 김봉
호를 10월 5일자로 경질하고, 그 후임으로 공안과장 홍순봉을 임명하

---

[42]　United States Army Military Government in Korea, 『일반문서』, 1948.7.30.

[43]　제주4·3사건진상규명및희생자명예회복위원회, 앞의 책, 305~307쪽.

였다.[44] 11일에는 제주도경비사령부를 창설하고[45] 사령관에 광주 주둔 제5여단장 김상겸 대령을 임명하였다.[46] 이어서 10월 17일 제9연대장 송요찬 소령은 포고문을 발표하여 "전도 해안선부터 5㎞ 이외의 지점 및 산악지대의 무허가 통행금지"를 명령했다.[47] 이러한 포고문은 종전보다 강력한 진압작전과 선무공작의 실시를 의미하며, 유격대와 지역민을 분리시켜 진압하겠다는 의지를 확고히 드러낸 것이다. 중산간 마을 주민들 모두가 유격대를 지원하고 있다는 가정 아래 '비민분리'정책을 실시하고, 유격대를 지원한 지역민을 대대적으로 체포하고 처형하겠다는 계획을 담은 것이기도 했다.[48]

이러한 계획은 포고문이 나온 지 이틀 만에 발발한 여순사건으로 더욱 수위가 높아졌다. 10월 24일 이덕구(李德九) 명의로 발표한 〈선전포고문〉과 〈호소문〉[49]도 군경의 진압작전에 영향을 미쳤다. 제9연대

---

[44] 「제주경찰청장에 홍순봉씨 임명」, 『동아일보』, 1948.10.6; 「제9경찰청장 경질」, 『조선일보』, 1948.10.6; 홍순봉, 앞의 책, 60쪽. 홍순봉은 회고록에서 1948년 9월 25일 제주도경찰청장으로 임명되었다고 했는데, 여기서는 10월 5일자에 임명되었다는 언론의 기록에 따랐다.

[45] 『육군 역사일지』 2, 1948.10.11. 제주도경비사령부는 제주4·3이 일어난 직후 제주경찰감찰청 내에 조직된 제주비상경비사령부와 다른 군 토벌조직이다. 제주도경비사령관 지휘하의 군대는 제9연대, 제5연대 1개 대대(현 주둔 부대), 제6연대 1개 대대(현 주둔 부대), 제14연대 1개 대대(10월 20일 여수 출항 증원), 해군 소령 최용남부대와 제주도경찰경비편대장 청장 홍순봉부대였다.

[46] 1948년 6월 1일 부산 제3여단 소속 부대였던 제9연대가 광주 제5여단 소속으로 변경되었다. 따라서 제5여단장 김상겸 대령이 10월 1일 제주도경비사령부 사령관으로 임명되었다. 김상겸은 즉시 제주로 내려가 부대 재편작업에 들어갔다. 그러나 그는 며칠 안 되어 여순사건으로 문책을 받아 파면되었다.

[47] 「무허가 통행금지. 제주 宋 연대장 포고」, 『조선일보』, 1948.10.20.

[48] HQ USAFIK, 『G-2 Periodic Report』, 1949.4.1. G-2보고서는 모든 중산간 지역민이 게릴라에게 지원과 편의를 제공하고 있다는 가정 아래 지역민에 대한 집단학살 계획을 채택했으며, 제9연대가 진주한 1948년 12월까지 지역민에 대한 대부분의 살상이 발생했다고 기술했다.

[49] 제민일보 4·3취재반, 『4·3은 말한다』 4, 전예원, 1997, 169~170쪽. 〈선전포고문〉과 〈호소문〉은 제주신보사 편집국장 겸 주필이었던 김호진이 '산군'의 부탁을 받고

는 제1대대를 제주읍에, 제2대대를 구좌면과 조천면에, 제3대대를 모슬포에 배치하였다.[50] 11월 17일에는 제주도 지역에 계엄령이 내려졌으며, 중산간 마을주민을 해안지역으로 소개하는 등 초토화작전을 강화했다. 이러한 작전에 의해 오갈 데 없는 주민의 입산이 증가했다.[51]

'초토화작전'의 강화와 함께 선무공작도 병행하여 실시하였다. 이 시기 선무공작은 보다 적극적이고 다각화된 형태로 전개되었다. 첫째, 계엄령이 내려진 가운데 11월 22일부터 군·관·민 합동으로 선무반을 편성하고, 도내를 순회하면서 시국강연, 좌담회 등을 열어 지역민을 계몽하는 활동을 전개했다.[52] 이때 학생들도 선무공작에 참여하여 활동을 전개했다. 당시 학생 신분으로 선무공작대 활동을 한 문정열(1934년생)은 "그게 학생 무슨 (…) '선무공작대'라고 이름 했었지? 얼른 기억이 안 나네. 우리가 쭉 차를 타고 다니면서 제주도의 동네들을 일주했어. 군인들하고 같이 (주민들을) 선무공작하는 거야. 그때가 4·3이 난 해, 겨울쯤이야. 마을마다 가가지고, 운동장에 사람들 모이라고 해서. 우린 거기서 무용도 하고, 노래도 하고 그런 역할을 했었지"라고 회고했다.[53]

인쇄하였다고 한다. 김호진은 삐라 인쇄 후 신변 노출을 염려하여 입산을 시도하다 관음사 부근에서 잡혔으며, 농업학교에 며칠 수용됐다가 즉결처형됐다. 이러한 삐라사건으로 제주신보사 박경훈 사장과 신두방 전무가 연행돼 곤욕을 치렀지만 삐라 제작과 무관한 것으로 밝혀졌다.

50   제민일보 4·3 취재반, 같은 책, 97쪽. 국방부전사편찬위원회에서 편찬한 『대비정규전사』는 제9연대 각 대대의 주둔지를 제1대대 제주읍, 제2대대 성산포, 제3대대 모슬포로 기술하고 있으나 제민일보 4·3취재반의 취재결과 제2대대의 주둔지는 성산포가 아니라 구좌면 송당리와 조천면 함덕리에 분산 배치된 것으로 밝혀졌다.

51   백선엽, 『실록 지리산』, 고려원, 1992, 126쪽.

52   「제주도 전역에 계엄령. 군관민의 선무공작 성과 다대」, 『조선일보』 1948.11.30; 「제주에 계엄령. 선무공작의 성과 다대」, 『자유신문』, 1948.11.30.

53   제주특별자치도·제주4·3연구소, 『제주4·3유적』 I, 도서출판 각, 2020, 66~67쪽.

둘째, '비민분리'를 위해 산간마을 주민을 해안마을로 이주시키고 지역민을 강제동원하여 전략촌 축성공사를 시작했다.[54] 축성공사가 진척되면서 마을은 전략촌으로 변모해 갔다. 마을마다 2, 3개의 성문이 설치되고 출입자를 엄격하게 단속했으며, 성벽 위에 감시탑을 만들고 사람이 왕래하는 곳에 보초막을 세워 무장대의 동태나 주민의 왕래를 감시했다.[55] 축성공사는 제2연대가 제주도에 파견되어 주둔한 이후에도 계속 진행되었다.[56] 이리하여 유격대는 지역민으로부터 더욱더 고립될 수밖에 없었다.

셋째, 전략촌에서 철저한 감시체계를 작동시켜 유격대의 보급선 차단에 주력했다. 전략촌 안에 테러분자나 스파이를 들여보내 주민의 동태를 세세하게 보고하도록 했으며,[57] 주민감시를 목적으로 일제시기 만주지역에서 실시된 보갑제(保甲制)를 차용하여 실시했다.[58] 전략촌 내에서 보갑제가 어떻게 실시되었는지는 자료의 한계로 인해 구체적

---

[54] 전략촌 축성시기는 마을마다 다르게 나타나고 있다. 김은희는 전략촌 축성시기를 12월부터 시작되었으며, 1949년 1월부터 본격적으로 이루어진 것으로 보고 있다. 김은희, 「제주 4·3전략촌의 형성과 성격」, 제주대 석사학위논문, 2005, 13쪽, 15쪽, 19쪽.

[55] 김봉현, 「제주도 4·3항쟁의 현장기록」[노민영 엮음, 잠들지 않는 남도, 온누리, 2018(2판) 수록], 276~277쪽.

[56] 제민일보 4·3 취재반, 『4·3은 말한다』 2, 367쪽.

[57] 김봉현, 앞의 글, 270쪽.

[58] 1933년 12월 「잠행보갑법(暫行保甲法)」, 다음해 1월 「잠행보갑법(暫行保甲法) 시행규칙(施行規則)」, 2월 「잠행보갑법(暫行保甲法) 시행 심득(施行 心得)에 관한 건」을 공포하고 보갑법을 시행했다. 패(牌)-갑(甲)-보(保)를 단위로 한 주민감시체계 조직을 규정하여, 10호를 1패로, 촌(村) 또는 그에 준하는 구역 내의 패를 갑으로, 그리고 1개 경찰관할구 내의 갑을 보로 조직하는 것을 원칙으로 삼았다. 일제는 보-갑-패를 조직하여 경찰의 호구조사, 총기단속활동을 보조하게 하였고, 주민 상호감시를 목적으로 연좌제도를 적용하였다. 또한 자위단을 조직하여 항일무장투쟁세력의 침입에 대비하도록 했다. 임성모, 「만주국협화회의 대민지배정책과 그 실태: 東邊道治本工作과 관련하여」, 『동양사학연구』 42, 동양사학회, 1991, 109~110쪽; 윤휘탁, 「'만주국' 시기 일제의 대민지배의 실상: 保甲制度와 관련하여」, 『동아연구』 30, 서강대 동아연구소, 1995, 217~219쪽.

으로 파악하기 어렵지만, 보갑제가 실시된 것은 분명한 사실이다. 7월 23일 조병옥 경무부장이 제주4·3 수습방안의 하나로 "보갑연좌법(10호씩 연대책임제)"을 내놓은 사실에서, 그리고 보갑제와 짝을 이루는 전략촌·집단부락이 제주4·3 초기부터 형성되었지만, 1948년 11월 중순 이후 본격화되었다는 사실에서 보갑제 실시의 가능성은 충분하다.

또한 이범석(李範錫) 국방장관의 발언에서 보갑제 실시를 명확히 확인할 수 있다. 12월 8일 이범석은 국회에서 "제9연대 장병이 전 제주도 내에 주요 지점을 확보하며, 산간부락 양민을 해안선 도시에 보갑제를 실시키 위하여 이주시키며, 도내 도로 양측 총림(叢林)을 벌채하여 폭도 급습에 대비하며, 폭도에 대한 보급선을 완전 차단하는 동시 폭도에 대한 협력자의 철저한 처단을 단행"하고 있다고 보고하였다. 또한 그는 "잔존반도의 숙청은 민족적 양심에 호소하여 귀순케 하는 한편 이에 응치 않으면 철저히 박멸 근절할 방침"이라고 밝혔다.[59]

미군사고문단장 로버츠(W. L. Roberts) 준장은 이러한 작전이 성과를 거둔 것으로 평가했다. 그는 이범석 국방부장관에게 보낸 문서에서 제주도민의 사고가 주목할 만한 변화를 보이고 있으며, 과거 군경에 적대적이었지만 현재 우호적이라고 언급했다. 그리고 제주도민이 유격대를 제거하는 데 협력하고 있다고 강조하였다. 로버츠는 또한 이 문서에서 제주도민을 이용한 유격대 진압작전을 언급했는데, 이를 요약하면 다음과 같다.[60]

- 최근 작전에서 한국군 장교와 사병들의 지휘 아래 창으로 무장한 주민이 참가하였다. 3,000명의 주민이 한라산 기슭의 무장

[59] 국회사무처, 『국회속기록』 제1회 124호, 1948.12.8.
[60] Korean Military Advisory Group, USAFIK, 『공한』, 1948.12.18.

게릴라에 대항하기 위해 동원되었다. 100여 명을 사살하고 약간
의 총기와 식량을 노획하였다.

- 12월 11일, 제9연대 1개 중대는 도평리 근처에서 약 1,000명의
  주민을 지휘하였다. 105명을 사살하고 무기와 장비를 노획하였
  다.
- 송요찬 중령은 과거 제주도민의 적대적인 태도를 우호적, 협조
  적 태도로 바꾸는데 대단한 지휘력을 발휘하였다.

앞의 내용에서 드러나듯이 제9연대는 한라산 기슭에서 진압작전
을 위해 3,000명의 주민을 동원하였으며,[61] 도평리 근처에서는 주민
1,000명을 동원하였다. 로버츠 준장은 육군과 제주도민의 합동작전
에 대해 두 가지의 사례만을 제시하였는데, 보다 많은 제주도민이 진
압작전에 참여하였다. 또한 로버츠 준장은 이러한 작전을 지휘하는
제9연대장 송요찬 중령을 극찬하면서 문서 말미에 이러한 사실을 신
문과 방송, 그리고 대통령의 성명으로 일반에 대대적으로 선전해야
할 것이라고 조언하였다.[62]

로버츠 준장의 조언에 따라 참모총장 채병덕 준장이 화답했다. 채
병덕은 12월 30일 담화를 발표하여 "제주도 제9연대장 송요찬 중령
및 장병들은 최초의 적대적인 도민들로 하여금 진실로 국군을 신뢰
케 하고 도민들로부터 충분한 정보와 협력을 획득하였으며 평화와 자

---

[61] G-2보고서는 12월 7일 경찰은 3,000명에 이르는 민간인들의 지원을 받으며, 모
슬포, 서귀포, 남원리 그리고 한라산 부근에서 동시 작전을 벌였는데, 여기서 '게
릴라'(무장대) 105명을 사살했다고 기술하였다. HQ USAFIK, 『G-2 Periodic
Report』, 1948.12.16.

[62] 이후 군경은 제주도민을 동원하여 작전을 계속 펼쳤으며, 12월 18일 국방경비대, 민
간인, 경찰의 합동작전으로 무장대 130명을 사살하였다. General Headquarters,
Far East Command, 『Military Intelligence Section, Periodical Summary』,
1949.1.16.

유를 사랑하는 도민들은 군경을 자기들의 보호자로 인식케 하고 결코 반도나 폭도들에게 식량이나 피신 은닉 장소를 제공치 않게 되고 제주도는 착착 평온리에 원상을 회복 중에 있다. 특히 송 소령의 공적은 논상(論賞)할 바가 크다"고 밝혔다.[63]

그러나 선무공작의 효력이 얼마나 있었는지 의문이다. 언론에서는 "작금 남제주 방면에 있어서는 국군 혹은 경찰대에서 귀순자에 대한 취급이 관대하여서 간부 지위에 있는 폭도들이 속속 귀순하고 있다"고 보도하였으며,[64] 주한미육군 제6보병사단의 보고서는 "1948년 12월 16일 좌익 250명이 산간지대에서 내려와 한동리 주둔부대에 귀순했고, 좌익 500명이 중문리에 귀순"하였다고[65] 기록하고 있는 것에서 드러나듯이 귀순자가 증가한 것은 사실이다. 하지만 이것을 곧바로 선무공작의 효력이라고 평가하기에는 섣부른 점이 있다. 선무공작의 영향으로 귀순자는 증가할 수 있지만, 귀순자의 증감과 선무공작 효력 유무를 도식적으로 해석하기에는 무리가 따르기 때문이다. 제9연대가 진압작전을 전개했던 기간, 특히 마지막 11~12월 동안에 제주도민에 대한 대부분의 살상이 발생되었다는 점에서,[66] 제9연대의 진압작전이 제주도민에게 어마어마한 공포의 대상이 되었다는 점에서 선무공작의 효력은 그다지 크지 않았다고 볼 수 있다. 오히려 제9연대의 지나친 작전으로 인해 민심이반 현상이 두드러지게 나타나 유격대

---

[63] 「제주사태 양호! 채 참모총장 담화 발표」, 『대동신문』, 1948.12.31.

[64] 「폭도 79명을 사살. 북제주군서 국군 소탕전」, 『독립신문』, 1948.11.27.

[65] 6th Infantry Division, USAFIK, 『9th Regiment Cheju-Do Daily Report』, 1948.12.17.

[66] HQ USAFIK, 『G-2 Periodic Report』, 1949.4.1.

편에 합류하는 지역민들의 숫자도 증가했다.[67] 제9연대는 11월 17일
발포된 계엄령을 전가의 보도처럼 휘둘렀으며, 이로 인해 막대한 주
민의 희생이 뒤따랐다. 계엄령이 선포된 11월 중순 이전의 희생은 비
교적 젊은 남자로 한정된 반면, 계엄령이 선포된 11월 중순경부터 전
개된 강경진압작전 동안에는 서너 살의 어린이부터 80대 노인에 이
르기까지 남녀노소가 총살당했다. 이리하여 계엄령은 제주도민들에
게 재판절차도 없이 수많은 인명이 즉결처형된 근거로 인식돼 왔다.[68]

2) 선무공작의 강화와 그 실체

1948년 12월 중·하순에 제9연대는 대전의 제2연대와 임무를 교대
했다. 이러한 부대 교체기에 비교적 유화적인 정세가 조성되고 있었
으며, 제주4·3 진압작전에도 중대한 변화를 예고했다. 이는 12월 12일
UN총회에서의 대한민국 승인, 무리한 진압작전에 대한 국회 내 비판
여론 등이 영향을 미친 것이다. 12월 31일 제주도지구에서 계엄령이
해제된 것도[69] 이러한 유화적인 정세 속에서 나온 것이다.

1949년 신년 들어 지리산을 중심으로 전개한 빨치산 진압작전에서
선무공작을 병행하는 전술을 적극적으로 활용했다.[70] 이와 비슷한 시
기에 제주도에서도 제2연대에 의한 선무공작이 전개됐다. 제2연대는
진압작전을 3단계로 나누어 제1단계는 1949년 1월 1일부터 말일까

---

[67] G-2보고서는 1948년의 마지막 2개월은 '폭도 활동'이 비교적 적은 시기였으나 제
9연대의 무차별 진압작전으로 새로운 '폭도 합류자'들을 양산했다고 기록하였다.
HQ USAFIK, 『G-2 Periodic Report』, 1949.4.1.
[68] 제주4·3사건진상규명및희생자명예회복위원회, 앞의 책, 276쪽.
[69] 「제주 계엄령 31일 해제」, 『조선중앙일보』, 1949.1.1.
[70] 이에 대해서는 임송자, 앞의 글 참조.

지, 제2단계는 2월 1일부터 말일까지, 3단계는 3월 1일부터 말일까지로 설정했다. 제1단계는 해안선의 방위태세와 민심수습에 치중한 선무공작을 전개하였다. 제2단계는 삐라살포를 통해 유격대에 대한 귀순공작을 전개하였다. 2월 4일 유격대에 대한 토벌과 귀순공작을 위해 육·해·공 연합작전을 실시하였다.[71] 해군함정의 위협사격, 공군 연락기의 수류탄과 폭탄 투하, 그리고 제2연대 병력의 유격대 근거지 탐색 활동 등이 이어졌다. 2월 15일부터 군은 해변가 마을부터 수색을 시작하여 점점 한라산 쪽으로 향하여 전진하였다.[72] 그리고 제3단계에 이르러서 '섬멸전'으로 들어갔다. 섬멸전은 해안선으로 후퇴한 후 차츰 포위작전을 축소하면서 산림지대로 돌진해 들어가는 방식으로 전개해 나갔다. 또한 선무공작을 확대하기 위해 군보도대를 동원하였고, 민보단 강화와 학생 훈련을 겸행하였다.[73]

비록 제2연대가 3단계로 나누어 작전을 실시하였지만 작전을 전개하는 전 시기 동안 선무공작은 지속되었다. 제2연대장 함병선(咸炳善) 중령[74]은 제주읍, 모슬포, 성산포, 한림 등의 읍·면소재지를 중심으로 면민대회를 개최하는 등 선무공작을 전개했다. 면민대회는 유격대를 규탄하고 새로 도입된 대전차포, 박격포, 중기관총, 로켓포, 소총 등의

---

[71] 「제주서 육해공 공동작전. 사살이 360 포로 130명」, 『조선중앙일보』, 1949.2.9.

[72] 「잔도(殘徒) 섬멸을 개시. 이 국무총리 전남반란지 시찰담」, 『경향신문』 1949.3.17; 「반도 섬멸은 불원. 민중도 이젠 속지 않는다. 이 국무총리 제주시찰담」, 『자유신문』, 1949.3.17.

[73] 「제주도 현지 보고 (2): 선무로 8,000여 명이 귀순. 군작전 목표를 3단계로 구별」, 『경향신문』, 1949.6.29.

[74] 1948년 12월 7일 제2연대장에 임명된 함병선 중령은 일제 지원병 준위 출신이다. 그에 앞서 제주4·3 진압에 나선 제11연대장 최경록, 제9연대장 송요찬도 일본군 준위 출신이다. 佐佐木春隆 著, 姜昶求 譯, 『한국전비사 상권: 건군과 시련』, 병학사, 1977, 283쪽.

근대무기를 전시하여 힘을 과시하기도 했다. 이는 신예무기가 유격대를 겨냥하고 있다는 경고성 메시지를 보내기 위한 수단으로, 그리고 입산자 가족, 도피자 가족에게 하루라도 빨리 입산자들을 귀순시켜야만 신예무기의 위협으로부터 벗어날 수 있다는 것을 주지시키려는 목적으로 행해졌다.[75]

선무공작 활동에는 우익 학생단체도 참여하였다. 전국학련 제주연맹은 음악대·의무대·연극반·계몽강연대 등을 조직하여 활동했으며, 군경이 체포한 '좌경학생'들을 대상으로 교육·계몽활동을 전개했다. 전국학련 중앙본부와 목포연맹에서도 연맹원을 제주도에 파견하여 군경을 위문하거나 각 학교를 순회하면서 반공강연을 행하기도 했다. 전국학련 제주연맹은 별도로 제주학도호국대를 창설하였으며, 대원들은 군사훈련을 받고 유격대 토벌에 나서기도 했다.[76]

『제주4·3사건 진상조사보고서』는 제2연대가 작전 제1단계로 선무공작을 전개하는 것으로 설정하였지만 "연대 교체기를 틈탄 무장대의 공세로 인해 수정될 수밖에 없었고, 제9연대와 마찬가지로 강경진압작전을 전개"하였다고 기술하였다.[77] 이는 사실에서 벗어난 잘못된 서술이다. 선무공작은 진압작전의 일환으로 전개된 것으로, 유화적이든 강경이든 진압작전 과정에서 선무공작이 전개되었다는 점을 고려할 필요가 있다. 또한 제2연대는 제1단계에서 민심수습에 치중한 선무공작을 전개하였고, 제2단계에서 유격대를 향한 귀순공작에 집중했으며, 제3단계의 산악지역 소탕작전도 선무공작과 병행하여 전개

---

75   국방부전사편찬위원회, 앞의 책, 66쪽; 김봉현, 앞의 글, 299쪽.

76   한국반탁·반공학생운동기념사업회, 『한국학생건국운동사』, 1986, 430~431쪽.

77   제주4·3사건진상규명및희생자명예회복위원회, 앞의 책, 310쪽.

되었다는 점을 이해할 필요가 있다. 이와 관련해서 이승만 대통령이 1949년 1월 21일 국무회의에서 "미국 측에서 한국의 중요성을 인식하고 많은 동정을 표하나 제주도, 전남사건의 여파를 완전히 발본색원(拔根塞源)하여야 그들의 원조는 적극화할 것이며 지방 토색(討索) 반도 및 절도 등 악당을 가혹한 방법으로 탄압하여 법의 존엄을 표시할 것이 요청된다"고[78] 발언한 것을 근거로 선무공작을 폐기하고 강경진압 작전만을 펼친 것으로 해석하는 것은 재고할 여지가 있다.

2월 21일 군경 기동대와 반공선전대를 실은 군용트럭 3대가 서귀포로 향한다는 정보를 접하고 유격대는 화순 입구에서 매복해 있다가 습격하였는데,[79] 이 사건에서 드러나듯이 제2연대에 의한 선무공작은 계속되고 있었다. 이러한 제2연대의 선무공작은 경찰과 긴밀한 관계를 유지하면서 전개되었다. 1월 19일 5백 명의 경관이 파견되어 육해군의 작전과 긴밀한 관계를 맺으면서 식량보급로를 차단하는 데 중점을 두고 활동을 전개했으며, 무력진압과 병행하여 선무공작도 실시하였다.[80]

제2연대가 선무공작을 배합하여 작전을 펼쳤다는 사실은 1949년 3월 17일 국방부장관 이범석이 국회에서 행한 발언에서도 명확히 드러난다. 이범석은 제2연대는 제1단계에서 지방 지리와 실정을 익히면서 비민분리를 목표로 활동했으며, 제2단계에서 병력을 집결하여 부락지대를 재소탕하였으며, 제3단계에서 한라산으로 도주한 "무장폭도를 포위하고 추격"하여 압박하는 방식으로 작전을 전개했다고 보고

---

[78]   제12회 국무회의록(1949.1.21.).

[79]   김봉현, 앞의 글, 293쪽.

[80]   「사상을 선도하고 재건사업에 주력. 장 내무차관 제주사태 담」, 『조선일보』, 1949.5.22.

했다. 또한 그는 선무공작에 중점을 둔 작전 내용을 비교적 자세히 소개하였는데, 이를 요약하면 다음과 같다.[81]

- 무장폭도와 민간폭도를 구별해야 한다. 무장폭도는 화기를 휴대한 자를, 민간폭도는 죽창을 든 자를 지칭한다. 민간폭도의 대부분은 악질분자의 '프로파간다'에 속아넘어간 자들이다. 무장폭도는 대외선전이나 식량 운반, 정보 수집, 경찰서 습격 등을 위해서 민간폭도를 절실히 필요로 하고 있지만, 민간폭도는 무장폭도의 거짓선전에 염증을 느껴 하나둘씩 떨어져 나오고 있다.
- 제주도에서 도당국과 군경당국이 합작해서 선무공작에 중점을 두고 군대에서 주체가 되어 극단을 구성했다. 극의 내용은 공산당의 음모, 해방 이후 남로당 계열의 죄악, 국제적으로 지지를 받는 대한민국 정부, 북쪽 괴뢰정권의 민중에 대한 압박, 과거 제주도의 편안하던 역사, 현재의 비참한 실정 등으로 구성하며, 군경은 귀순할 경우 언제든지 포섭할 준비가 되었다는 것을 강조한다. 이러한 내용을 담은 극을 각 지방을 돌아다니면서 공연하고 있다.
- 비행기로 삐라를 살포하고 한라산 꼭대기의 비무장폭도에게 항복할 것을 권유했다. 그리고 과거에 비교적 폭력적이었던 경찰의 태도를 시정하였다. 이것이 효과가 있어 한 달에 250~260명, 300명에 가까운 민간폭도들이 귀순하였다. 그 숫자는 나날이 증가하고 나중에는 500~600명이 하루에 두서너 번에 걸쳐 내려오는 것을 보았다.
- 대한민국 정부수립 전에 군경은 너무도 포악해서 선무공작을 등한히 했고, 강압적으로 총으로써 총을 진압하면 무사하리라고 보았는데 이것이 역효과를 발휘해 반동의 응격(應擊)이 있게 되었다는 것을 확실히 느꼈다.

---

[81] 국회사무처, 『국회정기회의속기록』 제2회 56호, 1949.3.17.

- 시민대회를 열어 어떠한 죄상을 막론하고 무장폭도의 위협과 모략에 속아서 추종했다면 정부에서는 용서할 것이니 안심하고 돌아오라고 목소리를 높였다.
- 경찰로 하여금 부락을 조직하게 하고, 부락 내부에 개전(改悛)하지 못한 악질분자를 숙청하고 부락민을 선도, 감시하도록 지시했다. 선무공작과 무력토벌을 배합한다면 3월 말일까지 대체로 안정될 것으로 확신한다.
- 군대에 특별히 언명하여 총 가진 자, 화기를 발사하는 자에 한하여 실탄을 발사할 것이며, 죽창을 가진 자에 대해서는 생포하라고 언명하였다.
- 여순사건이 일어났을 때 군경의 질이 부족하여 지도하는 데에 착오를 범하였다는 것을 이 자리에서 자백한다. 정부가 조직된 지 2개월 만에 일어났기 때문에 달리 조종할 도리가 없었다.

앞과 같이 이범석은 유격대(무장대)를 '무장폭도'와 '민간폭도'로 구분하고 '민간폭도'의 귀순을 독려함으로써 '무장폭도'를 고립화시키고 있다고 밝히고 있다. 또한 선무공작을 적극적으로 전개하기 위해 극단을 구성하여 각 지방을 순회하면서 공연하고 있으며, 면민대회와 읍민대회[82]를 열어 귀순을 촉구하고 있다고 강조하였다. 이러한 선무공작이 효력을 발휘하여 귀순자 숫자가 나날이 증가하고 있다는 점도 보고하였다.[83]

이범석의 국회 발언에서 또 하나 주목할 점이 있다. 그는 "대한민국 정부 수립 전에 군경은 너무도 포악해서 선무공작을 등한히 했"다는

---

[82] 이범석의 국회 발언문은 '시민대회'로 되어 있으나 '면민대회와 읍민대회'로 수정했다.

[83] 이러한 견지에서 박명림의 주장은 재고할 여지가 있다. 그는 "진압과 선무공작을 병용하는 5분 정치, 5분 군사의 작전으로 임하겠다"는 정부의 다짐은 지켜지지 않았다고 주장했지만 선무공작이 전개된 것은 틀림없는 사실이다. 박명림, 『한국전쟁의 발발과 기원』 II, 나남, 1996, 406쪽.

것을 시인하고 있으며,[84] 여순사건 때 "군경의 질이 부족하여 지도하
는 데에 착오를 범"하였다고 자기비판하고 있다. 즉, 그는 제주도에서
유격대의 저항이 확산되고 장기간 지속된 데에는 군경의 책임이 크다
는 점을 인정하면서 진압작전에서 "선무공작과 무력토벌을 배합"할
필요가 있다고 강조하였다.

선무공작은 대체로 지역민을 국민학교 운동장이나 광장에 집합시
켜 선무강연을 행하고, 뒤이어 관민이 참여하는 좌담회를 개최하는
형태로 진행되었다. 선무공작대는 대체로 100여 명으로 구성되었으
며, 이들은 여러 대의 트럭과 스리쿼터로 이동하면서 선무공작을 전
개하였다. 이기형(李琪亨)의 증언에 따르면, 육군 제2연대 소속의 선무공
작대는 "제주의 엘리트 청년과 군당국이 절묘한 협조로 이뤄진 조직"
으로, 함병선 연대장의 제의를 받아들여 홍완표·이기형·고영일·김종
철·고창호 등 5명이 주축이 되어 조직되었다. 선무공작대장은 행정고
문으로 제주에 파견된 이기영(李基榮)이며, 기획부장 김용수, 교화부장
홍완표, 음악부장 김국배, 의료부장 김대홍, 기획부 차장 고영일 등이
다.[85] 기획부장 김용수는 제주신보 사장 출신으로 서북청년단에 의해
처형되는 처지로 내몰렸으나 함병선 제2연대장이 구출해 준 것을 계
기로 선무공작을 주도하게 된 인물이다.[86]

구체적으로 선무공작이 어떻게 전개되었는지를 살펴보려면 이기영

---

[84] 1949년 3월 21일 신성모 내무부장관도 "제주도 사태가 오늘까지 이렇게 된 것은 과
거의 군과 경찰이 도민에 대한 태도가 불순하여 도민들은 차라리 산에 올라가 사는
것이 낫겠다는 생각에서 산으로 올라간 것만은 사실"이라면서 과거 군경의 행태를
비판하였다. 「아직 '동정자' 있다. 그러나 사태는 점차 회복. 신장관의 제주사태 전
망」, 『조선일보』, 1949.3.22.

[85] 이기형, 「일본 패망을 읽은 청년 비밀조직 백록회, 제주자유수호협의회, 『제주도의
4월 3일은?』 3, 제주자유수호협의회, 2011, 209쪽.

[86] 제민일보 4·3취재반, 『4·3은 말한다』 4, 전예원, 1997, 173~174쪽.

이 신문에 기고한 글을 참고할만하다. 이 글에 의하면, 1월 29일 이기영이 이끄는 선무공작대가 도리국민학교에서 민보단과 남녀노소 약 2천여 명을 동원하여 활동을 전개하였다. 운동장에서 선무를 목적으로 한 음악이 울려퍼지는 가운데 선무공작대가 준비한 전단이 배포되었고, 후생부의 시료(施療)활동도 이어졌다. 그 이튿날에는 애월국민학교 공터에서 남녀노소 약 3천 명이 동원된 가운데 선무공작 활동이 전개됐다.[87] 이날 국군의 위력을 보여주기 위해 정찰기가 하늘을 날았고 로켓포의 실탄 공개와 시범발사가 있었다. 오후에는 관민들을 집합시켜 좌담회를 열었다.[88]

선무공작대가 마을주민을 동원하여 강조한 내용은 자수한다면 관대한 처분을 내리겠다는 것이었지만 이를 그대로 신뢰하기 어려운 면이 있다. 북촌리 대학살 사건(음력 1948.12.18~19, 양력 1949.1.16~17)이 제2연대의 1단계 작전 기간에 발생한 점에도 주목할 필요가 있다. 이 사건은 '산사람' 3명이 민가로 밥을 얻어먹으러 내려왔다가 세화 쪽에서 오던 군·경·민 합동토벌대 1개 중대를 발포하고 달아난 것이 계기가 되어 발생했다. 이튿날 아침 사망한 군인의 시체 3구를 끌고 함덕 대대본부로 간 마을어른 15명을 총살하고 또 마을사람들을 북촌국민학교 마당으로 집합시켜 학살한 것[89]은 선무공작이 강화된 기간에도 살벌한 집단학살이 대규모로 일어나고 있다는 것을 여실히 보여주는 것이다.

1월 27일 육군본부는 제6여단 산하 유격대대를 2월 5일까지 제주

87　「동란의 제주도 현지실정 보고」·「동란의 제주도 현지실정 보고 ②」, 『서울신문』, 1949.3.30·31.

88　「동란의 제주도 현지실정 보고 ③」, 『서울신문』 1949.4.1.

89　제주4·3연구소, 앞의 책, 138~140쪽.

도로 이동시켜 제2연대장의 지휘를 받도록 명령했다.[90] 또한 제주도 지구전투사령부를 설치하여 2월 27일 사령관으로 육군 대령 유재흥(劉載興)을, 참모장으로 제2연대장 함병선 중령을 임명했다.[91] 유재흥 대령은 제주도지구전투사령부 사령관으로서 제2연대, 제6여단 유격대대, 그리고 제주도 경찰과 응원경찰, 우익청년단을 총지휘했다. 육군본부는 해군의 협력을 받아 함정대를 제주에 보내 전투사령부와 육해군 합동작전을 펼치도록 했다.[92] 유재흥에 따르면, 제주도지구전투사령부 설치는 5월 10일로 예정된 제주도 지역의 선거를 앞두고 "도(道)의 안정을 회복하기 위한 한시적 조치"였다.[93]

제주도지구전투사령부는 2단계로 나누어 작전을 전개했다. 즉 제1단계는 선무심리전, 제2단계는 유격대 근거지에 대한 토벌전으로 나누어 작전을 펼친 것이다. 제1단계는 도내 지도급 청년들로 선무공작대를 편성하여 산중으로 들어가 하산하지 않는 일부 주민들을 설득하는 활동을 전개했다. 이와 더불어 수용소를 추가로 설치하였고, 경비행기를 이용해 귀순전단을 살포하였다. 제2단계는 제2연대를 주축으로 구성된 작전부대가 한라산 지역 유격대를 토벌하도록 했다. 이와 더불어 전투사령관은 민보단 1개 소대(25명), 군인 1개 분대와 경찰 1개 분대로 구성된 민·관·군 혼성부대를 여러 개 편성하여 진압작전에 투입했다.[94]

---

[90] 「육본 작명 갑 제22호」, 1949.1.27.

[91] 「육본 작명 갑 제44호」, 1949.2.27;『육군 역사일지』 3, 1949.3.2.

[92] 제주4·3사건진상규명및희생자명예회복위원회, 앞의 책, 320쪽.

[93] 유재흥,『격동의 세월 유재흥 회고록』, 을유문화사, 1994, 95쪽.

[94] 국방부전사편찬위원회, 앞의 책, 68~69쪽. 민보단 소대는 도내 국민학교와 중학교 교사, 면사무소와 군청 직원, 청년단 간부들로 구성되었고, 이들은 1개월간 군사훈련을 받았으며 필요할 때 동원되어 진압작전에 참여했다.

육군본부는 선무공작을 지원, 강화하는 조치로 3월 4일 "육군본부 군악대장은 군악대 56인조를 편성하여 1949년 3월 18일까지 제주지구에 파견하여 해(該) 전투사령관의 지휘를 받게 하라"는 지시를 내렸다.[95] 이에 따라 군악대는 선무공작의 임무를 띠고 제주에 파견되었다.[96] 또한 선무공작 전개에서 중요한 역할을 하는 것이 정보수집인데, 김명이 지휘하는 50명 규모의 특수부대가 조직되어 산악지역을 배회하다 유격대를 만나면 사투리를 구사해가며 정보를 수집했다.[97]

유재흥의 지휘 아래 전개된 제주도지구전투사령부의 선무공작은 이응준 육군 총참모장이나 이범석 국무총리, 신성모 내무장관으로부터 고무적인 작전으로 인정을 받았다. 2월 중순 무렵에 "적극적인 토벌과 병행한 선무공작"을 강조한 바 있던[98] 이응준은 3월 14일에 발표한 특별담화에서도 선무공작을 강조하였다. 즉, "일반 행정관청과 민족진영의 민중조직과 계몽운동을 비롯하여 선무공작, 이재민 구호사업과 후생대책 등이 긴급"하다고[99] 밝혔다. 3월 10일 신성모 내무부장관과 동행하여 제주도를 방문한 이범석 국무총리는 "군, 경, 관, 민은 폭도토벌에 노력하는 한편 민심수습에 협조하여야 할 것이며 또한 토벌을 능률적으로 하는 한편 선무공작을 활발히 하여 관대한 태도로써

---

[95] 「육본 작명 갑 제50호」, 1949.3.4; 「선무군악대 18일 제주에 파견」, 『동아일보』, 1949.3.12.

[96] 「선무군악대 18일 제주에 파견」, 『동아일보』, 1949.3.12; 「육군군악대 제주장병을 위문」, 『조선일보』, 1949.3.19.

[97] HQ USAFIK, 『G-2 Periodic Report』, 1949.4.1; 제주4·3사건진상규명및희생자명예회복위원회, 앞의 책, 323쪽.

[98] 1949년 2월 17일 이응준은 "3월까지는 적극적인 토벌과 병행하여 선무공작을 전개할 것"이며, "무식한 백성으로서 폭동에 가담한 자라도 전비를 뉘우치는 경우에는 포섭할 방침"이라고 밝혔다. 「평화통일을 염원. 제주사태는 3월까지는 결말. 이 참모장 광주서 담화」, 『대동신문』, 1949.2.19.

[99] 「폭도소탕 강행. 육군참모장 담화」, 『경향신문』, 1949.3.15.

폭도의 반성을 촉구하여야 할 것"을 강조하였다.[100]

1949년 1월부터 제2연대와 제주도지구전투사령부의 선무공작에 의해, 그리고 선무공작의 일환으로 실시한 자수운동, 사면프로그램 등으로 귀순자도 상당수 증가하고 있었다.[101] 물론 앞서 언급했듯이 귀순자의 증감을 선무공작의 효력 유무로 판단하는 것은 문제가 있지만 제2연대와 제주도지구전투사령부에 의해 전개된 선무공작의 효력은 현저하게 나타나기 시작했다. 4월 7일부터 13일까지 제주를 시찰하고 온 이윤영 사회부장관은 "요즘 귀순자가 늘어가고 있는데 내가 갔다온 1주일간만 하더라도 898명이나 귀순자가 있었고 4월 13일 현재 합계 3,500명이 돌아왔었다. 제주도 5개 수용소에 있는 자가 3,174명이 있다"고 언급했다. 귀순자는 점점 늘어 5월 11일 현재 6,000여 명에 달했다.[102] 이러한 귀순자에 대한 대우는 어떠했는지 앞으로 구체적으로 밝혀야 하지만 그 기만적 성격도 지니고 있다는 점에 유의할 필요가 있다. 유재흥 대령이 선무공작을 전개하면서 "하산을 하면 과거의 죄를 묻지 않고 생명을 보장해 주겠다"고 했지만, 제주도지구전투사령부 철수 명령에 따라 5월 13일 유재흥 대령이 제주를 떠난 후[103] 1,600여 명이 총살당하거나 전국 각지의 형무소로 보

---

[100] 「먼저 민심수습 하라. 이 총리 제주도서 연설」, 『자유신문』, 1949.3.16.

[101] 이에 대해서는 임송자, 「제주4·3을 통해 본 제주도민의 귀순과 반공주체로서 순응」, 『사림』 81, 2022.7, 13~18쪽 참조.

[102] 제주4·3사건진상규명및희생자명예회복위원회, 앞의 책, 328쪽.

[103] 육군본부는 제주도지구전투사령관에게 5월 15일까지 사령부를 철수하는 동시에 '잔적 토벌'의 임무를 제2연대장에게 인계하라고 지시했다. 이러한 육본의 명령에 따라 사령관 유재흥 대령은 5월 13일 제주도에서 철수하였다. 「육본 작명 갑발 제81호」, 1949.5.5; 「제주도 폭도소탕 완료. 유사령관 개선도상 회견담」, 『동광신문』, 1949.5.15.

내졌다는[104] 사실에서 선무공작의 기만적인 성격이나 귀순자에 대한 대우를 짐작할 수 있다.

4. 맺음말

제주4·3에서 강경진압작전과 함께 선무공작을 전개했다는 점에 주목하여 제주4·3 발발부터 1949년 5·10 재선거 실시에 이르기까지의 선무공작을 중점적으로 살펴보았다. 제주4·3 초기부터 경무부는 선무공작을 전개했다. 하지만 선무공작은 제대로 이루어지지 않았으며 오히려 심각한 사태로 몰아갔다. 진압작전에 참여한 경비대는 선무전단을 살포하면서 여러 차례에 걸쳐 무장대를 향해 귀순을 권고하였으며, 4월 말에는 유격대와 회담을 추진하였다. 하지만 회담 방식의 선무공작은 성과를 거두지 못했다. 5·10선거 후 브라운 대령의 지휘 아래에서 펼쳐진 군경합동작전도 성공을 거두지 못하였다.

6·23 재선거가 무기한 연기되는 상황에서 6월 중순 이후 진압작전에서 선무공작을 배합하여 제주도 사태를 수습하고자 했다. 이는 6월 23일 조병옥 경무부장의 담화, 7월 1일 브라운 대령이 군정청 사령관에게 보낸 보고서에서 확인할 수 있다. 또한 6월 21일 제11연대장으로 부임한 최경록도 강경진압과 함께 선무공작을 배합하는 작전을 펼쳤다.

7월 23일 조병옥 경무부장이 발표한 제주4·3의 수습방안은 선무공작을 강화하기 위한 구체적인 방안으로써 중요한 의미가 있다. 계몽과 교화를 담당하는 치안수습대책위원회 구성, 귀순자 심사를 위한

---

[104]　제주4·3사건진상규명및희생자명예회복위원회, 앞의 책, 330쪽.

치안심사위원회 구성, 귀순자 단체로서 도민갱생회 조직, 집단부락과 보갑제도 실시 등을 강조하였다.

정부수립 이후 강경진압작전과 함께 선무공작이 다각화하였다. 10월 17일 제9연대장 송요찬의 포고문 발표, 11월 17일 계엄령 발표 등으로 초토화작전이 펼쳐지고, 이와 함께 선무공작도 적극적인 형태로 전개되었다. 군·관·민 합동으로 선무반을 편성하고 도내를 순회하면서 시국강연, 좌담회 등을 열어 지역민을 계몽하는 활동을 전개했으며, '비민분리'를 위해 산간마을 주민을 해안마을로 이주시키고 전략촌 축성공사를 시작했다. 또한 주민감시를 목적으로 보갑제를 실시했다. 하지만 1948년 12월까지 제9연대의 진압작전 기간 동안 특히 11~12월에 제주도민에 대한 대부분의 살상이 발생하였다는 점에서, 제9연대의 진압작전이 제주도민에게 어마어마한 공포의 대상이었다는 점에서 얼마나 선무공작의 효력이 있었는지 의문이다.

1949년 신년 들어 선무공작이 강화되었다. 제2연대가 진압작전을 전개하는 동안 선무공작은 지속되었다. 읍·면 소재지를 중심으로 면민대회를 개최하였으며, 여기에는 우익학생단체도 참여하였다. 선무공작은 대체로 지역민을 국민학교 운동장이나 광장에 집합시켜 선무강연을 행하고, 뒤이어 관민이 참여하는 좌담회를 개최하는 형태로 진행되었다. 이러한 선무공작은 제주도지구전투사령부가 설치되고 유재흥 대령이 사령관으로 임명되면서 더욱 강화되었다.

1949년 1월부터 제2연대와 제주도지구전투사령부의 선무공작에 의해, 그리고 선무공작의 일환으로 실시한 자수운동, 사면프로그램 등으로 귀순자도 상당수 증가하였다. 귀순자의 증감을 선무공작의 효력 유무로 판단하는 것은 문제가 있지만 제2연대와 제주도전투사령부에 의한 선무공작의 효력은 현저하게 나타나기 시작했다. 하지만 북촌리 대학살 사건이 제2연대의 작전 기간에 발생한 점이나 제주도 지구전투사령부가 철수한 후 귀순자의 상당수가 총살당하거나 전국 각지의 형무소로 보내졌다는 사실에서 선무공작의 기만적인 성격도 엿볼 수 있다.

참고
문헌

1. 자료

『경향신문』, 『국제신문』, 『남조선민보』, 『대동신문』, 『독립신보』, 『동광신문』, 『동아일보』, 『서울신문』, 『자유신문』, 『제주신보』, 『조선일보』, 『조선중앙일보』, 『현대일보』.

국회사무처, 『국회속기록』.

국회사무처, 『국회정기회의속기록』.

6th Infantry Division, USAFIK, 『9th Regiment Cheju-Do Daily Report』.

HQ USAFIK, 『G-2 Periodic Report』(한림대 아시아문화연구소 영인본).

2. 단행본

국방부전사편찬위원회, 『대비정규전사(1945~1960)』, 1988.

노민영 엮음, 『잠들지 않는 남도』, 온누리, 2018(2판).

문창송, 『한라산은 알고 있다. 묻혀진 4·3의 진상』, 대림인쇄사, 1995.

백선엽, 『실록 지리산』, 고려원, 1992.

아라리연구원 편, 『제주민중항쟁』 I, 소나무, 1991(5쇄).

양정심, 『제주4·3항쟁: 저항과 아픔의 역사』, 선인, 2008.

유재흥, 『격동의 세월 유재흥 회고록』, 을유문화사, 1994.

윤휘탁, 『일제하 '만주국' 연구』, 일조각, 1996.

이운방·김웅철, 『미군점령기의 제주도인민들의 반제투쟁』, 광문당, 2019.

장창국, 『육사 졸업생』, 중앙일보사, 1984.

전사편찬위원회, 『한국전쟁사』 1, 전사편찬위원회, 1968(재판).

제민일보 4·3취재반, 『4·3은 말한다』 1~4, 전예원, 1994~1997.

제주4·3사건진상규명및희생자명예회복위원회, 『제주4·3사건 진상조사 보고서』, 제주4·3사건진상규명및희생자명예회복위원회, 2003.

제주4·3사건진상규명및희생자명예회복위원회, 『제주4·3사건자료집』 1~11, 제주4·3사건진상규명및희생자명예회복위원회, 2001~2003.

제주4·3연구소, 『이제사 말햄수다: 4·3증언자료집』 I, 한울, 1989.

제주특별자치도·제주4·3연구소, 『제주4·3유적』 I·II, 도서출판 각, 2020.

佐佐木春隆 著, 姜昶求 譯, 『한국전비사 상권: 건군과 시련』, 병학사, 1977.

친일인명사전편찬위원회, 『친일인명사전』 1·3, 민족문제연구소, 2009.

한국반탁·반공학생운동기념사업회, 『한국학생건국운동사』, 1986.

홍순봉, 『나의 생애』, 서강, 1976.

3. 논문

고병억, 「제주도사태수습에 관한 私見」, 『민주경찰』 제2권 제5호(판권지에 발행 날짜가 없으나, 1948년 8월호 혹은 9월호로 추정됨).

김남식, 『남로당 연구』 I, 돌베개, 1984.

김용철, 「제주4·3사건 초기 경비대와 무장대 협상 연구: 소위 4·28 평화협상에 대한 반론」, 『4·3과 역사』 9·10, 2010.12.

양봉철, 「홍순봉과 제주4·3」, 『4·3과 역사』 17, 2017.12.

이기형, 「일본 패망을 읽은 청년 비밀조직 백록회」, 제주자유수호협의회, 『제주도의 4월 3일은?』 3, 제주자유수호협의회, 2011.

임성모, 「만주국협화회의 대민지배정책과 그 실태: 東邊道治本工作과 관련하여」, 『동양사학연구』 42, 동양사학회, 1991.1.

임송자, 「여순사건 이후 선무공작을 중심으로 본 지리산지구의 빨치산 진압」, 『한국근현대사연구』 81, 한국근현대사학회, 2017.

임송자, 「제주4·3을 통해 본 제주도민의 귀순과 반공주체로서 순응」, 『사림』 81, 수선사학회, 2022.

조덕송, 「유혈의 제주도」, 『신천지』 3(6), 1948.7.

2장

여순 10·19 이전 순천, 여수의 도시 변화 특징*
일제강점기 토지 이용을 중심으로

우승완(순천대학교)

1. 머리말

　순천과 여수는 1896년 당시 순천군에서 돌산군이 분리되고 이듬해 다시 여수군이 분리되기 전까지 순천도호부의 단일 행정 구역이었다. 순천은 행정 구역이 분리된 이후 순천도호부의 상징이었던 순천 읍성을 중심으로, 여수는 조선시대 수군의 사령부격인 전라 좌수영성을 중심으로 각각 근대 도시로 변화한다. 일제강점기 읍제의 시행과 근대적 도시계획의 시작인 '조선 시가지 계획령'이 경쟁하듯 계획되는데, 광복 이후 두 도시의 이름에서 명명된 '여순사건'으로 도시의 구

---

* 인문학술원과 제주대학교 탐라문화연구원의 공동학술대회 '4·3과 10·19에 대한 새로운 해석'에서 「여순 10·19 이전 여수, 순천의 도시 변화 특징: 일제 강점기 토지 이용을 중심으로」(2023.03.31.) 주제 발표한 것을 일부 수정·보완한 것이다

성과 기능을 일시에 상실한다.

도시는 시대 및 입지 여건에 따라서 다양하게 인지되고, 보는 관점과 배경에 따라 다르게 인식되기도 한다.[1] 도시를 하나의 개념으로 정의할 수 없지만 '대한국토도시계획학회'는 도시의 구성 요소를 시민(citizen), 활동(activity), 토지(land), 시설(facility)의 네 가지로 구분하고 있다. 이 가운데 토지를 중심으로 조선시대 성곽 도시를 이루고 있었던 공간을 중심으로 순천과 여수의 도시공간을 살펴보고자 한다. 여순사건 발생 전까지 도시가 어떻게 변화하고 성장했는지를 성곽 내 토지 이용에서 그 특징을 찾아보고, 도시 지역인 순천읍과 여수읍으로 구분하여 도시 변화와 함께 살펴보고자 한다. 시기 구분은 도시의 물리적 변화에 중점을 두고 전통 도시 공간 와해기, 전통 도시 영역 확산기, 근대적 도시화기로 구분하였다.

2. 조선 후기 전통 성곽 도시 순천, 여수

1) 순천의 도시 원형 순천 읍성

1872년의 지방도 해제[2]에서 순천 읍성은 원형의 석성으로 둘레가 3,383척(尺)으로, 1915년 지적도를 근거로 지금의 지적도와 비교하면 2차원의 읍성 원형을 확인할 수 있다. 읍성은 전체적으로 정방형이긴

---

[1] 엄민경, u-City 도시구성요소로서 기반시설의 특성에 관한 연구, 성균관대학교 일반대학원 국내석사 16쪽에서 국토연구원, u-City구현을 위한 계획체계 정비방안, 2007 재인용.

[2] 1872년 지방도, 서울대학교 규장각한국학연구원(http://e-kyujanggak.snu.ac.kr).

하지만 남쪽보다 북쪽이 좁다. 남쪽의 성곽은 양쪽 끝이 직각 형태로 꺾이지만 북쪽의 성곽은 원형으로 방향을 바꾸고 있다. 읍성의 지형은 옛 관아 자리인 현 삼성생명 주차장을 기준으로, 서쪽이 높고 동쪽이 낮은 지형으로 지금의 대지 높이를 기준으로 약 최고 6m의 고저차가 난다. 남·북 간의 차이는 중앙로를 기준으로 왼쪽에 위치한 행동과 영동은 북쪽에 위치한 행동보다 영동이 1.8m 낮고, 오른쪽의 중앙동과 남내동은 0.1m 내외의 차이이다.

〈그림 1〉 조선 후기 순천 읍성(1915년 지적원도에 작성)

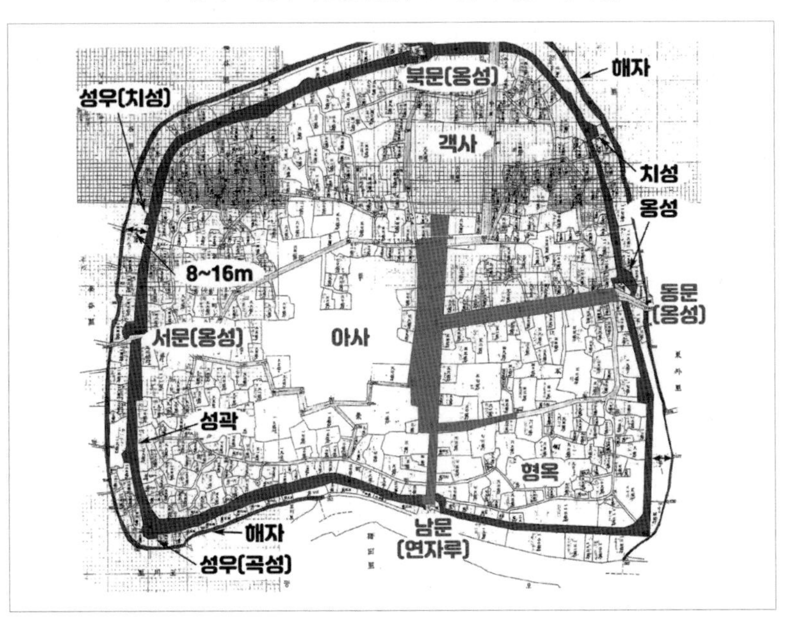

조선시대에 간행된 승평지에 읍성의 둘레는 3,383척으로 나와 있는데 성곽의 안쪽 경계를 기준으로 현 지적도에서 확인한 결과 약 1,554m이며, 읍성의 면적은 약 156,094㎡이다. 지적도에 나타난 성

곽의 폭은 옹성 등의 돌출된 곳이 아닐지라도 좁은 곳이 5~6m, 넓은 곳은 7~10m이다. 해자는 길이가 약 1,424m로 폭이 좁은 곳은 2~3m, 넓은 곳은 4~6m이다. 성곽의 외부 경계에서 해자와 떨어진 거리는 8~16m이다. 북문과 서문의 옹성은 성곽으로부터 12~15m 돌출되어 있다. 해자의 길이가 읍성의 길이보다 짧은 것은 읍성 남쪽의 하천인 옥천이 해자의 일부로 이용되었기 때문이다. 성곽과 해자의 간격이 일정하지 않은 것은 자연 지형, 즉 일정한 깊이로 굴토해야 하는 제약에 따른 것으로 보인다.[3]

2) 여수의 도시 원형 전라 좌수영성

여수면 남쪽에 위치한 전라 좌수영은 성종 11년(1480) 수군절도사를 두었는데, 지지에 따르면 성 둘레가 3,336척, 옹성이 9개, 성문이 4개, 우물이 7개이다. 성곽은 남해에서 접근하는 적으로부터 동쪽의 계산과 남쪽의 장군도가 은폐하고 있고, 등을 지고 있는 종고산이 북쪽의 개활지로부터 엄폐하고 있다. 성벽의 남서쪽은 해안선을 따라 형성되고, 나머지는 종고산 자락을 피해서 북동쪽으로 반원형의 성벽을 덧댄 형상을 하고 있다.[4] 성문 보호를 위해 설치된 옹성은 『호좌수영지』에서 동문과 서문에 설치된 것으로 나타나지만[5] 동문의 옹성만 그 윤곽이 확연하다. 해자는 동문과 서문 인근에만 흔적이 보인다. 그리고 남문에 옹성이 없었던 것은, 전면에 이격되어 설치된 굴강이 옹성과

---

3 우승완, 「순천의 근대기 도시화에 관한 연구」, 순천대학교 박사학위논문, 2009, 22~23쪽.

4 우승완 외, 「일제강점기 여수의 도시 특성 변화에 관한 연구」, 『도시설계』 Vol. 12 No. 5, 한국도시설계학회지, 2011, 106쪽 참조.

5 전라 좌수영 편, 『湖左水營誌』, 1847년 이후.

해자 이상의 장애물 역할을 했기 때문인 것으로 판단된다.

1915년 작성된 지적도[6]를 현재의 CAD 지형도와 비교한 결과, 성체의 둘레는 외부가 약 1,650m이고 내부가 약 1,540m로 나타났다(선행 연구자 서치상은 유지를 실측한 결과로 1.74Km로 제시하고 있으나, 동문 옹성의 개구부 위치가 뒤바뀐 점으로 미루어 볼때 치성과 옹성 등의 치수 산정에서의 오차로 추정됨).[7] 남서쪽에서 바라본 성곽의 전면 폭은 약 450m, 성곽의 깊이는 약 150~390m로 조사되었다.

〈그림 2〉 1915년 전라 좌수영성과 주거 영역과 호좌수영지에 나타난 도로망 추정
(출처:우승완 외 일제강점기 여수의 도시 특성 변화에 관한 연구 참조)

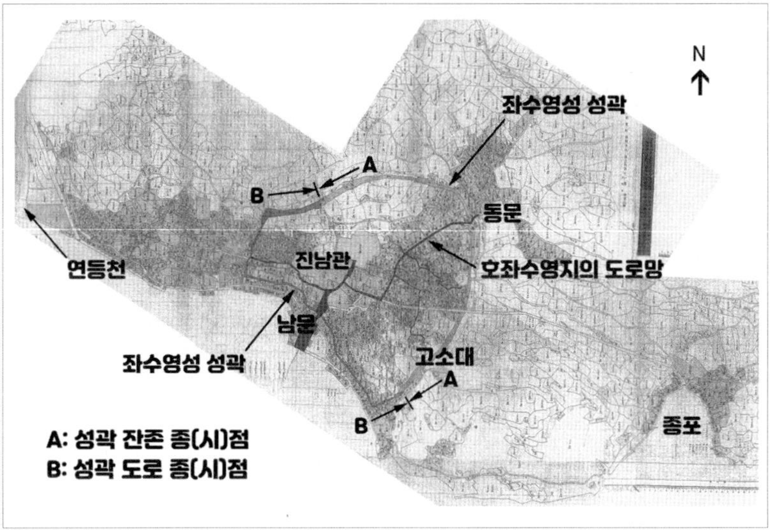

성체의 폭은 해안에 인접해 이미 도로로 사용되고 있는 남문 좌

---

6   조선총독부, 조선총독부 임시토지조사국, 1915(국가기록원).

7   서치상, 「전라좌수영성에 대한 복원적 고찰」, 『전라좌수영성의 역사와 문화』, 1993, 56~59쪽 참조.

우가 3.8m 내외였고, 나머지 지역은 좁게는 6m에서 넓은 곳은 약 18.7m로 확인된다. 성체의 폭이 상대적으로 넓게 나타난 곳은 산악과 인접한 지형으로, 주위의 지형 여건에 따라 넓어진 것으로 보인다. 동문 옹성의 경우 종고산 쪽으로 개방된 반원형으로 약 12m가 돌출되어 형성되었다.

<그림 3> 1915년 순천과 여수의 주거 지역

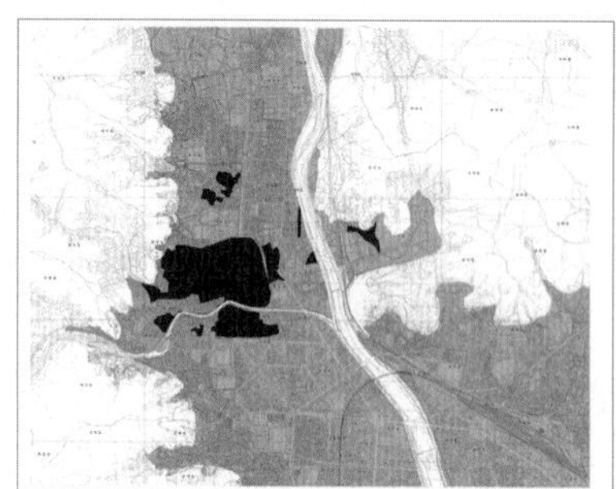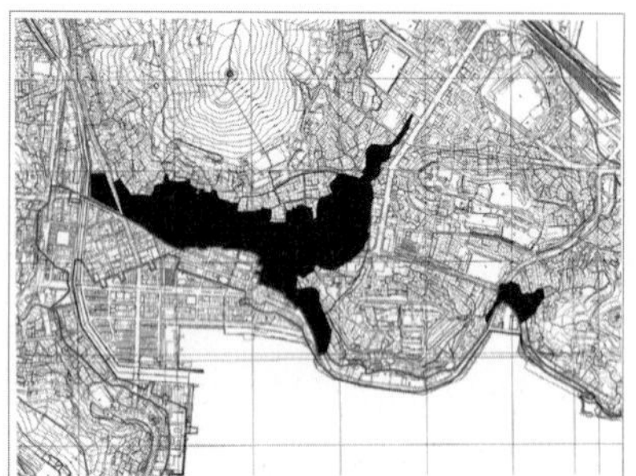

3. 토지 이용 변화

행정 구역 분할을 기준으로 조선 후기 성곽 도시의 토지 이용을 살펴보면 순천은 4개 구역, 여수는 2개 구역으로 구획되어 순천 읍성이 더 세분화되어 있다. 행정 구역의 면적 구성비는 순천은 행정을 제외하고는 거의 고른 구성비를 보이고, 여수는 동정과 서정의 면적 구성비가 약 3.7배 이상 차이가 난다. 여수 동정은 일본인의 활동이 활발했던 곳으로 도시 형성 초기에 일본인의 거류가 집중되었다.

1) 필지 수와 토지 규모

필지 수와 토지 규모 면에서 토지 이용 상황을 살펴보면 순천의 읍성 내 행정 구역 필지 수는 1915년 지적도에서 461개로 나타나 여수의 535개 필지보다 74개 필지가 적어 전체 면적에 대비하여 여수가 더 세분화되었다. 1938년 기준으로 보면 순천의 필지 수는 618개로 지적원도보다 필지가 세분화되어 약 134% 증가되는데 시장, 학교, 관아 등 공공시설이 이전한 필지에서의 분할로 나타난다. 토지 규모에서 순천 읍성은 여수보다 상대적으로 고른 것으로 나타난 것과 달리, 여수는 순천 읍성에 비해 필지별 필지 규모가 작게 나타나고 또한 대형과 소형 필지 격차가 매우 큰 것으로 나타났다.

〈표 1〉 1915년 행정 구역별 필지 수 및 토지 규모 필지 수( )는 1938년 기준

| 구분 | 행정구역 | 필지수 | 토지규모 | | 비고 |
			중간	대형	
순천	대수정	98(152)	257.0 (23.7%)	515.0 (11.4%)	-
	영정	93(108)			
	본정	110(159)			
	행정	160(199)			
	계	461(618)			
여수	서정	95	241.0 (20.0%)	526.0 (1.9%)	-
	동정	440			
	계	535			

지적도의 경우 순천은 1915년 지적원도 제작 이후 1939년과 해방 후에 새로운 필지가 부여된 지적도가 존재하는 반면에 여수의 경우는 1915년 제작된 지적원도와 해방 이후 제작된 지적도만 존재해 변화 확인에 한계가 있었다.

<그림 4> 1915년 순천과 여수의 주거 지역

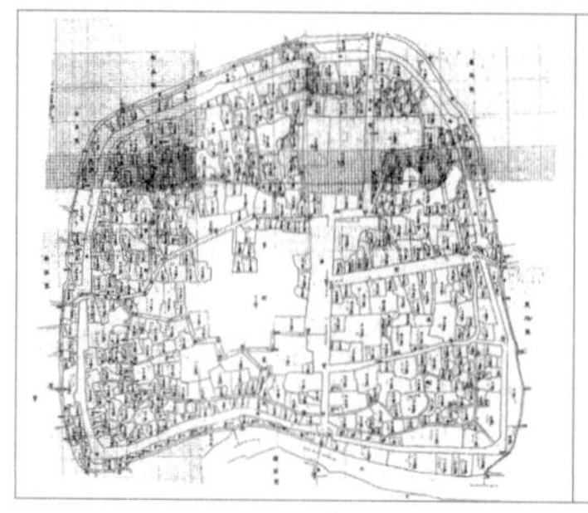

<그림 5> 순천의 1939년 지적도(좌) 와 여수의 해방 후 지적도(우)

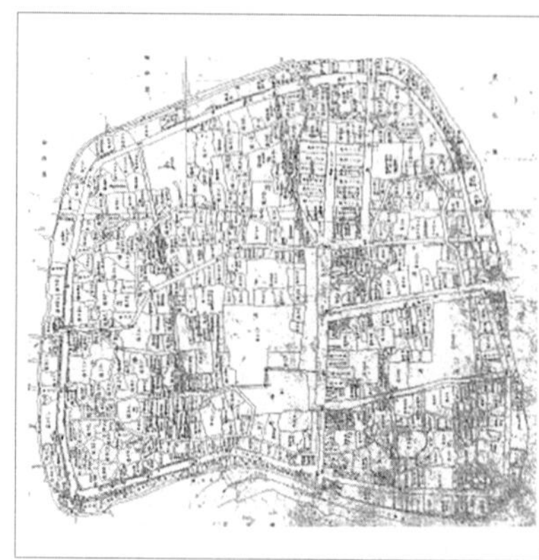

<그림 6> 순천의 1915년과 1939년 국유지 비교

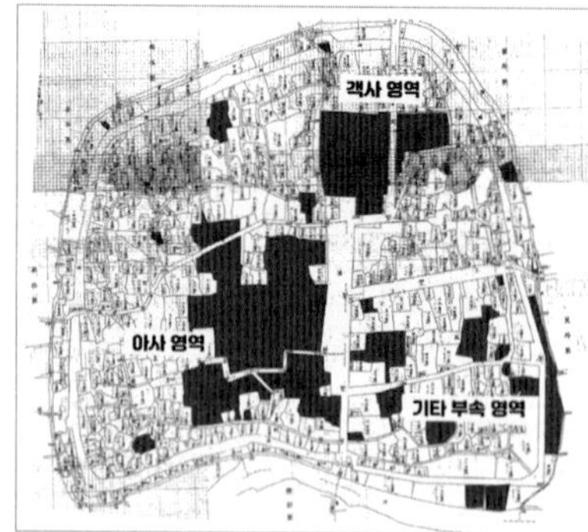

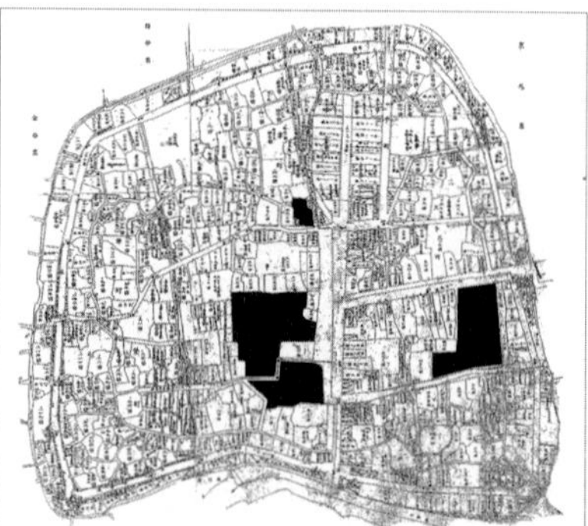

2) 성곽 도시의 지목별 현황

성곽 도시의 지목별 현황으로 토지 이용 상황을 보면 순천 읍성은 85%가 대지이고 나머지 15%는 대부분 도로로 구성되어 있다. 반면에 전라 좌수영성은 대지가 64% 나머지 36%는 전, 임, 못, 도로 등으로 구성되어 있어 순천보다 다양한 토지 이용을 보이고 있다. 이와 같은 결과는 순천 읍성은 내륙의 평지여서 좀 더 많은 대지의 확보가 용이하였고 전라 좌수영성은 해안 도시 특성상 산악에 연접된 경사지의 제약에 따른 것으로 나타났다.

한편 여수에서 동정과 서정의 대지 분포는 동정이 전체 필지 면적의 약 65.27%, 서정은 전체 필지 면적의 약 83.44%로 나타난다. 서정의 필지별 면적 대비 대지의 비율이 높게 나타난 것은 서정의 필지별 면적의 약 24%를 차지하는 성곽 내부의 가장 넓은 시설인 객사(진남관)

때문이었다.[8]

〈표 2〉 순천과 여수 성곽 도시의 대지 현황

구분	지목		필지별 면적의 합계(㎡)	면적의 구성비 (%)	비고
순천 읍성	대지		133,462	85.42	기타는 도로임
	기타		22,782	14.58	
전라 좌수영	대지	서정	22,560	16.32	서정 전체 필지 면적의 3.44%
		동정	66,373	48.02	동정 전체 필지 면적의 5.27%
		계	88,934	64.34	기타는 전, 임, 못, 도로임
	기타		49,284	35.66	

3) 토지 등급(지가) 변화

〈그림 8〉 1913~1945년 순천과 여수의 상업 지역

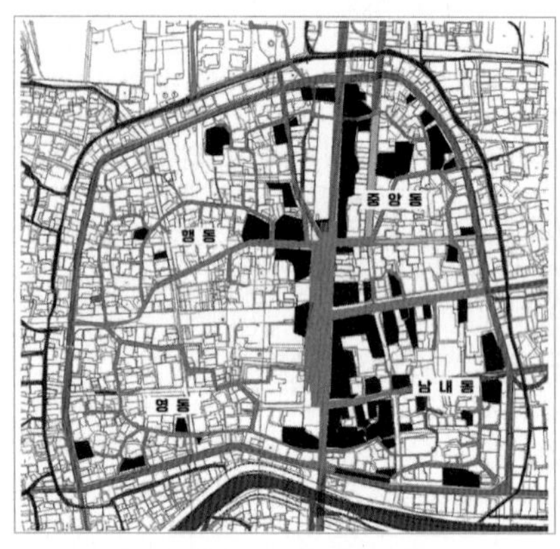

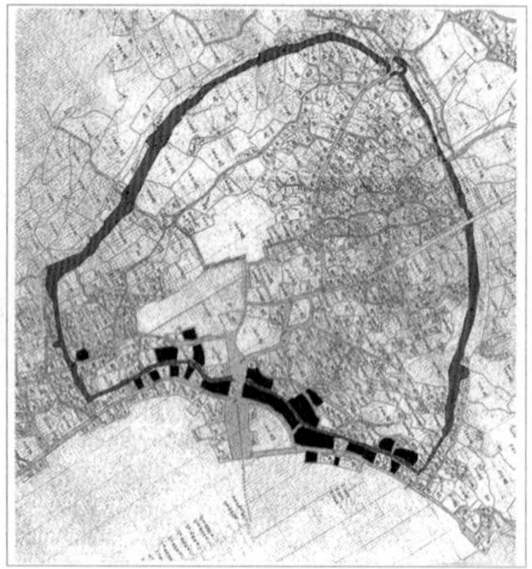

토지 가격을 상징하는 토지 등급은 1915년 토지 사정 당시 기준으

---

[8] 김행범 외, 「근대기 전라좌수영성의 공간 변화에 관한 연구」, 『호남문화연구』 제52집, 전남대학교 호남학연구원, 2012, 173~174쪽.

로 보면 순천 읍성은 최저 10등급에서 최고 32등급으로 나타나는데, 등급이 상대적으로 높은 곳은 시장이 형성됐던 남문에서 동문에 이르는 구간이다. 5일장은 행정 구역상 행정, 본정, 대수정 등에서 열렸으나 행정은 행정 기관이 밀집되어 지가가 제한적이었고, 본정과 대수정을 중심으로 지가가 높게 형성되었다.

<그림 9> 1915년 토지조사 당시 순천과 여수의 토지 등급(16등급 이상)

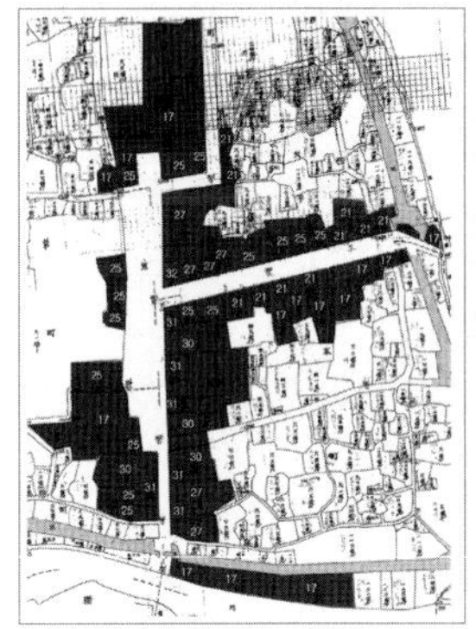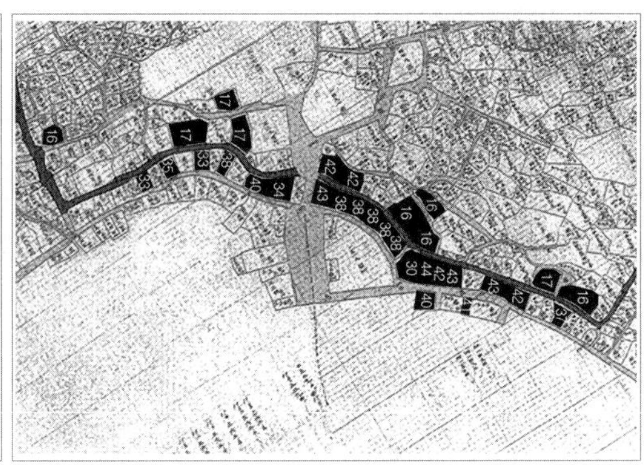

　　전라 좌수영성은 최저 6등급에서 최고 42등급까지 보이는데 이 가운데 15등급 이하의 하위 필지가 93%로 나타난다. 여기서 서정의 경우는 하위 등급에서 상위 등급으로 갈수록 줄어드는 분포를 보이면서 최고 20등급 이하로 구성되지만, 동정의 경우는 하위 등급에서 상위 등급까지 고루 분포되면서 서정보다는 다양한 지가를 구성하고 있다. 전라 좌수영은 중간 영역인 21~35등급이 없어서 등급 격차가 큰 것으로 나타나는데, 이러한 결과는 해안가 경사지 특성상 성곽 안의 대지 조성 조건이 좋지 않았던 데에 기인한 것으로 보인다.[9]

---

[9]　　김행범 외, 앞의 논문, 179~180쪽.

	등급	남내동(본정)	중앙동 (대수정)	영동(영정)	행동(행정)	합계	
순천	10~15	94(75.8%)	98(79.7%)	118(94.4%)	178(97.3%)	488	87.9%
	17	16(13.0%)	3(2.4%)	1(0.8%)	1(0.5%)	21	3.8%
	21~32	14(11.2%)	22(17.0%)	6(4.8%)	4(2.2%)	46	8.3%
	합계	124(100%)	123(100%)	125(100%)	183(100%)	555	100%
	등급	서정		동정		합계	
여수	6~10	41	66%	232	72%	273	71%
	11~15	13	21%	71	22%	84	22%
	16~20	8	13%	14	4%	22	6%
	21~35	0	0	0	0	0	0
	36~40	0	0	1	0.31%	1	0.26%
	41~42	0	0	4	1.24%	4	1.04%
	합계	62	100%	322	100%	384	100%

4) 토지 소유권 변화

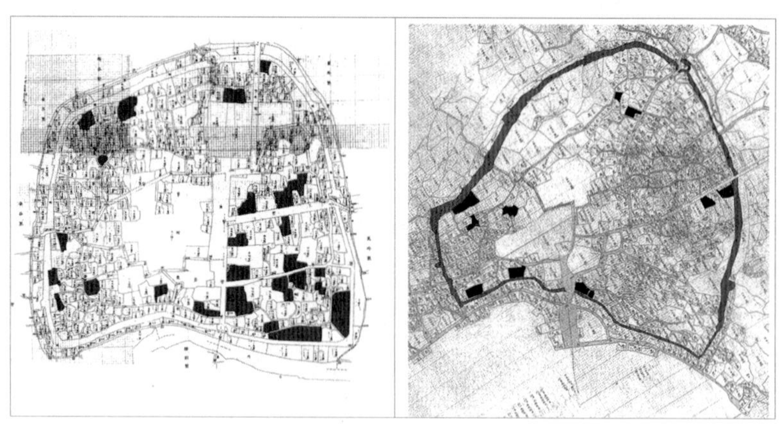

토지 소유권 조사에서 순천, 여수 모두 국가 소유 필지 수가 제일

많았다. 전체 필지 가운데 국가 소유 필지 수는 순천 읍성은 약 70%, 전라 좌수영성은 약 67%로 유사한 구성비를 보인다. 한국인 소유 필지 수 비율은 좌수영성이 많았으나 일본인 소유 필지 수 비율은 순천 읍성이 2배 이상 많은 것으로 나타나 여수군에 일본인이 더 많았던 것과 대조된다. 그 이유로 시장 위치에서 찾을 수 있는데 순천 읍성의 장터는 성곽 안에 있었고 전라 좌수영성의 장터는 성곽 밖에 있어 일본인들의 소유 필지가 상권에 집중되었던 것으로 추정된다.

<표 4> 일제강점기 성곽 도시 필지 소유 현황

년도	구분		국가	한국인	일본인	기타
1915	순천 읍성	필지수	390	122	43	-
		점유율	70.27%	21.98%	7.75%	-
	전라 좌수영성	필지수	260	112	14	-
		점유율	67.36%	29.02%	3.63%	-
1941 ~ 1942	순천 읍성 (1942)	필지수	73	248	233	1
		점유율	13.15%	44.68%	44.99%	0.18%
	전라 좌수영성 (1941)	필지수	13	170	153	50
		점유율	3.37%	44.04%	39.64%	12.95%

토지 소유권 변화에서 순천과 여수 모두 특정 시기에 소유권의 변화가 다수 발생한다. 순천은 1917년에 큰 폭의 소유권 변화가 나타나는데, 일제 강점 말기 한국인 소유 필지는 대폭 감소한 반면에 일본인 필지 수는 2배 이상 증가한다. 여수는 1921년에 큰 폭의 소유권 변화가 나타난다. 그 이후 확산기인 1930년에 29개 필지의 소유권이 바뀌고, 도시화기까지 총 47개 필지의 소유권 이동이 있다. 즉 확산기를 정점으로 도시화기에 접어들면서 소유권 변동이 월등히 감소하는데, 이것은 도시 발전의 축이 성곽이 아닌 덕충리가 있는 성곽의 동쪽 지

역으로 이전하기 시작한 결과라고 판단된다.

<그림 11> 1939년 순천과 여수의 일본인 토지 소유 현황

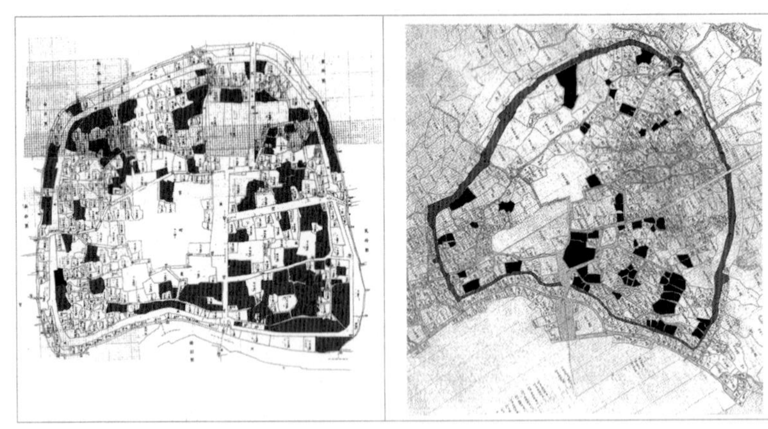

<표 5> 일제강점기 소유권 변동의 시기별 현황(단위: 필지 수)

구분	도시	1915년	1917년	1919년	1921년	1930년	1931년	1942년
한국인	순천	122	403	391	-	284	-	263
	여수	0	0	1	115(114)	124(9)	126(2)	127(1)
일본인	순천	43	91	92	-	202	-	233
	여수	4	5(1)	9(4)	96(87)	115(15)	119(4)	124(15)
국가, 기타	순천	390	61	72	-	69	-	74
	여수	26	27(1)	0	35(8)	40(5)	0	0

4. 시기별 변화의 특징

1) 전통 도시 공간 와해기

전통 도시 공간 와해기의 순천은 동별 필지 소유 변화에서 나타난 바와 같이 일본인의 토지 소유가 남내동과 중앙동에서 많이 나타난다. 이것은 조선시대 상업 지역인 남내동을 중심으로 한 일본인의 토지 소유가 남내동과 인접하고 상권이 연계된 중앙동으로 확산된 것으로 보인다.

여수는 전라 좌수영의 폐영으로 그 일대는 평 한 일개 어촌의 포구로 전락한다. 이후 일본 어민의 집단 이주 정책으로 계획적인 집단 이주가 이루어지고, 보통학교에 수산 전문 인력을 양성할 수 있는 학교가 설립되는 등 체계적인 어업 지원 시스템이 구축된다. 일제 강점 초기 일본인의 집단 이주 등 다수 일본인의 거류로 지정항에 편입되어 총독부가 직접 항구를 관리하는 등 어업 도시로 성장한다.

2) 도시 영역 확산기

순천은 일본인의 동별 토지 소유가 1919년 남내동에 비해 상대적으로 적게 나타났으나 1930년에는 남내동 36.29%, 중앙동 36.66%, 영동 32.8%, 행동 38.80%로 중앙동과 행동에서 두드러져 점유율이 특정 지역에 편중이 없이 고루 분포한다. 이 가운데 중앙동은 순천 보통학교 부지 매각, 행동은 일본군 수비대 부지 매각 등에 기인한 것으로 생각된다.

여수는 지정항 지정으로 기채 발행이 가능해져 예산 범위를 초과하는 도시계획 사업이 추진된다. 좌수영성을 중심으로 북동쪽과 서쪽으로 확대되던 시가지가, 북동쪽에 일본인 중심의 시가지와 여수역을 연결하는 신시가지가 조성된다. 남조선 철도 주식회사에 의한 철도 개통은 유동 인구 증가로 이어져 도시 발전의 새로운 축이 된다. 일제 강점 중기 지정항 지정은 철도 개통의 개발 수요에 따른 시가지 확산을 용이하게 한다. 철도를 이용한 해륙 연계 교통 시스템은 관광 상품을 통해 장거리 운송을 경험하게 하고, 연계 교통 시스템의 경험은 부산의 도시 기능을 짧은 기간이나마 대체하게 되어 여수를 교통 도시로 자리잡게 한다.

3) 일제 강점 말기 근대적 도시화기

순천은 영동에서 1930년 순천 선교부 소속의 필지가 없어지는데 이는 순천 선교부의 정착이 완료되어 선교 부지 이외의 관련 시설이 정비된 것으로 보인다. 일제강점기에 이루어진 읍성 내 가로망은 주로 일본인 활동 지역인 중앙동과 남내동을 중심으로 동외동 지역에 집중된다. 그 외에는 장천동의 외곽을 연결하는 우회 도로를 따라 형성되는 가로망과 읍성의 동쪽과 환선정 일대에 국한된다. 읍성 서쪽이 산악 연접 지역이라는 자연 지형에서 비롯되는 제약도 있었지만, 일본인이 밀집된 동쪽에 도로망이 집중된다. 이러한 시가지 형성의 방향은 순천의 도심이 동남향으로 계속 발전하게 되는 계기가 된다. 동외동 지역은 1930년대 일본인 교육 기관인 심상소학교가 영동에서 동외동으로 이전하게 됨에 따라 여수·광양 방면 도로를 중심으로 일본식 주거지가 밀집하게 된다. 특히 1936년 철도사무소 유치와 함께 조성된 철도관사마을은 주거 중심의 부도심으로 확산 성장한다.

여수는 당시 조선과 일본의 연락항을 목적으로 신항만 공사가 진행되지만, 여수항 매축 과정에 대체 교통로를 제공했던 경험은 지리적 측면에서 군사적 중요성으로 더욱 부각되었을 것이다. 1942년 일본군의 여수 주둔이 본격적으로 이루어지면서 기존 시가지와 이격된 신월리에 수상비행장이 구축되고 제주 이동을 관할하는 일본군 요새 사령부가 설치된 것은 군사적 가치가 높게 평가된 것으로, 군사도시로의 변모라 할 수 있다. 일제 강점 말기 여수 신항의 환승 교통 시스템은 도시의 지정학적 중요성을 더욱 부각시키고 거문도, 제주도 등을 연계하는 군사적 거점도시가 된다.

참고
문헌

1. 자료

1872년 지방도, 서울대학교 규장각한국학연구원(http://e-kyujanggak.snu.
    ac.kr).
조선총독부, 조선총독부 임시토지조사국, 1915(https://www.archives.go.kr).
전라 좌수영 편, 『湖左水營誌』, 1847년 이후.

2. 논문

김행범 외, 「근대기 전라좌수영성의 공간 변화에 관한 연구」, 『호남문화연구』 제
    52집, 전남대학교 호남학연구원, 2012.
서치상, 「전라좌수영성에 대한 복원적 고찰」, 『전라좌수영성의 역사와 문화』,
    1993.
우승완, 「순천의 근대기 도시화에 관한 연구」, 순천대학교 박사학위논문, 2009.
우승완 외, 「일제강점기 여수의 도시 특성 변화에 관한 연구」, 『한국도시설계학
    회지』 Vol.12 No.5, 한국도시설계학회, 2011.
엄민경, 「u-City 도시구성요소로서 기반시설의 특성에 관한 연구」, 성균관대학교
    대학원 석사학위논문, 2011.

3장

미군정기 경제상황과
여순사건의 사회경제적 배경*
순천지역을 중심으로

박광명(국사편찬위원회)

1. 머리말

미군정기부터 정부수립기까지 이르는 기간은 국가의 기본 체제가 수립되던 시기였다. 한편으로 해당 시기에 대내외적 영향으로 형성된 이념갈등 체제는 현재까지도 우리의 정치·사회·경제·문화 등의 전 분야에 영향을 끼치고 있다. 특히 정부수립을 전후로 한 제주4·3과 여수순천10·19사건(이하 여순사건)의 영향은 매우 크다고 할 수 있다. 여순사건은 분단과 이념 갈등이 일상을 지배했던 우리 현대사에 매우 중요한 사건이었다. 그럼에도 여순사건에 대한 진상규명은 물론 연구에 대해서는 같은 시기의 역사적 사건들에 비해 상대적으로 적은 관심을

---

*   이 글은 필자의 「미군정기 경제상황과 여순사건의 사회경제적 배경: 순천지역을 중심으로」, 『탐라문화』 72, 2023을 일부 수정·보완한 것이다.

받아왔다. 최근에 이르러서야 관련 법률의 시행과 진상규명위원회의 본격적인 활동이 진행되고 있다는 사실만 보더라도 이는 너무나 명확한 현실이다. 1990년대부터 본격적으로 시작된 여순사건 관련 연구는 2000년대에 이르러 현재까지 주제 및 분야를 확장하며 성과를 축적하고 있다.

여순사건에 대한 연구주제는 반공주의적 시각을 넘어서려는 시도에서부터 이승만 정권의 성격 규명·반공국가 형성과정·주체 분석·지역민 실상과 피해 실태·전후 실태 등으로 영역을 확장해왔다.[1] 이러한 연구들은 여순사건의 직접적인 원인을 분석하고 이후의 전개과정이나 결과·영향을 역사적 관점에서 서술하고 있다. 그렇기에 사건의 직접적인 발발 원인과 참여 주체의 성격, 진압작전과 피해 양상 등의 전반적인 역사상을 구체적으로 그려내고는 있으나, 여순사건 이전 지역의 사회경제적 배경과 이에 따른 대중들의 참여 배경에 대한 분석에는 다소 집중하지 못하였다.

물론 여순사건에 관한 초기 연구에서 사건의 경제적 배경으로 해방 이후의 경제상황과 민생문제를 지적하기도 하였다.[2] 해당 연구는 미군정기의 사회경제적 상황을 사건의 주요한 원인 중 하나로 지적했다는 측면에서 시사하는 바가 크다. 이후의 연구들에서도 여순사건의 미군정기의 사회경제적 상황들을 배경으로 언급한 바 있다. 하지만, 당시까지 현대사 분야에서 축적된 연구가 부족했기에, 미군정기와 정부수립기의 대중에게 영향을 주었던 미군정의 미곡수집정책과 여수·순천지역의 경제적 상황에 대한 구체적인 분석으로는 이어지지 못했

---

[1] 여순사건과 관련된 연구 성과에 대해서는 임송자, 「여순사건 연구의 현황과 쟁점, 그리고 과제」, 『남도문화연구』 42, 2021을 참고.

[2] 황남준, 「전남지방정치와 여순사건」, 『해방전후사의 인식』 3, 한길사, 1987.

다. 이는 정치·외교적 해석에 집중된 미군정기와 정부수립기의 기존 연구 경향으로부터 영향을 받은 측면이 크다. 한편으로 미군정기의 경제정책에 대한 연구도 대부분 귀속재산이나 경제통제에 집중되어 있어, 실질적으로 당시의 미곡수집정책에 대한 본격적인 연구는 아직 부족한 것이 원인이었다.[3]

이외에도 여순사건의 참가계층에 대한 기존 연구에서 '경찰집단에 대한 반감(반경의식)'과 경제적 상황이 대중의 참여에 주요한 원인 중 하나가 되었음을 지적하고 있지만, 이러한 연구들 역시 기존 미군정기의 경제적 상황, 특히 지역의 경제상황에 대한 충분한 분석이 되지 않은 상태에서 진행되었다.[4] 이렇듯 대중 참여의 사회경제적 배경에 대한 언급이 있었음에도 해당 정책에 대한 본격적인 연구로 이어지지 못한 아쉬움이 있다.

이 글은 여순사건에 참여했던 대중계층의 참여 배경에 대해 분석하는 것을 목적으로 하였다. 여순사건은 14연대원만이 주체였던 사건이 아니라, 여수·순천지역의 대중항쟁으로서의 의미도 갖는다. 대중의 참여는 그들이 목도했던 상황뿐만 아니라 사건 이전부터의 경험과 인식에 근간한다. 그렇기에 이에 대한 분명한 분석의 필요성이 제기된다. 한편으로 여순사건의 성격에 대한 정의를 분명히 할 수 있는 바탕이 될 것이다.

이를 위해 이 글에서는 우선 정부수립기 이전에 전개되었던 미군정

---

[3] 미군정기의 지배구조와 한국사회의 변화를 다룬 연구에서 식량정책과 식량공출제도에 대한 연구가 일정 부분 진행되었다(이혜숙, 『미군정기 지배구조와 한국사회』, 선인, 2008). 이외에도 양곡제도(이송순, 「식민지기 조선의 식량관리제도와 해방 후 양곡관리제도의 비교: 식량관리법령에 대한 분석을 중심으로」, 『한국사학보』 32, 2008)와 서울의 배급정책(최영묵, 「미군정기 서울시 식량배급의 실제」, 『서울과 역사』 71, 2008)에 대한 연구들에서 미군정기의 미곡수집 및 배급정책에 대한 분석이 진행되었다.

[4] 손태희, 「여순사건 참가계층의 제유형」, 『남도문화연구』 28, 2015.

기의 경제상황에 대해 살펴보고자 한다. 일제강점기의 경험이 이후의 역사에 영향을 주었듯, 미군정기의 사회경제적 배경과 역사적 경험은 대중의 인식에 큰 영향을 주었다. 특히 본고에서는 일제강점기와 자주 비교되었던 미군정기의 경제통제 상황 속에서 대중과 밀접한 관련을 맺고 있는 미곡수집정책의 실태를 집중적으로 살펴볼 것이다.

여순사건 당시 대중의 사회경제적 참여 배경을 이해하기 위해, 해당 시기의 자료, 특히 해방 이후 미군정기 당시 순천의 경제적 상황에 대한 통계자료를 바탕으로 지역의 경제적 성격에 대해 심층적인 분석을 진행하고자 한다.[5] 더불어 미군정기 군사실 문서군과 정보부 정기보고 문건,[6] 각종 통계자료[7]와 관보[8] 등을 활용하였다.

---

[5] 미군정기 순천지역의 경제상황을 파악하기 위해 조명훈, 『순천의 경제상황』, 순천시민의신문, 2007을 적극 활용하였다. 해당 서적은 영인본으로 저자 조명훈이, 중학교 1학년 때인 1946년 1월에 작성한 순천시에 관한 통계자료들이 수록되어 있다. 몇몇 숫자에서 오기가 있지만, 해당 시기 순천에 대한 세부적인 통계가 부재한 상황에서는 상당히 유용한 자료이다. 해당 자료는 국립중앙도서관 홈페이지를 통해 온라인으로 열람이 가능하다(국립중앙도서관 ULI: KMO200858826).

[6] 대표적으로는 *HUSAFIK(History of the United States Army Forces in Korea)*이 있다. 미군정의 정보참모부 군사실에서 편찬한 것으로, 1988년 영인본과 현재 국사편찬위원회에서 번역본을 서비스 중에 있다(한국사데이터베이스: db.history.go.kr/id/husa). 이외에도 RG 332와 RG 338의 개별 사료들도 함께 활용하였다(국사편찬위원회에서 열람 가능한 문서들에 대해서는 국사편찬위원회 사료참조코드를 표기하였다. 더불어 해당 문서군들은 미국립문서기록관리청(NARA)에서는 RG 554로 재정비되었는데, 해당 기록물들을 NARA에서 온라인으로 확인할 수 있도록 NAID 역시 병기하였다). 특히 *HUSAFIK*에는 본고에 참고가 되는 미곡수집정책과 경찰에 대한 대중의 반감에 대해 자세히 소개하고 있다. 당시의 자료들에 대해서는 정용욱, 『미군정 자료 연구』, 도서출판 선인, 2003을 참고.

[7] 한국은행 조사부에서 발행한 『조선경제연보』, 1948; 『경제연감』, 1949 등을 주로 활용하였으며, 이외에도 일제강점기 등의 단편적인 내용은 기존 연구들의 통계자료를 원용하였다.

[8] 국가 법령에 대한 내용을 알리기 위해 제작된 『관보』에는 당시 시행되었던 법률에 대한 내용을 참고할 수 있다. 미군정기 역시 『관보』(*Official Gazzette*)를 제작하였다. 영인본부터 문서, 전자자료 등의 다양한 형태로 존재하며, 활용이 가능하다(한국사데이터베이스: db.history.go.kr/id/gbmg). 이 글에서는 최대한 당시에 발간되었던 영인본을 기준으로 하였다.

2. 미군정의 경제상황과 경제통제

미군정의 점령정책은 기본적으로 '현상유지'를 목적으로 하였다. 초기 미국의 대한정책 구상에 따라 해방과 함께 38도선 이남에 진주한 미군정은 다음과 같은 경제정책 방침을 세우고 있었다. 우선 첫째는 미군 점령군의 수요를 충족하는 것이었다. 둘째는 식량을 비롯한 한국 경제와 관련된 필수물자 생산의 극대화였다. 셋째는 한국 경제에서 일제 통치의 잔재를 일소하는 것이었다. 마지막은 한국을 일본에 대한 경제적 의존으로부터 독립시킬 환경을 조성하는 것이었다.[9] 여기서 중요한 부분은 경제 분야에서 일제 통치의 잔재 일소와 일본 경제로부터 독립된 환경 조성이었다. 이는 남한 경제를 위한 것이기도 했지만, 실질적으로는 전범 국가 일본의 국력을 약화시키기 위한 조치이기도 했다. 더불어 일제 잔재의 일소는 점령지역인 남한 대중들의 우호적 자세를 끌어내기 위한 것이었다.

한편으로 미군정 초기 경제정책에 대한 본국의 지시사항은 '통제'의 성격을 내포하고 있었지만, 점령의 기본 목적 중 하나인 일제 잔재 청산이라는 지침에 따라 한반도에서 시행되었던 일제의 경제정책 일부가 전환되기 시작하였다. 이는 '전시통제경제하의 경제구조를 해체하여 미국식 시장경제체제로 전환시키고, 일제하에서 공출에 시달려 온 농민들에게 미군정의 배려를 과시'하기 위한 면도 있었고, '상황을 통제할 능력과 이용할 행정기구가 없었기 때문에 당시의 자유시장정정책은 선택이 아닌 필수'였던 측면도 있었다.[10] 이에 따라 자유시장 개설과 관련

---

9   "SWNCC 176/8, Basic Initial Directive for Civil Affairs in Korea", *FRUS*, the Far East Volume VI, 1945, p. 1082(한국사데이터베이스 HOI: swncc_008_0110)

10   許洙, 「1945~46년 美軍政의 生必品 統制政策」, 『한국사론』 34, 1995, 268~269쪽.

된 미군정의 포고와 법령이 이어졌다.[11] 하지만 이는 실책이었다.

데이비드 콩드(David W. Conde)는 군정 초기의 경제정책 실패 요인으로 자유시장경제제도를 창설한 것으로 보았다. 수요와 공급의 법칙에 따른 미국식 자유시장 개설은 당시의 도시민에게 악영향을 주었다. 이 포고령은 지주·정상모리배·암거래 상인만을 살찌웠던 것으로 평가하였다.[12] 그렇기에 당시 전라남도청 정보국장으로 근무했던 미드(E. Grant Meade) 역시 '미국이 한국에서 포고했던 경제에 관한 입법 중에서도 가장 현명하지 못했던 것 중의 하나'로 자유시장의 설치를 꼽았다.[13] 다음은 해방 이후 남한의 물가지수 변동 상황을 나타낸 도표(〈그림 1〉)이다.

〈그림 1〉 해방 이후 남한의 물가지수 변동 상황(1945.8.~1946.12.)[14]

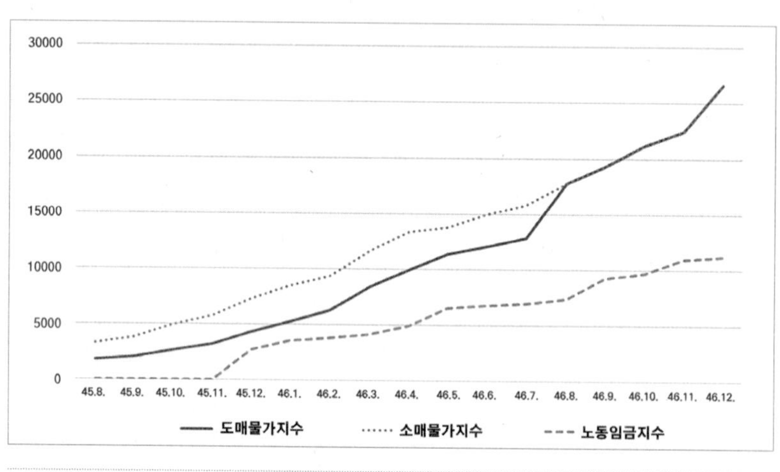

당시의 능력 부재는 행정 인력의 부족으로 기인했다(안종철 역, E. Grant Meade, 『주한미군정 연구』, 공동체, 1993, 71~79쪽).

11 일반고시 1호, "米穀의 자유시장", 『관보』 1, 원주문화사 1991, 725~727쪽; 일반고시 2호, "自由市場 設置에 關한 件", 『관보』 1, 728~731쪽.

12 데이비드 콩드 지음, 『분단과 미국』 1, 사계절, 1988, 49~51쪽.

13 안종철 역, E. Grant Meade, 『주한미군정 연구』, 공동체, 1993, 66쪽.

14 『朝鮮經濟年報』, 1948, Ⅲ-145쪽에서 재구성. 1936년 지수=100을 기준으로 작성함.

앞의 도표를 통해, 점령 초기 자유시장 개설을 중심으로 한 미군정의 경제정책이 어떤 영향을 주었는지 확인할 수 있다. 해방 직후 4개월 만에 도매물가지수는 2배 이상, 소매물가지수 역시 2배 가까이 폭증한 것을 알 수 있다. 기존 연구들에서도 밝혀진 바와 같이 식민지 경제네트워크의 붕괴와 38선 분할 점령의 영향으로 인한 생산성 저하, 통화량 폭증 등의 다양한 이유가 있었지만, 여기에는 일정 부분 초기 미군정의 자유시장 개설이 영향을 주었다. 이는 1946년에 이르러서 본격적으로 물가가 상승하는 것을 통해서도 유추할 수 있다. 물론 한편으로 1945년도의 미곡 생산은 풍년이었다는 기존의 분석 결과도 있다. 하지만 1940년부터 1947년에 이르는 남한의 곡물 생산고를 확인하면, 이는 미곡에 한정된 해석임을 알 수 있다. 다음은 1940년부터 1947년에 이르는 남한의 곡물 생산고를 나타낸 표이다.

〈표 1〉 남한 곡물 생산고(1940.~1947.)[15]

연도	미곡		보리류		콩류		잡곡		합계	
	생산고	비율	생산고	비율	생산고	비율	생산고	비율	생산고	비율
1940	15,408,573	54.1	10,470,614	36.8	1,409,394	4.9	1,193,441	4.2	28,482,022	100.0
1941	18,899,922	59.6	10,195,625	32.2	1,545,117	4.9	1,061,762	3.3	31,702,426	111.3
1942	10,529,235	49.9	8,540,945	40.5	831,224	3.9	1,180,146	5.6	21,081,550	74.0
1943	13,493,129	59.6	6,959,912	30.8	1,020,951	4.5	1,148,585	5.1	22,622,577	79.4
1944	10,259,927	42.7	11,083,460	46.2	1,053,081	4.4	1,618,931	6.7	24,015,399	84.3
1945	12,835,829	70.7	3,414,145	18.8	1,013,020	5.6	893,966	4.9	18,156,960	63.7
1946	12,050,388	60.6	5,809,971	29.2	1,087,887	5.5	927,632	4.7	19,875,878	69.8
1947	13,850,000	66.8	5,165,212	24.9	1,002,413	4.8	721,551	3.5	20,739,176	72.8

[15] 『經濟年鑑』, 1949, Ⅰ-63쪽. 개별 곡물의 생산 비율은 해당 연도 전체 곡물 생산고에 대한 구성비를 뜻하며, 전체 곡물 생산고의 비율은 1940년 곡물 생산고 합계를 100으로 하여 비교한 비율을 표기하였다.

표에서도 알 수 있는 바와 같이 해방 직후의 미곡 생산고는 전시체제기를 상회함을 알 수 있다. 본격적인 전시체제기에 비하면 오히려 안정적인 생산고를 보여주었다. 이와 같은 수치로 보면 미곡에서는 분명 생산고의 증가가 있었지만, 전체적인 미군정기의 곡물 생산량은 1940년 기준의 2/3 수준이었던 것을 알 수 있다. 특히 곡물 생산량의 감소에 가장 큰 영향을 준 것은 보리류의 생산고 감소였다. 1944년 정점을 찍었던 보리류의 생산고는 해방 직후 거의 1/4로 급락했고, 이듬해에 겨우 생산고를 회복하는 듯하였으나 다시 감소하였다. 이는 기존 최대 생산고의 절반에 해당하는 수량이었다. 해방 이후의 '미곡' 대풍작에도 불구하고, 전체적인 곡물의 생산고가 감소하는 상황은 미군정의 정책 결정에도 많은 영향을 주었다. 해방 이후 미곡 생산고는 증가하였으나, 보리류와 잡곡 등의 생산고 감소가 남한의 식량부족 사태의 원인이 되었다. 여기에 해외 인구의 귀환은 추가적인 식량부족 사태를 초래하였다.

미국의 대한정책과 대중의 요구에 따라 시행되었던 자유시장제도는 남한의 식량사정에 오히려 악영향을 끼쳤다. 미곡은 시장에 거의 출하되지 않았고, 농민들 역시 미곡의 판매를 거부하였다. 1946년 2월에 이르러, 도시 거주자들은 식량부족에 시달렸다. 이는 앞의 〈표 1〉에서도 2월부터 급격하게 물가지수가 상승한 것을 통해서도 알 수 있다. 결국 배급량은 최초 1인당 10온스에서 5온스로 축소되었다. 이마저도 GARIOA(Government and Relief in Occupied Area, 점령지역행정구호계획) 원조를 통한 곡물 원조가 있었기에 가능했다.[16] 결국 정치·사회·경제적 안정을 위해 미

---

[16] "A. Food Crops", *HUSAFIK* 4(한국사데이터베이스 HOI: husa_004r_0010_0020 _0010_0010). GARIOA 원조의 내용과 성격에 대해서는 박광명, 「해방이후~한국전쟁기 미국의 대한원조와 ECA·SEC 원조의 성격」, 『동국사학』 68, 2020 참고.

군정은 '통제경제'로의 회귀를 결정할 수밖에 없었다. 1946년 5월 28일, 미군정은 군정법령 90호 '경제통제령(Economic Control)'을 공포하고 일제강점기의 통제경제체제로의 회귀를 선언하였다.[17] 이와 더불어, 식량과 물가 관리 기구로서 '중앙식량행정처(National Food Administration, NFA)'와 '중앙가격행정처(National Price Administration, NPA)'를 설치함으로써 실질적인 물자와 가격의 통제경제체제를 공고히 하였다.[18]

식량의 공급 부족과 이로 인한 불안 가중을 상쇄하기 위해, 미군정의 관료들은 남한에서 식량의 수집과 분배를 통제하기 위한 정책·규칙·계획의 수립과 집행의 책임을 담당할 기구 창설을 결정하였다. 해당 기구는 소위 중앙식량행정처로 명칭되었으며, 1946년 4월 9일자로 설립되었다. 중앙식량행정처는 주로 기획 및 행정 기구였기 때문에, 일본에 의해 설립된 물자운영단의 운영 조직을 효율적으로 관리하여 미곡의 배급과 가격을 통제하려 하였다.[19] 이는 전반적으로 식량과 물가에 대한 강한 통제를 의미하는 것이었다. 한편 미곡수집정책

---

[17] 군정법령 90호, "경제통제(Economic control)", 『관보』 1, 1991, 330~335쪽. 미군정기의 경제통제령 시행에 대해서는 허수, 「1945~46년 美軍政의 生必品 統制政策」, 당시 경제통제령의 중앙 수행 기관으로서의 중앙경제위원회(National Economic Board, NEB)에 대해서는 박광명, 「미군정기 中央經濟委員會(1946~1948)의 조직과 활동」, 『한국근현대사연구』 54, 2010을 참고.

[18] 식량과 가격 행정을 담당했던 중앙식량행정처와 중앙가격행정처의 조직변천과 운영에 대해서는 미군사실 문서철에 수록된 약사를 통해 파악할 수 있다. 중앙식량행정처와 관련된 내용은 "Narrative History of the National Food Administration for the Period September 1945 to September 1948", Box 18, Entry A1-1256, RG332, NARA(국편사료참조코드: AUS179_01_05C0057_003, NAID: 7355255)과 중앙가격행정처 관련 내용은 "History of the National Price administration", Box 15, Entry A1-1256, RG332, NARA(국편사료참조코드: AUS179_01_05C0007_003, NAID: 7355255)에 수록되어 있다.

[19] "Narrative History of the National Food Administration for the Period September 1945 to September 1948", Box 18, Entry A1-1256, RG 332, NARA, p. 10(국편사료참조코드: AUS179_01_05C0057_003, NAID: 7355255).

의 주무 기관은 중앙식량행정처였지만, 미곡수집계획 실행 과정에서 직접 대중과 접촉했던 것은 '국립경찰'이었다. 미국수집계획 시행과 함께 국립경찰에게는 다음과 같은 임무가 하달되었다.

> (1) 국립경찰은 미곡수집계획의 성공적 실행을 위해 중앙식량행정처, 지방행정관과 모든 면에서 협력해야 한다.
> (2) 국립경찰은 요청 시 모든 미곡수집 창고에 적절한 경비원을 제공해야 한다.
> (3) 국립경찰은 쌀 불법 반출을 막기 위해 수단과 방법을 가리지 않고 압수해 가장 가까운 지방 미곡수집소로 전달해야 한다.
> (4) 국립경찰은 시장과 상인에 대해 중앙식량규칙 위반 여부를 수시로 점검해야 한다. 위반사항이 적발되면 신속하고 강력한 기소를 진행한다.
> (5) 미곡수집계획과 관련된 경찰 측의 모든 위법 행위 혐의는 조사될 것이고, 영장 발부 시 긍정적인 징계가 취해질 것이다.
> (6) 각 지소마다 주간 기록을 작성하여 압수한 쌀에 대한 완벽한 기록을 지방식량행정처 사무소에 제출해야 한다. 이러한 보고서는 부서 본부에서 통합되어야 하며, 해당 보고서의 사본은 본 사무소에 제공되어야 한다.[20]

이러한 지시사항에 맞춰 경찰은 각 지역의 미곡 창고 경비를 담당하였다. 또한 허가되지 않은 미곡 운반과 거래를 막기 위해 시장과 상인에 대한 조사를 이어 나갔다. 이는 일제강점기 시장을 통제하는 가장 직접적인 행정력으로 작용했던 '경제경찰'과 같은 역할이었다.[21]

---

[20]   "Police Activities in Rice Collection Program", Box. 26, Entry A1-1256, RG 332, NARA(국편사료참조코드: AUS179_01_05C0103_031, NAID: 7355255).

[21]   일제강점기 경제경찰의 역할에 대해서는 김상범, 「日帝末期 經濟警察의 設置와 活動」, 『한국민족운동사연구』 17, 1997 참고.

경제정책 역시 기본적으로 해방 당시의 상황을 유지하는 것을 목적으로 하였다. 하지만 이는 경제활동으로서의 현상유지가 아닌, 남한 내 사회질서 유지를 보조하기 위한 것이었다. 경제적 불안 상황은 정치·사회적 불안을 가중시킨다. 특히 미곡의 배급 문제는 한국에서 매우 중요한 문제라는 것을 군정 당국도 인지하고 있었다. 한국에서 미곡은 금본위제 경제체제에서 '금'이 하는 역할을 대신하는 것이라 평가할 정도였다. 일제강점기에 이러한 일본으로의 미곡 이출이 지속적으로 이어졌으며, 일제는 원활한 미곡 이출을 위해 강력한 미곡수집정책을 시행하였다. 또한 위반 시 가혹한 처벌을 내렸다는 것 또한 일반적인 사실이었다.[22] 그렇기에 미곡수집정책의 시행에서 일반 대중은 집행기구인 경찰에 대해 반감을 가질 수밖에 없었다. 다음 장에서는 실질적인 미곡수집정책에 대한 일반 대중의 인식과 전남지역의 미곡수집 상황에 대해 살펴보도록 하겠다.

3. 미곡수집정책에 대한 대중 인식과 전남지역의 미곡수집 상황

대중들은 일반적으로 미곡수집에 대한 내용이 공포되었을 때 어떤 반응을 보였을까? 이에 대해서는 당시 자유시장 쌀값과 수납가격의 비교를 보면 농민들의 반응을 쉽게 이해할 수 있다. 다음은 1945년부터 1948년까지의 자유시장 쌀값과 수납가격 대비를 나타낸 표이다.

---

[22] "A. Food Crops", *HUSAFIK* 4(한국사데이터베이스 HOI: husa_004r_0010_0020 _0010_0010).

〈표 2〉 자유시장 쌀값과 수납가격대비[23]

연도	생산고 및 가격			수납고 및 수납가격대비 자유시장가격 비교				비율(%)	
	생산고(석)	자유시장가격 (천원)	석당 가격	수납고	수납가격 (천원)	석당 가격	자유시장가격 (천원)	생산고대 수납	수납가격 시중가격
1945	12,835,827	13,837,021	1,078	694,000	82,169	118.40	748,132	5	11
1946	12,050,388	79,134,897	6,567	3,558,000	7,635,468	2,146	23,365,386	29.5	32
1947	13,850,000	155,009,200	11,192	5,005,000	11,851,840	2,368	56,015,960	36.1	21
1948	15,485,716	23,353,858	17,652	3,852,000	17,102,880	4,440	67,995,504	24.9	25
1949	14,733,706	281,531,654	19,108	3,256,000	31,322,720	9,620	62,215,648	22.1	50

1945년도는 본격적으로 미곡수집정책이 진행되었던 시기가 아니었다. 그렇지만 자유시장과 수납가격은 거의 9배의 차이를 보여준다. 1945년도는 준비가 안 된 자유시장이 개설되었던 특정 시기였기에 이러한 차이가 두드러졌다. 더불어 이 시기의 미곡수집은 전체 생산량의 5%밖에 되지 않았다. 실질적으로 미곡수집이 시작되기 시작했던 1946년도에는 자유시장 판매 가격의 1/3도 안 되는 가격에 미곡을 수집하였다. 그러던 것이 1947년도와 48년도에는 각각 1/5과 1/4 가격에 수집되었다. 자유시장에서 판매를 진행하면 3~5배로 가격을 더 받을 수 있는 상황에서 생산량의 30%를 공출당하는 농민들은 이를 상당한 피해로 느꼈을 것이다. 미곡수집정책은 도시와 농촌 간의 식량 격차를 실질적으로 해소하기 위한 것이었지만, 자유시장 가격에 비하면 터무니없는 가격에 미곡을 공출당하는 것이기에 이에 대한 농민들의 반감은 상당하였다.

또 다른 문제는, 미곡수집을 통해 지급되는 대금이 생필품 배급에 사용되었다는 점이다. 생산성 악화로 인해 소매가격이 급격히 폭등하던 시기였기에, 터무니없던 미곡 수납가는 농민들로 하여금 이중으로

---

[23]　『경제연감』, 1955, 84쪽.

피해를 입는 상황을 초래하였다. 이러한 상황에서 당연히 농민들은 미군정의 미곡수집에 적극적으로 불응하였다. 다음은 미곡수집 불응에 의한 수형자 일람표이다.

<표 3> 미곡수집불응에 의한 수형자 일람표[24]

구분	인원수 / 비율	
체형언도자	367	4.3
경찰에 구류된 자	6,339	73.4
심문조사자	18	0.2
벌금형자	1,907	22.1
합계	8,631	100.0

미곡수집에 불응하여 수형된 인원은 전체 8,631명이었다. 이는 미군정의 경제통제정책 시행 이후 물가행정법규 위반자가 3,563명이었던 것에 비하면 2배 이상에 달하는 수치였다.[25] 특히 경찰에 구류된 인원이 6,339명으로, 73.4%에 해당하는 불응자들이 경찰들에 의해 직접 구류에 처해졌다. 이는 다음에서도 언급하겠지만, 미곡수집 현장에 직접 나섰던 경찰들과 농민 간의 마찰, 이로 인한 농민계층의 경찰에 대한 부정적 인식 형성에 많은 영향을 주었다.[26] 미군정기의 미곡수집정책 시행에 영향을 많이 받은 곳은 당연히 농촌지역이었다. 이러한 미군정기 미곡수집정책이 대중의 인식 속에 어떻게 자리 잡

---

[24] 『朝鮮經濟年報』, 1948, Ⅰ-10쪽.

[25] 『朝鮮經濟年報』, 1948, Ⅱ-234쪽.

[26] 미곡수집에 동원된 경제경찰에 대한 농민의 인식 악화는 기본적으로 당시 경찰의 구성문제와 연관성을 갖고 있었다. 사회질서 유지를 위한 미군정의 경찰충원정책은 일부의 친일경찰들이 해방된 공간에서도 활동할 수 있는 배경이 되었기 때문이다. 이에 대해서는 강혜경, 「한국경찰의 형성과 성격(1945~1953년)」, 숙명여자대학교 대학원 사학과 박사학위논문, 2002를 참고.

앉는지에 대해서 살펴본다면, 당시 미군정과 경찰에 대한 전남지역의 대중 인식을 어느 정도 가늠할 수 있을 것이다.

전라도는 대한민국의 곡창지대이다. 미군정의 경제통제 상황에서 미곡수집이 시행될 당시에 전라도에 대한 할당량은 가장 높은 수준이 었다. 다음으로 미군정기의 미곡수집이 전남지역에서 어떻게 진행되었는지, 규모와 성격에 대해 전반적으로 살펴보도록 하겠다. 기본적으로 전남지역은 생산물이 매우 풍부한 곳이었다. 다음 표는 미군정기 당시 미곡수집 현황을 나타낸 표이다.

〈표 4〉 1947년도 지역별 미곡수집 할당량 및 수집 현황(1947.3.10.)[27]

지역	할당량(석)	비율(%)	수집량(석)	비율(%)	수집율(%)
경 기 도	735,000	17.0	719,000	20.1	97.8
충청북도	180,000	4.2	161,021	4.5	89.5
충청남도	470,000	10.9	428,000	11.9	91.1
전라북도	798,000	18.5	478,000	13.3	59.9
전라남도	750,000	17.4	648,861	18.1	86.5
경상북도	720,000	16.7	482,506	13.5	67.0
경상남도	600,000	13.9	561,619	15.7	93.6
강 원 도	60,000	1.4	105,305	2.9	175.5
제 주 도	2,500	0.1	1,100	0.0	44.0
합 계	4,315,500	100.0	3,585,412	100.0	83.1

1946년도 생산량에 대한 미곡수집 현황을 살펴보면, 가장 많은 수 집량이 할당된 곳은 18.5%인 전라북도였다. 전라남도는 17.4%로 두 번째로 수집량이 할당되었다. 전라도 전체에 할당된 수집량은 35.9%

---

[27] "Status of Rice Collection Program as of 10 March 1947", Box 17, Entry A1-1256, RG 332, NARA(국편사료참조코드: AUS179_01_05C0051_170, NAID: 7355255).

에 이르며 이는 남한 전체의 1/3이 넘는 양이었다. 실질적인 수집량
은 어떠했을까? 가장 높은 수집율을 보인 강원도 지역은 애시당초 할
당량 자체가 매우 적은 수치이기에, 2배에 달하는 수집율은 전체적으
로 의미있는 것이라 보기 힘들다. 전라북도는 가장 높은 할당량을 배
정받았지만, 실질적인 수집량은 59.9%밖에 달성하지 못했다. 이에 비
해 전라남도는 전라북도와 거의 비슷한 할당량을 배정받고, 86.5%에
이르는 수집율을 달성했다. 물론 수집량 전체에서는 경기도가 97.8%
비율을 충족하여 가장 많은 미곡이 수집되었다. 단일 지역으로만 본
다면 전체 수집량의 20.1%를 차지하기에 가장 많은 미곡수집이 진행
된 것을 알 수 있다. 하지만 서울 인근지역이라는 지리적 위치와 실질
적인 농가호수와 인구를 감안하면, 두 번째로 높은 수집량을 달성한
전라남도의 미곡수집이 가장 치열하게 진행되었음을 유추할 수 있다.
문제는 미곡수집에만 그치지 않았다는 점이다. 미곡수집에 비해 많
이 주목받지 못하고 있지만, 하곡수집 역시 당시 농민들에게는 막대
한 부담감으로 다가왔다. 다음은 1946년도의 지역별 하곡수집 실적
을 나타낸 표이다.

<표 5> 1946년도 지역별 하곡수집실적표[28]

지역	생산고		수집할당		수집실적	
	精石	생산비율	精石	할당비율	精石	수집비율
경기	334,255	6.7	96,000	7.4	60,767	63.3
충북	338,665	6.8	98,000	7.6	69,345	70.8
충남	466,519	9.4	97,000	7.5	41,347	42.6
전북	543,052	10.9	122,000	9.5	85,050	69.7
전남	1,541,920	31.1	363,000	28.2	40,532	11.2

[28] 『조선경제연보』, 1948, Ⅰ-248쪽.

지역	생산고		수집할당		수집실적	
	精石	생산비율	精石	할당비율	精石	수집비율
경북	891,545	18.0	282,000	21.9	210,774	74.7
경남	765,363	15.4	217,000	16.8	90,717	41.8
강원	82,159	1.7	14,000	1.1	20,740	148.1
합계	4,963,478	100.0	1,289,000	100.0	619,272	48.0

하곡은 보통 보리류이며, 대맥·나맥(裸麥)·소맥·호맥(胡麥) 등을 말한다. 앞에서도 살펴봤지만, 잡곡, 특히 하곡 생산량은 미곡에 비해 흉년이었다. 이 중에 전남은 1946년 하곡생산에서 31.1%를 차지할 정도로 하곡 생산의 중심지였다. 그렇기에 수집 할당량도 28.2%에 달했다. 하지만 알려진 바와 같이 1946년도의 전남 하곡 생산은 비료 부족과 기상 악화로 인해 흉년을 면하지 못하고 있었다. 특히 미곡의 부족분을 보충할 수 있었던 식재료인 보리류 등의 하곡수집은, 보리와 잡곡 등의 생산고가 급격히 감소하던 상황에서 농민들을 중심으로 한 민심이반 가능성을 더욱 높이는 정책이었다. 이러한 상황에서 생산고와 할당량에 따라 수집 활동이 광범위하게 진행되었을 것이고, 하곡수집의 전면에 나서던 경찰과 농민의 마찰이 지속되었음을 짐작할 수 있다.

실제로 전라남북도에서는 미곡 및 하곡수집과 관련된 마찰이 지속되어 이로 인한 사망 사건이 발생하기까지 하였다. 나주 지역에서도 미곡수집 및 공출독려 과정에서 미군이 위협용으로 발포한 총탄에 농민이 사망하는 사건이 보고되기도 하였다.[29] 이밖에도 전북 완주군에서도 미곡수집독려대의 발포로 농민이 살상 당한 사건들이 발생하였다.[30] 당시의 사건들은 미곡수집을 위한 수집독려대가 마을에 도착하

---

[29] "羅州서 住民射殺", 『조선일보』, 1947년 1월 28일자, 2면, 3단.

[30] "美軍發砲로 農民被殺", 『동아일보』, 1947년 1월 26일자, 2면, 7단.

면, 이들을 피해 농민들이 도주하는 상황에서 발생한 것들이었다. 미곡수집에 나서는 경찰과 수집독려대에 대한 농민들의 부정적 인식은 날로 깊어만 갔다. 더불어 경찰과 수집독려대의 미곡수집 행정의 적극성은 다음의 사진을 통해서도 어느 정도 유추가 가능하다.

〈그림 2〉 미곡수집 실적 관련 포상[31]

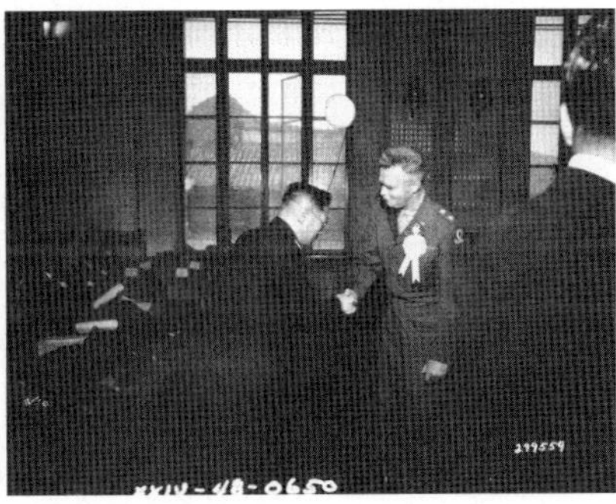

　앞의 사진은 미곡수집 실적 관련 포상 장면이다. 미곡수집 실적에서 할당량 이상의 성과를 보인 지역 관료와 경찰, 단체장들은 군정장관으로부터 직접 포상을 받았다. 당시 실질적인 남한 최고의 실권자에게 직접 포상을 받는다는 것은 상당한 의미를 지닌 것이었다. 그렇기에 당시 미곡수집을 담당하던 지역의 경찰과 관료들은 실적을 높이기 위해 분주하였을 것이다.

　또한 미곡수집 과정에서 행해진 경찰의 부패 행위 혐의에 대해서는 미군정 내에서도 일정 부분 인정하고 있었다. 승인 받은 수집관 대동

---

[31]　"The scene of many presentations of awards to provincial governors, gun leaders and police chiefs by Maj. Gen. WM F. Dean, Mil Gov of Korea for their brilliant work in the rice collection of the past season", 299559, 111-SC, RG 111, NARA(국편사료참조코드: AUS005_06_03V0000_094, NAID: 530707).

하에 미곡수집이 진행되어야 했지만, 경찰이 단독으로 미곡수집에 나서는 경우가 있었다. 또한 할당량에 관계없이 자의적으로 미곡을 수집하기도 하였다. 자연스럽게 미곡수집량은 불합리하게 책정되었고, 과거 일제시기의 방법으로 미곡수집이 진행되었다. 이러한 상황에서 대부분의 사람들은 수집된 쌀이 부당하게 쓰인다고 믿었다. 이에 미곡수집을 거부한 농민들은 경찰서로 이송 및 수감되었다. 결국 당시의 농민들은 미곡수집 수준이 일제시대와 다를 게 없다고 불만을 제기하였으며, 미군정하 경찰들의 행동은 일제시기 순사들도 감히 시도하지 못했을 만큼 나쁜 것이라 평하였다.[32]

전남지역에 한정된 내용은 아니지만, 1946년 미곡수집과 관련하여 미군정 내부의 조사활동이 진행되었다.[33] 1946년 7월 말, 주한미군정 공보부 여론국 차장 리차드 로빈슨(Richard D. Robinson) 대위가 작성한 보고서에는 미곡수집과 관련된 경찰의 실태가 그대로 기재되어 있었다. 그는 미곡수집 과정에서 자행된 경찰의 부당한 조치와 감옥 상태, 수감자에 대한 처우, 경찰의 검열 등을 포괄적으로 조사하였다. 그가 조사한 포항에서는 미곡수집 할당량이 실제 생산량과는 아무 상관도 없이, 한 달 전에 결정되었다는 정보를 얻었다. 미곡수집에 반대하는 농민들에 대한 경찰의 폭행과 구금이 이어졌고, 감옥의 환경은 기준

---

[32] "POLICE PART IN NATIONAL EVENTS(1946)", *HUSAFIK* 3(한국사데이터베이스 HOI: husa_003r_0040_0010_0170).

[33] 리차드 로빈슨 지음, 정미옥 옮김, 『미국의 배반』, 과학과 사상, 1988, Richard D. Robinson은 주한미군사령부 공보부 여론조사과 과장과 제대 이후에는 민간인으로서 주한미군사령부 군사실 군사관으로 근무하였다. 그는 여론국에 근무하여 한국인 사회의 여론 동향을 심도 있게 파악하였고 이러한 여론조사를 바탕으로 군정에 정책 제안서나 보고서를 제출하였다. 이 중에서 「경찰에 대한 조사」는 당시 남한 경찰의 권력 남용에 초점을 맞추어 쓰여 졌다. 로빈슨 경력과 활동, 그리고 저서 『미국의 배반(Betrayal of A Nation)』에 대해서는 정용욱, 『미군정 자료 연구』, 도서출판 선인, 2003, 155~212쪽 참고.

에 미달하였다. 폭행 여부에 대한 질의에는 혐의를 부정하면서도 수
감자들에 대한 폭행 없이는 경찰서를 운영하기 어렵다는 모순된 진
술도 이어졌다. 미곡수집 할당량을 채우지 못했다는 이유로 경찰의
폭행이 이루어졌다는 보고도 접할 수 있었다. 이에 로빈슨은 미곡수
집과 관련된 경찰의 행동 사례는 당시 민중의 여론에 악영향을 주고
있다고 판단했다.[34]

　　로빈슨은 경찰의 권력 남용과 미곡수집 과정에서의 행위는 정치적
중도파들이 사회주의진영에 편입되는 데 기여했다고 보았다. 결론적
으로, '과거 친일 경찰들이 1945년 8월에 자기들을 내쫓았던 사람들
을 상대로 복수를 하고 있다는 보고가 많다'고 서술하였다. 로빈슨은
이러한 문제를 개선하기 위해 과거 일제시기에 복무했던 경찰 고위급
들을 직위 해제하고, 경찰 인력에 대한 훈련, 교도소 환경 개선, 시민
권 보호 수준을 개선해야 한다고 권고했다. 경찰의 권력 남용에 대한
대중적 불만은 남한에서 1946년 10월에 일어난 '10월항쟁'의 핵심 요
인으로 보기도 했다.[35] 이러한 미군정의 경제정책 실패와 경찰에 대한
부정적 인식은 미군정기 전반에 걸쳐 형성되었으며, 특히 미곡수집정
책의 가장 큰 피해 지역이었던 전라남도 지역에서는 이러한 부정적
인식이 미군정기 전반에 더욱 강하게 형성되었다.

---

[34]　"Roberts-Robinson Investigation, July 1946", *HUSAFIK* 3(한국사데이터베이스
　　HOI: husa_003r_0040_0010_0170).

[35]　"Roberts-Robinson Investigation, July 1946", *HUSAFIK* 3(한국사데이터베이스
　　HOI: husa_003r_0040_0010_0170).

4. 여순사건의 대중 참여와 성격: 순천지역

이 글에서 자세히 살펴보고자 하는 것은 여순사건 당시 대중 참여의 사회경제적 배경이다. 물론 기존 연구에서도 이러한 사회경제적 배경에 대해 언급한 바가 있다. 해방과 분할 점령으로 인한 식민지 경제구조의 단절과 생산성 저하 문제가 미군정기의 경제적 상황을 악화시켰고, 이러한 상황이 당시 민중의 인식에 영향을 주었음을 밝힌 것이다. 물가안정과 식량 배급 문제를 둘러싼 미군정기의 미곡수집정책이 여순사건에 한정되지 않고 1946년의 10월항쟁과 이후, 남한에서 일어났던 대중 항쟁에 큰 영향을 주었다는 연구 성과들이었다. 여순사건에 대해서도 이러한 분석은 기존 연구들에서 지속적으로 언급되었다.[36] 하지만 이러한 분석에는 지역의 상세한 통계자료가 동반되지 않았기에, 실증적인 분석으로는 이어지지 못한 아쉬움이 남았다. 이번 장에서는 여순사건 당시, 순천지역의 통계자료를 바탕으로 이러한 사회경제적 배경에 대해 살펴보고자 한다. 다음은 여순사건 직후 제헌국회에서 사건수습대책을 논의하는 과정에서 충남 공주군 갑선거구 김명동(金明東)의 발언이다.

> 여러분께서 좋은 말씀하셨읍니다. 그러나 저는 이 반란사건의 원인을 규명하지 않으면 안 될 줄 압니다. 지금 여러분께서 말씀하실 때에는 여수니 순천이니 광양이니 구례니 그렇게 말씀하셨는데 그렇지만 어제 내무부장관의 보고 한마디를 듣고서 저는 참말로 기가 막혔읍니다. 이 반란이 여수 순천에 있는 것이 아니라 전국적으로 다 반란이라는 것을 저는 알고 있어요. 왜 그러냐 이전에 우리는 임

---

36   황남준, 「전남지방정치와 여순사건」, 『해방전후사의 인식』 3, 한길사, 423~429쪽.

진년에 왜놈한테 전국을 다 점령하다시피 해서도 점령당한 그 땅에
서 의병대를 이르키고 그래 가지고서 몰살해 가면서도 대항해 나온
우리 민족이올시다. 그런데 **지금 반란이 났는데 그 반란을 토벌 간
경관을 밥을 안 준다 그런 일이 있다고 하면 즉 그 민심을 과히 알
것입니다.** 그러면 거기뿐만 아니라 전국적으로 다른 지방에서 그
런 사건이 생긴다고 하더라도 민심은 또 그럴 줄 생각합니다. 그러
면 그 원인이 어데 있느냐 그것을 한번 구명할 필요가 있읍니다. 민
중들이 생각할 때에 정부를 신뢰하지 않아서 그런데 어째서 정부를
신뢰하지 않느냐, 즉 그 이유는 몇 가지가 있습니다. 왜 그러냐 하면
정부가 선 이후 석 달이 되어도 관리도 그전에 왜정시대에 있던 관
리 군정시대에 있던 관리 또 여러 가지 법률도 다 그 법률 또 여러
가지 시책도 다 그대로 시책입니다. 또 **특별히 민중들이 생각할 때
에도 양곡수집에 대해서도 즉 말하자면 지금 할당은 작년보다도 많
다 이것도 그전과 같이 공출이라 그런 관념을 가지고 있는 까닭으
로 해서**…… 그러니까 지금은 우리는 대책위원회니 무엇이니 하는
것보다도 정부 당국과 한번 좀 타협할 필요가 있어요.[37]

　다른 의원들이 수습대책에 대해 발언을 이어가는 중, 그는 수습대
책을 세우기 전에 원인 규명이 중요하다는 논지의 발언을 이어갔다.
특히 주요 원인 중에는 '양곡수집'이 있다고 표현하였는데, 이 역시
일제강점기부터 미군정기를 거쳐 진행되어 온 기존 경찰 관료의 임용
과 미곡(하곡)수집에 대한 내용을 담고 있다. 당시 국회 논의에서도 일
부 의원들을 통해 이러한 문제점은 제기되었으며, 경찰이나 토벌군에
대한 민심의 이반이 중요한 사건의 이유 중 하나로 지적되었다.
　앞에서도 살펴보았지만, 대중계층, 특히 농민층은 해방 이후에도
개선되지 않는 경제상황과 미군정의 미곡수집정책에 상당한 반감을

---

[37]　『제헌의회 국회속기록』 제1회 91호, 1948년 10월 29일, 15쪽.

갖고 있었다. 이러한 반감은 자연스럽게 미곡수집 당시 직접 마주하게 되는 경찰들에게로 향하였다. 물론 이는 오해로부터 비롯된 것이 아닌, 일제강점기의 통제경제 전면에서 활동하던 경제경찰에 대한 반감이 그대로 이어진 것이었다. 실제로도 미군정은 행정 편의를 위해 일제시기에 순사로 복무했던 대부분의 경찰 조직과 인원들을 대체적으로 승계하여 행정업무에 활용하였다.

이러한 당시의 상황은 농민들에게 일제시기와 다름없는 국가 상황으로 인식되었을 것이다. 방아쇠만 당겨진다면, 농민층은 언제라도 경찰과 미군정에 대한 반감을 표출할 수 있는 상황에 놓여 있었다. 여순사건에 참여했던 계층 가운데는 이러한 당시의 사회경제적 상황에 반감을 갖고 있던 인물들이 다수 존재하였다. 국방경비대와 국립경찰 간의 적대적 상황, 그리고 경찰이 기본적으로 친일적 성향을 내포하고 있다는 인식은 당시에 일반에 널리 퍼진 상황이었다. 여순사건 직후 14연대에서 발표한 성명서 내용에도 이러한 인식은 그대로 담겨 있다.

> 지금 긴급정보에 의하면 **여수경찰이 평소 우리와의 사소한 충돌로 반감을 품고 전 일본해군을 동원하여 여수에 상륙하여 우리 연대를 포위 공격**하려 한다는 것이다. 우리는 제주도 출동에 앞서 이들 **악질반동 경찰과 일본군을 타도**해야 한다. 나아가서 우리는 동족상잔의 제주도 출동에 반대한다.[38]

성명서 내용에서 알 수 있듯, 당시 국방경비대 14연대과 여수경찰은 지속적인 갈등을 겪어왔다. 과장된 표현이었지만, '일본해군을 동

---

[38] 『해익』(『麗順事件 實態調査 報告書』 1, 여수지역사회연구소, 1998, 153쪽에서 재인용, 굵은 글씨는 필자 강조).

원'한다는 내용을 대중에게 알리며, 경찰의 친일적 성향에 대해 환기시키고 있다. 이와 같은 내용은 20일에 진행된 인민대회의 6개항 결정에서도 드러난다. 6개항에서 '친일파·민족반역자·경찰관 등을 철저히 소탕한다'와 '무상몰수·무상분배의 토지개혁을 실시한다'는 2개항이 마지막에 포함되어 있다.[39] 이는 당시의 경제적 궁핍상황에서 미곡수집과 생필품 부족이라는 상황에 놓여 있던 농민계층에게 충분히 참여할 만한 이유로 다가왔을 것이다. 그렇다면 실질적으로 전남 순천의 농가 현황은 어떠했는지 자세히 살펴보도록 하자. 당시 지역 통계자료의 부족으로 현재 확인할 수 있는 몇몇 자료들을 바탕으로 순천 지역의 농가 및 자소작 현황에 대해 살펴보도록 하겠다. 다음은 일제시기 당시 전남과 순천의 논밭면적을 비교한 표이다.

〈표 6〉 1928년도 전남·순천 논밭면적[40]

구분 지역	1호당 논면적	1호당 밭면적	합계	농가호수	논 총면적 (정보)	밭 총면적 (정보)
전남	1,770	1,770	3,450	349,857	207,293.1	209,835.7
순천	2,160	750	2,910	18,739	13,625.5	4,870.5

자료적 한계로 인해 순천지역으로 한정하였지만, 앞의 표는 일제시기 당시 순천의 농업 현황을 확인하기 위해 1928년 당시 전남과 순천의 논·밭 면적을 비교한 표이다. 전남지역의 논 총면적 대비 순천지역의 논면적은 6.57%에 이르는 것을 알 수 있다. 이를 약소한 수치로 볼 수도 있으나, 실질적인 가구당 논면적으로 보면 순천지역의 1호당

---

[39] "20일 『인민대회』 6개항 결정서", 『麗順事件 實態調査 報告書』 1, 154쪽.

[40] 『전남사정지』 상, 경인문화사, 1990, 133쪽.

논면적은 전남 전체보다 다소 높은 것을 알 수 있다. 오히려 밭면적은 2/5 수준이었다. 물론 실질적인 생산량에 대해 확인해 보아야 하나, 가구당 면적으로만 본다면, 순천지역의 가구당 미곡 생산량이 더욱 많았던 것을 유추할 수 있다. 한편으로 이는 일제강점기 미곡 공출에 대한 순천지역의 반감이 타 지역에 비해 높았을 개연성을 보여준다.

이러한 논면적의 대소로 순천지역 농민들이 더욱 가혹한 상황에 놓였다고 분석하기에는 무리가 있다. 물론 순천지역의 가구당 미곡생산량이 상대적으로 전남의 평균을 상회한다는 것은 앞의 수치로 알 수 있다. 하지만 여기에는 자소작에 대한 내용이 포함되어 있지 않으며, 1호당 논면적이 평균을 상회한다는 것은 소작인의 비율이 높다는 것을 의미할 수도 있다. 해방 직후 군단위의 소작농 비율을 세부적으로 확인하는 것은 통계 자료의 미비로 상당히 난해한 작업이다.[41] 다행히 전체적인 해방 직후 순천의 소작농 통계를 짐작할 수 있는 자료가 있다. 다음은 해당 자료를 통해서 확인한 해방 직후 순천의 면리별 인구 및 자소작농 호수에 대한 세부적인 통계 자료이다.

<표 7> 해방 직후 순천군 면리별 인구 및 자소작농 호수(1945.12.)[42]

면별	호수(호)	인구 (명)	1호당 거주인수	총 농업호수 (호)	농가 비율	자소작 농가호수(호/%)					
						자작 (A)	소작 (B)	외작 (C)	합계(D)	B/D	(B+C)/D
순천읍	7,432	34,635	4.7	1,489	20.0	153	300	240	693	43.3	77.9
낙안면	1,709	8,464	5.0	1,632	95.5	272	637	355	1,264	50.4	78.5
도사면	1,516	8,173	5.4	1,337	88.2	73	1,075	318	1,466	73.3	95.0
별양면	2,339	12,111	5.2	1,877	80.2	247	554	1,103	1,904	29.1	87.0

---

[41] 『도세일람』, 전라남도, 1948, 45~46쪽을 통해 군단위 소작 현황은 파악할 수 있으나, 세부적인 면리단위의 자소작 현황 파악은 불가능하다.

[42] 조명훈, 『순천의 경제상황』, 순천시민의신문, 2007, 19쪽.

면별	호수(호)	인구(명)	1호당 거주인수	총 농업호수(호)	농가 비율	자소작 농가호수(호/%)					
						자작(A)	소작(B)	외작(C)	합계(D)	B/D	(B+C)/D
상사면	1,138	6,004	5.3	1,015	89.2	59	867	252	1,178	73.6	95.0
서면	2,203	11,339	5.1	1,523	69.1	117	968	536	1,621	59.7	92.8
송광면	1,763	9,042	5.1	1,412	80.1	269	580	517	1,366	42.5	80.3
쌍암면	2,029	10,707	5.3	1,642	80.9	104	395	945	1,444	27.4	92.8
월등면	1,082	5,582	5.2	872	80.6	53	239	484	776	30.8	93.2
외서면	739	3,816	5.2	694	93.9	17	107	492	616	17.4	97.2
주암면	2,266	11,799	5.2	2,040	90.0	214	1,016	565	1,795	56.6	88.1
저전리	571	3,157	5.5	100	17.5	3	55	5	63	87.3	95.2
해룡면	2,668	14,351	5.4	2,439	91.4	174	1,136	922	2,232	50.9	92.2
황전면	2,005	**10,220***	5.1	1,515	75.6	0	431	440	871	49.5	100.0
합계	27,455	139,180	5.1	18,072	65.8	1,755	7,929	6,734	16,418	48.3	89.3

* 원자료에서는 '호수'와 '인구'수의 오기가 있는데, '황전리'의 오기로 인한 수치 오기로 보인다. 최초 자료에는 인구수가 1,022로 표기되어 있는 것을 '10,220'으로 수정하였다. 1호당 거주인구수 역시 이러한 수정 내용을 바탕으로 재계산하였다.

* 이외에도 농가호수에서도 수치 오류가 보이는데, 대략적인 당시의 상황을 인식하기 위해 수치 변경 없이 해당 내용을 인용하였다.

* 추가로 표 상의 지역 순서는 읍면순, 면 단위에서는 가나다순으로 배치하였다.

앞의 표를 통해서 순천지역의 전체 농가호수 대비 소작과 자소작(외작)농가 비율이 89.8%에 이르는 것을 알 수 있다. 이는 순천 대부분의 농가가 소작농에 속한다는 것을 의미한다. 미곡수집으로 인한 공출이 소작 농가에 더욱 많은 영향을 끼쳤다는 점은 분명한 사실이고, 이를 통해 당시 순천의 대부분 농가들은 미곡수집에 부정적 인식을 갖고 있었음을 짐작할 수 있다. 해당 표와 지역별 참여계층에 대한 자세한 통계가 마련된다면, 미곡수집과 소작농의 호구 비율이 대중의 여순사건 참여 배경에 어떻게 작용했는지 더욱 명확히 알 수 있을 것이다. 현재까지 참여계층에 대한 자세한 현황을 알기는 힘들지만, 피해 현황과의 비교도 유의미한 작업일 것이다. 앞의 자료와 관련하여 여순사건 당시의 순천 지역별 피해 현황과 연계된 분석도 필요해 보인다. 다음은 여순사건진상조사위원회에서 조사한 순천지역의 피해 현황을 나타낸 표이다.

〈표 8〉 순천지역의 피해 현황[43]

행위자 / 지역	좌익				좌익 추정	우익				우익 추정		기타		총계	비율
	봉기군	산군 빨치산	지방좌익 좌익학생	기타	행불 입산	진압군 토벌태	경찰	진압 군경	청년단 치안대	형무소	보도 연맹	병사	기타		
시내권	18		5	1		33	42	8				1	1	109	6.6
낙안면	5	11	14		29	91	15			1	4	1	3	174	10.5
별량면	3	9		3	15	3	46			14		1	3	97	5.8
상사면	4	6	8		12	12	53		1	12				108	6.5
서면	1	12			31	58	64	14	3	10	3		5	201	12.1
송광면	7	7	1		43	4	16	32		1			1	112	6.7
승주읍	14	16	5	2	11	8	60	10	2	1			5	134	8.1
월등면	3	15		3	11	4	20	37		2				95	5.7
외서면		15	11		12	30	14	1		8				91	5.5
주암면		31	10		30		63	20	1	15			1	171	10.3
해룡면			10			7	42	2		3				64	3.9
황전면	37	15	1		28	18	129	63		11			3	305	18.4
계	92	137	65	9	222	268	564	187	7	78	7	3	22	1,661	100.0
총계	525					1,111						25		1,661	100.0

* 표 상의 지역 순서는 가나다순에 따라 배치하였다.

앞의 〈표 7〉과 값이 일치하지는 않기에 구체적인 비교는 어렵지만 대체적으로 외소작인비율이 높았던 곳이 피해가 컸던 지역이었음을 알 수 있다. 대표적으로 황전리의 경우 여순사건 이후에도 자주 국지전이 발생하였는데, 위 표에서와 같이 황전리는 소작과 자소작민 100%의 마을이었다. 앞의 표들을 종합해보면, 전반적으로 소작비율

---

43   여순사건진상조사위원회, 『순천지역 피해실태 조사보고서』, 2006, 271쪽.

이 높은 곳일수록 인구대비 피해가 컸던 지역임을 알 수 있다. 이러한 당시의 지역 경제상황은 여순사건과의 연계성 하에 확인해볼 필요가 있다.

이외에도 순천은 1947년 3월 당시 전남지역에서 미곡수집량 1위를 달성하였으며, 13,100석은 서울로 반출하고, 36,900석은 같은 해 10월까지 순천군 내에서 소비하기로 하였다는 기사도 존재했다.[44] 순천 지역의 농민들이 미곡수집에 적극 동참했다기보다는 경찰과 관료들을 중심으로 한 순천내의 미곡수집이 가혹하게 전개되었다고 생각할 수 있다. 미군정기의 미곡수집이 일제강점기보다 가혹했다는 것은 다음의 증언을 통해서도 확인할 수 있다.

> 농민들은 일제 때는 가을에 나락 공출을 한 번씩만 내면 그만이었지만, **미군정 때부터는 여름에는 보리공출 가을에는 나락 공출까지 두 번씩이나 내야 했으니** 맥령기가 되면 온 남녀가 산과 들로 흩어져 초근목피를 채취하는 수밖에 없었다. 그리고 도시 사람들은 염치불구하고 술찌꺼이나 비지를 구하기 위해 매일 도가집 앞이나 두부집 앞에 줄을 서는 것이 당시 삽화였다. (중략) 그러나 우리 서민들의 생활고와는 아랑곳없이 소위 모리간상배라고 불리는 일부 특권층 사람들은 관권과 결탁하여 쌀을 무제한 사들여 일본이나 香港 마카오 등지로 밀수출하여 일확천금을 꿈꾸면서 날마다 주지육림 속에 파묻히는 것이 일과였으니 빈익빈 부익부의 사회계층이 저절로 생겨날 수밖에 없었다(김계유, 『여수문화』 12, 여수문화원, 1997)[45]

---

[44] "順天米穀誠出 全南서 第一位", 『동아일보』, 1947년 3월 4일자, 2면, 7단.

[45] 조명훈, 『순천의 경제상황』, 순천시민의신문, 2007, 209~210쪽에서 재인용. 해당 서적은 영인본으로 저자인 조명훈이, 중학교 1학년 때인 1946년 1월에 작성한 내용이다. 몇몇 숫자에서 오기가 있지만, 해당 시기 순천에 대한 세부적인 통계가 부재한 상황에서는 상당히 유용한 자료이다.

일제강점기의 통제경제 경험은 다수의 대중에게 고통으로 각인되었다. 통계경제의 기획과 연출은 일제였으나, 대중에게 통제경제의 직접적인 가해자는 일상에서 마주하고 있던 관료와 경제경찰들이었다. 일제강점이 끝난 뒤, 해방은 대중에게 사회경제적 변화를 동반해야 될 사건이어야 했다. 하지만 그렇지 못했다. 특히 미곡수집에 있어서 전남, 특히 순천 지역의 고통은 계속되었다. 여순사건의 여파가 지나간 후에도 계속적으로 해당 지역에 대한 미곡수집이 진행되었다.[46] 국가로부터 보호받아야 하는 국민의 권리는 외면당하고, 국가에 대한 국민의 의무만이 지속되었다. 정부가 수립된 지 2개월 만에 벌어진 일이었으며, 국민의 저항에 대한 국가의 폭력행위는 이렇게 반복될 수 있는 여지를 마련하였다.

5. 맺음말

역사적 사건의 원인을 경제적 배경 하에 분석하면, 이는 정치적 배경에 대한 분석보다 낮은 수준으로 인식하는 경향들이 있다. 활동 주체인 대중이 경제적 배경에 따라 인식하고 행동하면, 사건과 항쟁의 정당성이 축소된다는 인식에 기인한 것으로 보인다. 하지만 경제적 배경은 말 그대로 생존에 대한 문제이고, 이에 직면한 대중은 오히려 가장 순수한 존재라고 할 수 있다. 물론 누군가는 당대의 사회경제적 상황을 인식하고 이에 대한 타개책으로 사상적 무장은 물론 다양한 대안을 모색하는 적극적인 자세를 취했을 수 있다. 같은 사회경제적

---

[46] "湖南과 쌀과 三月", 『경향신문』, 1949년 2월 11일자, 3면.

상황에서도 소극적인 자세를 취하는 사람도 한편으로는 있었을 것이다. 두 부류의 내적 고민과 외적 행동은 분명히 달랐지만, 행동이 촉발되는 것은 해당 시기의 사회경제적 상황에 대한 인식으로부터이다. 이러한 측면에서 이 시기의 사회경제적 배경에 대한 분석은 여순사건을 이해할 수 있는 중요한 단초가 된다고 할 수 있다.

물론 미군정기와 정부수립기의 경제적 상황 악화가 여순사건의 필연적 배경이라고는 규정할 수는 없다. 당시의 경제적 상황은 한반도 전반에 걸쳐 벌어졌던 것이기 때문이다. 그럼에도 불구하고 여순사건 당시 대중들이 참여하게 되는 배경에는 식민지 시기의 수탈과 '경찰' 등의 폭력기구로 대변되는 관료들의 미곡수집 당시의 횡포가 분명 영향을 주었다는 것은 많은 시사점을 던져준다. 특히 이 글에서 밝힌 바와 같이 순천지역은 일제강점기부터 이에 대한 민심의 이반이 강했던 지역이라고 볼 수 있다.

여순사건은 정부수립 2달여 만에 발생한 사건이었고, 이는 한반도의 이념갈등에 대한 본격적인 시작지점이 되었다. 제주4·3과 함께 '빨갱이 사냥(Red hunt)'의 그릇된 정당성이 부여된 사건이기도 하다. 더불어 여순사건은 인명부터 경제적인 측면까지 씻을 수 없는 피해를 남겼다. 이러한 피해는 단순히 해당 시기에만 한정된 것이 아니었다. 한국에서의 '빨갱이 사냥'은 세대를 거듭하였다. 낙인이 찍힌 유가족들은 연좌제의 피해를 입었고, 사회경제적으로 지속적인 고통 속에 신음하였다.

인적 피해에 대한 파악을 넘어, 당시의 경제적 피해에 대한 사실 확인도 진행되어야 한다. 그러기 위해서는 해당 지역의 통계 자료 등을 발굴하고 확인하는 작업이 진행되어야 할 것이다. 이 글에서 아쉬운 점은 자료적 한계로 인하여 순천지역에 국한하여 분석을 시도했다는 점이다. 여수를 비롯한 전남 동부권 지역 전반에 대한 사회경제적 자료의 수집과 분석이 필요하다. 또한, 이러한 통계적 수치에 대한 사실 확인에 머무르지 않고, 피해자와 유족들이 겪었던 사회경제적 피해에 대한 기록화 작업 역시 진행되어야 한다. 최근 여순사건에 대한 다양한 구술 작업이 진행되고 있는데, 이러한 구술 작업 속에서 유가족들의 이후 삶의 영역에 대해서도 천착할 필요가 있어 보인다. 여순사건 당시의 피해자들에 대한 명예회복은 피해 당사만의 것이 아니다. 이들에 대한 명예회복을 위해서는 유가족들이 겪었던 이후의 역사적 고통 역시 함께 복원해야 한다.

참고문헌

1. 자료

RG 332.

RG 338.

RG 111.

FRUS.

HUSAFIK(『주한미군사』 1~4, 돌베개, 1988).

『순천시사(정치·사회편)』, 순천시, 1997.

『朝鮮經濟年譜』, 1948.

『經濟年鑑』, 1949.

『麗順事件 實態調査 報告書』 1, 여수지역사회연구소, 1998.

여순사건진상조사위원회, 『순천지역 피해실태 조사보고서』, 2006.

2. 단행본

김득중, 『'빨갱이'의 탄생: 여순사건과 반공 국가의 형성』, 선인, 2009.

안종철, 「미군정기 지역사회의 정치지형과 갈등구조」, 『전남 사회운동사 연구』, 한울아카데미, 1992.

안종철 옮김, 그란트 미드 지음, 『주한미군정 연구』, 공동체, 1993.

주철희, 『불량 국민들』, 북랩, 2013.

주철희, 『동포의 학살을 거부한다: 1948, 여순항쟁의 역사』, 흐름출판사, 2017.

조명훈, 『순천의 경제상황』, 순천시민의신문, 2007.

황남준, 「전남지방정치와 여순사건」, 『해방전후사의 인식』 3, 한길사, 1987.

박정석, 「여순사건에 대한 기억」, 『전쟁과 기억』, 한울아카데미, 2005.

3. 논문

강혜경, 「한국경찰의 형성과 성격(1945~1953년)」, 숙명여자대학교 대학원 사학
　　　과 박사학위논문, 2002.
노영기, 「여순사건과 구례」, 『사회와 역사』 68, 2005.
박광명, 「미군정기 경제통제정책의 시행과 암거래 실태」, 『한국민족운동사연구』,
　　　2019.
박광명, 「미군정기 中央經濟委員會(1946~1948)의 조직과 활동」, 『한국근현대사
　　　연구』 54, 2010.
선휘성, 「여순사건의 발생 배경과 피해 실태에 대한 인식·증언과 구술자료를 중
　　　심으로」, 순천대 교육대학원 석사학위논문, 2004.
손태희, 「여순사건 참가계층의 제유형」, 『남도문화연구』 28, 2015.
임송자, 「여순사건 연구의 현황과 쟁점, 그리고 과제」, 『남도문화연구』 42, 2021.
임송자, 「여순사건과 순천지역 좌·우익 세력의 동향」, 『역사학연구』 73, 2019.
주철희, 「여순사건 주도인물에 관한 연구」, 『전북사학』 43, 2013.
홍영기, 「여수·순천지역에서의 피해 현황」, 『지역과 전망』 12, 2000.

2부

4·3, 10·19의 표상

4·3의 표상과 기억

『제주4·3사건 진상조사보고서』를 중심으로

김창후(제주4·3연구소)

1. 머리말

4·3은 우리 현대사에서 한국전쟁에 버금가는 비극적인 사건이다. 제주도민들은 이 사건으로 엄청난 인적·물적 피해를 입었을 뿐만 아니라 그 후 반세기 넘는 세월을 반공 이데올로기의 압박 속에서 숨죽여 살아야 했다. 현재 4·3은 크게 두 가지 표상으로 나타난다. 과거가 수난과 억압·저항의 역사였다면 오늘은 화해와 상생의 얼굴을 한 평화와 인권의 전도사로 첫걸음을 떼기 시작했다는 사실이다.

4·3진상규명운동은 1987년 6월항쟁 이후 우리 사회의 민주화운동에 발맞춰 힘든 걸음을 시작했다. 1988년 4·3유족회가 발족했다. 다음 해에는 제주4·3연구소가 창립됐고, 제주신문이 '4·3의 증언'을 연재하기 시작했다. 이렇게 민간단체와 언론이 4·3진상규명의 대장정

에 나선 몇 년 후인 1993년에는 제주도의회가 4·3특별위원회를 구성했다. 민·관·언론이 함께 진상규명에 나서면서 곧 그 성과가 나타나기 시작했다. 4·3특별법 공포, 정부의 진상조사와 진상조사보고서 발간, 대통령의 사과, 4·3 국가추념일 지정 등 실로 굵직한 성과들이 하나둘 이루어졌다.

모든 운동은 많은 위험과 희생을 동반한다. 이 글을 쓰고 있는 지금, 과거 해방정국에서 나라다운 나라를 만드는 길에 나섰던 인사들이며 통일의 길에 헌신했다 희생된 선배들, 그리고 진상규명을 위해 온갖 어려움을 함께 했던 동료와 선후배들의 모습이 하나 둘 떠오른다. 또한 4·3평화공원을 찾은 방문객들이 전시관 입구에 누워있는 백비(白碑)를 보며 한시바삐 4·3 성격 규명이 이루어지길 바란다거나, 4·3 경험자들 중 일부가 '우리는 아프게 기억투쟁을 벌이며 평화와 인권을 얘기하고 있는데 아직도 가해자들은 자신들에게는 아무 잘못이 없다고 외쳐대고 있지 않느냐?'며, 왜 우리가 먼저 '화해와 상생'을 주문해야 하는지 궁금해 했던 일들도 생각난다. 현재 4·3의 여러 표상들이다. 이제는 우리 사회가 이러한 여러 의문에 답해야 할 때가 되었다고 여기며, 여기서는 이와 관련해 4·3의 여러 국면 중 『제주4·3사건 진상조사보고서(이하 '정부보고서')』가 나오기까지의 투쟁과 성과, 향후 과제들을 순서대로 짚어볼 것이다.

2. 제주4·3특별법 제정

과거청산운동에는 법적인 뒷받침이 필요하다. 4·3이 그랬다. 4·3

진상규명운동이 현재의 성취를 가져온 것도 4·3특별법이 존재했기 때문이다. 5·18민주항쟁이 새로이 특별법을 제정해 진상규명에 나선 것도 특별법을 통해 새로이 정의를 세우고, 정부 이름의 보고서를 만들기 위함에 다름 아니다.

4·3특별법 제정투쟁은 쉽지만은 않았다. 1997년 4월 **'제주4·3 제50주년 기념사업추진 범국민위원회'**가 결성됐다. 4·3범국민위원회에는 종교, 학계, 법조, 문화예술 등 전국 각계각층 진보진영 인사와 시민단체 대표들이 망라되어 있었다. 곧 4·3진상규명운동은 전국으로 확산되어 나갔다. 그리고 같은 해 12월 새정치국민회의 김대중 후보가 대통령선거에서 4·3의 진상규명과 명예회복을 공약으로 내세웠고, 새정치국민회의는 1998년 3월 당내에 '제주도 4·3사태 진상조사특별위원회'를 구성했다.

1999년, 제주에서는 더욱 치열하게 진상규명 운동이 전개됐다. 그해 3월 **'제주4·3 진상규명과 명예회복을 위한 도민연대'**가 결성됐다. 진상규명에 앞장섰던 사람들은 1999년 12월말 제15대 국회 폐회 전에 특별법 제정을 이루기 위해 노력했다. 제주에서는 10월 24개 유족 및 시민사회단체가 결집된 **'4·3특별법 쟁취를 위한 연대회의'**를 조직하여 본격적인 특별법 제정 운동을 전개했다. 이에 제주도민들은 특별법 제정 촉구 서명과 성금기탁 등으로 성원했다. 나아가 이 연대회의는 '제주4·3특별법 제정을 촉구하는 전국시민사회단체 활동가 184단체 694명 선언'을 이끌어냄으로써 특별법 제정의 당위성을 전국적으로 홍보했다.

이에 국회 행정자치위원회는 여·야가 각각 제출한 '4·3특별법(안)'을 단일안으로 만들어 국회 본회의에 회부했고, 1999년 12월 16일 국회 본회의에서 '제주4·3사건진상규명및희생자명예회복에관한특별법'을 통과시켰다. 2000년 1월 11일 청와대에서는 그동안 진상규명 운동에 앞장서 온 유족·시민단체 대표들을 초청해 김대중 대통령이 4·3특별법에 서명했다.

3. 4·3위원회 구성

4·3특별법은 제1조에서 '4·3사건의 진상을 규명하고 희생자와 그 유족들의 명예를 회복시켜 줌으로써 인권신장과 민주발전 및 국민화합에 이바지함을 목적으로 한다"고 그 취지를 밝히고 있다. 4·3특별법은 4·3이 발발한 지 50여 년이 지났음에도 불구하고 국가 차원의 진상규명과 희생자들에 대한 명예회복 조치가 이루어지지 않은 데 대한 반성과 해결의 의지를 보여준 결과였다. 4·3특별법이 '인권법'으로 불린 것도 이 제1조 조항에 의거한 것이었다.

정부는 곧 4·3특별법에 따라 국무총리를 위원장으로 하는 '제주4·3사건진상규명및희생자명예회복위원회(4·3위원회)'를 출범시켰다. 4·3위원회는 △진상조사보고서 작성과 확정 △희생자와 유족 신고접수 및 결정 △4·3평화공원 조성과 4·3평화기념관 건립 △희생자 유족의 의료지원금 지원과 후유장애인에 대한 생활지원금 지급 등의 사업을 추진하게 되었다. 그 산하조직으로는 진상조사와 보고서를 작성하는 '제주4·3사건진상조사보고서작성기획단(4·3기획단)', 위원회의 의결사항을 실행하기 위한 제주도지사 소속의 '제주도4·3사건진상규명및희생자명예회복실무위원회(4·3실무위원회)'를 두고, 사무기구로는 행정자치부 산하에 '제주4·3사건처리지원단(4·3지원단)', 제주도에 '제주4·3사건지원

사업소(4·3사업소)'를 설치하여 운영하도록 했다.

첫 4·3위원회의 구성은 쉽지 않았다. 국무총리를 위시한 관련부서 장관 등 7명의 당연직 위원 구성은 곧 이루어졌다. 그러나 나머지 12명의 위원 구성은 4·3진보진영과 보수진영의 알력으로 많은 어려움을 겪었다.

4·3기획단의 구성도 난항을 거듭했다. 기획단이 실제로 정부를 대신해 진상조사를 벌이고, 보고서를 작성하는 큰 업무를 맡게 돼 있어서 15명의 기획단 구성에 양 진영은 큰 관심을 보였다. 그 후 4·3기획단은 많은 논란을 거치며 위원들을 선임하고, 단장으로 고 박원순 변호사를 임명해 2001년 1월 17일 출범했다.

한편 4·3위원회는 진상조사 작업을 벌일 전문요원 5명을 공개채용하고, 조사요원 15명도 채용해 2000년 11월 진상조사팀을 구성했다. 원래 진상조사(2년) 및 보고서 발간(6개월)은 4·3특별법에서 기한을 정하고 있었다.

4. 4·3기획단의 진상조사 활동

진상조사의 핵심은 '주민희생'으로 얘기되는 인권침탈 문제였다. 때문에 진상조사의 두 가지 방향, 첫째 4·3의 진상규명을 위해 발발 원인, 진행과정, 피해상황 등을 종합적으로 조사·규명하되 특별법 취지에 맞게 주민희생 등 인권침탈 부분에 초점을 맞추고, 둘째 국내외에서 광범위한 문헌조사·증언조사를 벌이며, 가해자·피해자 어느 쪽에 치우치지 않는 객관적인 조사를 벌인다는 것이었다. 그러나 실제로 일을 해나가면서 4·3위원회나 4·3기획단은 많은 갈등에 휩싸였다. 어느 위원회든 당시 4·3진영과 군·경을 대표하는 보수진영이 일정 부분 같이 자리하고 있어서 많은 논란에 휩싸였기 때문이다.

진상조사팀은 조사 과정에서 국내외 자료 조사, 체험자 증언 조사 등 세 가지 방향에서 조사작업에 착수했다. 국내자료는 그때까지 4·3연구소, 제민일보, 제주도의회 4·3특위가 갖고 있던 자료들을 최대한 이용하고, 그외 정부기관(국방부, 육군본부, 해군본부, 해병대사령부, 기무사령부, 정보사령부, 군사편찬연구소 등 군 관련기관과 경찰청, 제주경찰청 등 경찰 관련기관, 현재의 국가기록원인 정부기록보존소, 국사편찬위원회, 국회 등 19개 기관)을 선정해 조사했다.

원래 4·3특별법에는 '위원회는 필요한 경우 관계 행정기관 또는 단체에 관계자료의 제출을 요구할 수 있고, 이 경우 요구를 받은 관계기관 등은 특별한 사유가 없는 한 이에 응해야 한다'는 조항이 있었다. 이에 따라 관계기관에 협조공문을 발송하고 조사에 나섰다.

그 결과, 국방부의 군사편찬연구소(서울), 정부기록보존소(대전), 국사편찬위원회(서울)에서 많은 자료를 입수했다. 그중 군 기관에서는 제주주둔 주요 지휘관 인적사항, 경비대의 인사명령, 육군본부의 작전명령, 중앙고등군법회의 명령, 육군 역사일지 등을 입수했다. 그러나 가장 중요한 1948년 말부터 1949년 초까지 대학살 시기의 전투일지나 상황일지는 찾아내지 못했다.

정부기록보존소에서는 많은 자료를 확보했다. 제주도지구 계엄선포 문서, 1949~1950 국무회의록, 이승만 대통령 유시철과 재가문서, 예규철 등을 획득했다. 이 중 이승만 대통령의 지시가 담긴 한 국무회의록에서는 **'제주도사태를 가혹하게 탄압하라'**는 내용도 있었다. 그리고 정부기록보존소에서는 일반재판 판결문과 군법회의 수형인 명부, 형무소 수감 중 사망 사실이 기록된 수용자 신분장 등 많은 형행

자료를 찾아냈다.

국사편찬위원회에서는 많은 국내외 현대사 관련 자료들을 입수했다. 특히 현재 폐간된 일간지인 독립신보, 조선중앙일보, 한성일보, 현대일보, 동광신문 등에서 4·3 관련 자료들을 다수 확보하고, 미국 자료도 입수했다.

경찰조사는 경찰청, 제주지방경찰청, 제주경찰서, 서귀포경찰서에서 이루어졌다. 조사팀은 경찰청 보안국과 제주경찰청 자료실에서 조사했다. 그러나 이곳에서 4·3 관련자료는 확보하지 못했다. 경찰자료로는 사전에 경찰에서 제출받은 제주작전 전사자 122명 명단과 4·3 당시 경찰지휘관 명단뿐이었다. 이에 대해 경찰측은 자신들이 갖고 있던 4·3자료는 1960년 4·19 시기에 불태워 없어졌고, 최종적으론 1981년 3월 내무부의 '연좌제 폐지 지침'에 따라 전부 폐기됐다고 주장했다.

한편 국외조사도 미국, 러시아, 일본에서 다양하게 이루어졌다. 그중 4·3은 미군정기에 발생했기 때문에 미국자료 수집에 치중해 전문요원 3명을 6개월 파견해 조사했다. 이들은 미 국립문서기록관리청(NARA), 맥아더기념관, 미 육군군사연구소에서 활동했고, 그 결과 미국 중요자료 800여 건을 확보했다. 이 중에는 미 24군단 작전참모부 작전일지, 미 CIC 자료, 무쵸대사 보고서, 미 군사고문단장 로버츠 준장 공한철, 20연대장 브라운 대령과 군단 작전참모부 슈 중령의 제주 활동보고서, 1949년 5월 초 제주에서의 미군정 수뇌회의 참석자 사진 등 새로운 자료들을 발굴했다. 그중에서도 가장 중요한 비밀문서는 로버츠 군사고문단장과 한국군 수뇌부 간의 공적 편지였다.

로버츠 장군은 1948년 12월 18일 한국 국방장관 등에게 "(제주도 사령관) 송요찬 연대장이 **대단한 지휘력**을 발휘했다. 이런 사실을 신문과 방송, 대통령 성명 등을 통해 대대적으로 선전해야 할 것"이라고 요구했다. 그러자 당시 채병덕 참모총장은 12월 21일 "귀하의 제안에 따라 대통령 성명을 발표하도록 추천할 것이며, 송요찬에게 적절한 훈장을 수여하겠다"고, 대답했다. 이 서한의 '대단한 지휘력'의 의미가 무엇이겠는가? 그 시기 가장 인명학살이 극심했었다는 사실을 감안하면 자명해지면서 차라리 그 표현에 몸서리가 처진다. 어쨌든 이러한 미국자료와 그 외 러시아, 일본 자료는 나중에 국내자료와 함께 묶여 총 12권의 자료집으로 출간됐다.

증언조사 또한 신중하게 이루어졌다. 조사팀은 그간 각종 자료(4·3연구소의 증언집, 신문, 방송, 제주도의회 피해신고서 등)를 검토하며 증언대상자를 최종적으로 500명 선정했다. 여기에는 중요사건 체험자, 피해가 큰 마을주민, 토벌대 및 무장대 경험자가 포함됐다. 증언조사는 토벌대나 무장대의 활동, 대규모 학살사건 같은 중요 사건에 대한 문헌자료가 거의 존재하지 않았기 때문에 아주 중요했다. 중요한 만큼 증언조사에는 다수의 중요 증언자를 확보해야 했고, 구술한 팩트에 대해서도 크로스체킹 등 어려운 작업과정이 필요했다.

제주도에서 증언조사는 피해자들을 중심으로 다양하게 이루어졌다. 서울에서는 제주토벌작전에 참가했던 군 고급장교들을 중심으로 조사를 벌였다. 그중 최고위직은 서종철(육군참모총장, 국방장관 역임) 당시 9연대 부연대장이었다. 그는 조사팀과 만났지만 당시에 대해서는 기억이 없다고만 했다. 그러나 1949년 3월 제주도지구전투사령관으로 제주도에 부임해 2달 반 정도를 산악지역에서 토벌작전을 벌였던 유재흥 장군(당시 대령)은 서북청년회원들의 만행에 대해서 일부 문제점을 지적하기도 했다. 당시 조사팀은 토벌대의 증언조사에 대해서 나중에 이렇게 토로했다. '정상적인 진압작전을 벌였거나 학살극에 참여하지

않았던 사람들은 비교적 진솔하게 증언했다. 그러나 유혈의 한복판에 있었던 사람들은 그냥 모르쇠였다.'

지금도 얘깃거리가 되고 있는 한 증언이 있다. 고향이 제주도 함덕인 한 경찰 출신자의 구술이다. 1949년 1월 17일 북촌리에서 대학살 사건이 벌어졌다. 소위 '북촌대학살사건'이다. 사건은 함덕에 주둔하고 있던 2연대 3대대 병력 일부가 이날 아침 마을 앞길을 지나다 무장대의 공격을 받아 2명이 사망한 데서 시작됐다. 사건 후 마을사람들이 군인 시신 2구를 대대본부로 싣고 가자 군인들은 이들을 사살하고, 11시경에는 마을을 기습해 마을집들을 불태우며 주민들을 북촌국민학교 운동장에 집결시켰다. 그리고 일부 우익 가족을 제외하고 주민들을 40~50명씩 끌고 주변 밭으로 가 총살했다. 이 학살극은 오후 늦게 지휘관이 주민들에게 내일 함덕으로 오라고 명령하고, 중지시킴으로써 끝이 났다. 이 사건은 이날, 운동장 주변에서 300여 명, 뒷날 함덕으로 갔던 100여 명, 모두 합해 400여 명이 이틀 동안에 학살됐다. 4·3 기간 내, 가장 짧은 시간에 가장 많은 사람들이 학살되었던 것이다.

이 사건에 대해 앞의 경찰 출신자는 증언했다. 정부보고서에도 여러 쪽에 걸쳐 나오는 유명한 내용이다. 그는, '자신은 경찰 운전병이었다. 그 무렵 함덕 주둔 3대대에서 부대 차량이 고장 나 경찰에 차량지원을 요구했었다. 내가 함덕 출신이라고 보냈다. 사건 당일, 자신은 3대대장을 태우고 다녔다. 당시 차량이 트럭이 아니고 앰뷸런스 모양의 차였다. 대대장은 현장에서 장교들을 차량 뒷칸에 모이도록 하여 회의를 했다. 그때 이런 결정을 하는 걸 들었다. 지금 우리 부대원들은 군에 들어온 후 적을 살상해보지 못했다. 그러니 운동장 주변에 박격포를 걸고 주민들을 몰살시킬 게 아니라 1개 부대에서 몇 명씩 끌고

나가 총살하자. 그 후 그렇게 총살이 이루어졌지요.'

최근 이 증언을 다시 확인하려고 증언자를 만나 몇 가지 사실을 확인했다. 당시 2연대 3대대는 '서북대대'로 주로 서청단원들을 중심으로 이루어진 부대였다. 주지하다시피 서청은 제주도에서 온갖 만행을 저질렀었다. 나는 학살 현장에서 살아남은 경험자들을 만나 당시 군인들이 혹시 이북사투리를 쓰지 않았느냐, 대대장 얼굴을 보았느냐? 물었다. 뚜렷하게 기억하지 못했다. 당시 3대대장이라고 많이 알려진 최석용도 육군자료를 검토한 결과 그가 사건 이틀 전인 1월 15일자로 타지로 전임됐다고 나와 있었다. 그 후임 대대장 이름은 지금까지 밝혀진 그 어떤 자료에도 나와 있지 않다. 2연대원들의 여러 증언이나 앨범에 후임 대대장은 정준철(한국전쟁에서 사망)이었다고 하기도 하나 그 또한 문헌자료에는 없다. 앞의 함덕 출신 경찰 운전병 증언자는 대대장 계급이 중위라고까지 했다. 그분의 증언은 매 번 조금씩 달라 그 증언 내용에도 혼란을 준다. 이 북촌대학살사건은 그 규모가 너무 커 책임자 규명이 필요한 사건 중 하나이다. 그러나 언급대로 자료는 없고 증언은 사람마다 다르다. 같은 증언자의 증언도 때에 따라 달라 사실규명이 어렵다. 이 사례는 향후 주요사건 조사에 많은 참고가 될 것으로 보인다.

5. 진상조사보고서 확정과 대통령 사과

정부보고서는 조사착수 후 2년 6개월 후에 완성해야 했다. 그 시기는 2003년 3월이었다. 4·3기획단은 조사를 해나가는 한편, 회의에서 보고서 목차와 용어 등을 확정해나갔다. 그러나 쉽지 않은 과정이었다. 성향이 다른 위원들이어서 보고서의 틀에서부터 '봉기', '초토화', '학살' 등의 용어 사용을 문제 삼고 나섰다. 그래서 나온 게 보고서 작성 3원칙이었다.

첫째, 사실에 부합한 자료를 중심으로 기술한다. 둘째, 4·3특별법의 입법취지를 충분히 반영한다. 셋째, 4·3의 구조적인 문제규명에 역점을 둔다. 이 세 번째 조항은 당시 남한사회의 정치 상황이나 국제관계, 4·3으로 인한 제주도의 특수상황 등을 염두에 둔다는 의미였다.

2003년 3월, 위원장인 고건 국무총리의 사회로 4·3위원회가 여러 차례 열렸다. 정부보고서 확정을 위한 회의였다. 여기서는 주로 국방부나 국무총리실을 통한 우익 측의 항의였다. 그 내용은 정부보고서가 '군경의 과잉진압과 무장폭동의 정당성을 가설로 새우고 이를 증명하기 위해 쓰인 피해보고서다'거나, 용어의 문제(특히 초토화작전을 토벌작전으로 바꾸자), 정부보고서의 결론 부분에 '9연대, 2연대 연대장 이름이 명시됐고, 이들 두 연대장에게 책임을 물을 수밖에 없다'고 돼 있어 곤란하다는 등의 내용이었다. 정부보고서는 많은 논란을 거치며 3월 29일 4·3위원회 전체회의에서 '6개월 이내에 새로운 자료나 증언이 나타나면 위원회의 추가심의를 거쳐 보고서를 수정한다'는 유보조항을 두고 가결됐다. 어쨌든 이날부터 4·3은 남노당의 폭동에서 '국가공권력의 인권유린'으로 그 인식이 바뀌게 되었다.

그 후 4·3위원회는 수정의견 제출기간을 설정해 공고했다. 그 기간은 2003년 5월 1일부터 9월 28일까지였다. 의견서는 20개 기관과 단체, 개인에게서 376건의 수정안이 제출됐다. 그간 치열하게 논의가 됐던 성격 규정이나 용어에 대한 것이 대다수였다. 그중 33건이 수정안으로 확정됐다. 그 내용은 표현 수정이나 삭제가 25건, 사실관계 내용 수정 6건, 새로운 자료에 의한 내용 추가 2건 등으로 새로운 자료나 증언에 의한 수정사항은 별로 없었다.

2003년 10월 15일 4·3사건의 진상을 담은 대한민국 정부의 공식 보고서가 확정됐다. 보고서는 4·3을 이렇게 정의했다. '제주4·3사건이라 함은 1947년 3월 1일 경찰의 발포사건을 기점으로 하여 경찰·서청의 탄압에 대한 저항과 단독선거·단독정부 반대를 기치로 1948년 4월 3일 남로당 제주도당 무장대가 무장봉기한 이래 1954년 9월 21일 한라산 금족지역이 전면 개방될 때까지 제주도에서 발생한 무장대와 토벌대간의 무력충돌과 토벌대의 진압과정에서 수많은 주민들이 희생당한 사건을 말한다.' 이 4·3에 대한 정의는, 1947년 3월 1일이 4·3의 시작이라는 시점 문제, 이 사건 후 도민들에 대한 경찰과 서청의 무차별 탄압, 1948년 5월 10일 남한만의 단선반대, 초토화작전으로 인한 인명피해 등 당시로서는 직접적인 논란은 피해가면서 생각할 수 있는 많은 내용을 담았다. 특히 희생자수를 25,000~30,000명으로 추정하며 이들 대다수가 무고하게 토벌대에 학살되었다고 하여 4·3이 인권법임을 표명하기도 했다.

보고서는 4·3의 성격이나 역사적 평가는 내리지 않았다. 사실 이 부분에 대해서는 당시부터도 많은 부정적인 평가가 있었다. 요즘 4·3 정명운동이 일면서 진영마다 여전히 항쟁·봉기·폭동 등 자신들의 입장에 따라 여러 의견을 개진하고 있다. 한시바삐 이 논쟁에 대한 결론이 도출되어 4·3의 바른 이름이 도출되기를 바란다.

보고서가 나오자 정부에서 재빨리 반응했다. 10월 31일 노무현 대통령이 제주도를 찾았다. 대통령은 제주시 라마다호텔에 유족 등 4·3 관계자 400명을 초청하고 보고서에 근거해 '국가공권력에 의한 대규모 민간인 학살' 사실을 인정하고 공식 사과했다. '저는 위원회의 건의를 받아들여 국정을 책임지고 있는 대통령으로서 과거 국가권력의 잘못에 대해 유족과 제주도민 여러분에게 진심으로 사과와 위로의 말씀을 드립니다.' 이제까지 오랜 시간 4·3운동을 해온 필자도 당시 사과현장에 참석하고 대통령의 사과 말씀에 뜨거운 눈물을 흘렸던 기억이 새롭다.

그 후 노무현 대통령은 2005년 1월 27일, 제주도를 평화의 섬으로 공식 지정했다. 그리고 이날 서명식 자리에서 대통령은 다시 4·3을 거론하며, 평화의 섬 지정의 중요성을 다음과 같이 강조했다. "제주도가 평화의 섬으로 지정된 것은 제주도민들이 간절하게 염원하기도 했지만 실질적으로 그만한 조건을 갖추고 있다. 제주도는 '삼무(三無)의 섬'으로써 평화를 가꿔온 역사를 가지고 있고, 4·3사건이라고 하는 역사적인 큰 아픔을 딛고 과거사 정리의 보편적 기준이라 할 수 있는 진실과 화해의 과정을 거쳐 극복해나가고 있는 모범을 실현하고 있다."

6. 진상조사보고서 왜곡사건

2003년 10월 15일, 정부보고서가 발표되자마자 보수진영쪽에서는 불만의 목소리를 터뜨리기 시작했다. 4·3위원회의 군경추천 위원들이 즉각 사임했다. 보고서를 인정할 수 없다는 성명이 쏟아졌다. 특히 제주도의 경우회제주도지부 등 12개 반공단체가 지역 언론에 '내란을 은폐한 4·3진상조사보고서 우리는 절대 인정할 수 없다'는 제목으로 광고를 실었다. 4·3은 한반도를 공산화하기 위해 남로당이 일으킨 내란인데 보고서는 이를 간과한 채 군경토벌대의 과잉진압 부분만 과대 포장했다는 것이 그 주내용이었다. 그 후 보수측은 보고서 발간 직후 2만여 명의 서명을 받아 청와대에 보고서 취소 청원을 내는 것을 시작으로 지금까지도 정부보고서에 대해 끝없는 불만을 표출하고 있다.

한편 정부보고서 발간 직후 제주도내 4·3단체들도 보고서를 '미완의 보고서'로 평가절하하며, '성과'보다는 '한계와 문제점'을 지적하기도 했다. 이들은 정부보고서가 통일에 대한 열망과 성격을 제대로 조명하지 못했고, 미국의 책임과 역할, 대량학살의 전모를 제대로 밝히지 못했다는 것이었다. 그러나 이 논쟁은 2008년 이명박 정부가 들어선 후 달라졌다. 보수진영, 특히 뉴라이트 계열의 논객들이 정부보고서에 많은 문제점이 있다고 하며 공세를 강화하자 4·3단체들이 정부보고서를 적극 지켜내야 한다는 공감대가 형성되기 시작했기 때문이었다. 그 후 이런 흐름은 공적기관, 특히 교육청 같은 곳에선, '우리는 정부보고서에 준거해 4·3교육을 실시한다'는 논리로 방어하며 보고서를 효율적으로 이용하고 있기도 하다.

정부기관의 정부보고서 왜곡도 이어졌다. 그 대표적인 사건은 2000년 발간된 『제주경찰사』였다. 경찰사는 10년 전에 발간됐던 1990년판의 내용을 거의 그대로 인용해 '경찰관 순직 120명, 민간인 피살 1,330명, 공비 사살 7,895명, 공비는 사살자 이외에도 7,061명이 생포되었으며 2,004명 귀순시켰다', 그리고 북촌대학살사건을 애기하면서도 '이 마을을 습격한 공비들은 어린이와 노인을 제외한 대부분의 마을 남자들을 무참히 학살하거나 납치해갔다'는 식으로 표현했다. 그러자 2000년 11월 24일 제주경찰청 앞에 유족들과 관계 단체원들 300여 명이 모여 경찰을 규탄하는 집회를 열었다. 그 후 경찰

측은 이 문제의 내용이 들어있는 70여 쪽 분량을 모두 삭제하고 재발간했다. 그 후 이런 왜곡은 교육부의 공문서나 역사교과서, 국방부의 『6·25전쟁사』에서도 이어졌으나 모두 항의 후 수정됐다.

4·3특별법이나 정보보고서에 대한 보수진영의 소송도 이어졌다. 그 시작은 2000년 4월 6일 보수인사와 예비역 장성 출신 15명이 4·3특별법이 위헌이라며 헌법재판소에 헌법소원심판을 제기한 것이었다. 그리고 그 직후인 5월 10일 성우회(회장 정승화)가 이 헌법소원에 가세했다. 그러나 이 헌법재판소는 이 두 건 모두를 이유 없다고 각하했다. 2003년 10월 15일, 정부보고서가 나오자 이에 대한 반대의 헌법소원도 보수진영에서는 제기했다. 그러나 이 모든 건은 각하 처분됐다.

2008년, 보수정권이 들어서자 일반소송도 이어졌다. 이 시기 보수진영을 대표해 4·3을 왜곡하고, 정부보고서를 가짜보고서라며 문제 있다고 했던 사람은 서울에서 목회활동을 하는 이선교 목사였다. 그는 2008년 1월 10일, 한 강의에서 '정부보고서는 가짜이고, 봉개동에 폭도공원을 세우려 한다며 이를 즉각 정지하고, 4·3특별법을 폐기시켜야 한다고 주장했다. 이뿐만이 아니었다. 이선교 목사는 보수정권이 들어서자 안하무인격으로 4·3을 폄하했다.

4·3유족회와 관계단체는 더 이상 이 목사의 망발을 묵과할 수 없었다. 유족회는 2008년 7월 7일, 명예훼손에 따른 손해배상 청구소송 제기했다. 그 후 이 사건은 1심에서는 원고가 승소했지만 광주고법과 대법원은 최종판결을 미루다 '폭동에 가담한 13,564명, 폭도공원'이라는 표현을 사용했다고 이를 인정할 증거가 없다는 어이없는 판결을 내렸다.

보수진영에서는 2009년 이후 '정부보고서'나 '희생자 결정' 등에 대해 무더기 집단 소송을 벌였다. 보수정권이 재출범한 것이 그 배경이었다. 헌법소원, 행정소송, 국가소송으로 벌어진 이 시기 소송 내용은 다음과 같다.

| 헌법소원 |

▶ 〈국가정체성회복국민협의회 외 146인〉: 〈4·3위원회〉를 상대로 '제주4·3특별법 제2조 제2호 위헌확인 등' → 수형자 등에 대한 희생자 결정은 청구인들의 인격적 침해 및 자유민주주의적 기본 질서에 위배됨 → 각하

▶ 이선교 외 11인: 〈4·3위원회(국무총리)〉 → 4·3위원회가 결정한 13,564명 중 1,540명에 대한 결정은 헌법에 위반됨 → 각하

| 행정소송 |

▶ 이인수 외 11인: 〈4·3위원회(국무총리)〉 → 4·3위원회가 결정한 희생자 13,546명 중 18명에 대한 희생자 결정 무효 확인 → 기각

▶ 이철승 외 199명: 〈4·3위원회(국무총리)〉 → 4·3위원회가 결정한 희생자 13,546명 중 20명에 대한 희생자 결정 무효 확인 → 기각

| 국가소송 |

▶ 이철승 외 48인: 대한민국 → 4·3위원회가 발간한 정부보고서의 출판·판매·배포 금지 → 기각

▶ 이철승 외 48인: 대한민국 → 4·3위원회의 정부보고서 작성 및 희생자 결정으로 인한 손해배상청구. 원고에게 각 1백만 원씩 지급 → 기각

이외에도 보수진영에서는 각종 소송을 제기했다. 그 소송이 20여 건 이르렀다. 그러나 재판 결과는 4·3유족과 단체의 승리였다. 정부 이름으로 만들어진 4·3특별법에 따라 조사하고 발간된 정부보고서는 문제가 없다는 취지였다. 그러나 지금도 보수진영에서는 희생자 14,232명 중 일부(보수진영의 주장에 따르면 101명 → 51명)은 문제가 있다며 평화공

원에서 위패를 내릴 것을 요구하고 있다.

7. 4·3특별법 '전부개정법률안' 발의(마무리를 대신하여)

4·3특별법은 여러 차례 개정됐다. 처음 개정된 2007년 1월에는 '현행법상 사망자·행방불명자·후유장애자로 국한되어 있는 희생자의 범위에 수형자(受刑者)를 추가하는 것'이었다. 또한 이전에 '희생자의 배우자, 직계 존비속, 또는 형제자매'로 한정된 유족의 범위를 '형제자매가 없는 경우에는 4촌 이내의 방계 혈족으로서 희생자의 제사를 봉행하거나 분묘를 관리하는 사실상의 유족'으로 확대하였다. 이때, 추가진상조사와 기념관·공원의 운영·관리 등의 사업을 수행할 4·3평화재단의 설립과 정부지원 근거가 마련되었고, 4·3위원회의 심의·의결사항 중에 '집단학살지·암매장지 조사 및 유골의 발굴·수습에 관한 사항'이 추가되기도 하였다.

4·3특별법은 2013년 8월 다시 개정되었다. 국회는 이 개정안을 통과시키면서 4·3 법정 기념일과 관련해 부대 의견으로 대통령령인 '각종 기념일에 관한 규정'을 개정해 추념일로 지정하도록 명문화했다. 그 후 2014년 3월 18일 '4·3희생자 추념일'이 국가기념일로 공식 제정됐다. 또한 희생자 및 유족에게 국가가 생활지원금을 보조할 수 있는 법적 근거도 마련했다. 4·3평화재단에 자발적으로 기탁되는 금품을 사업 목적에 부합하는 범위에서 접수할 수 있도록 하는 특례도 신설됐다.

최근 4·3 70년을 맞아 각종 행사를 준비하며 4·3특별법도 개정해

배보상 조항도 넣어야 한다는 여론이 일기 시작했다. 2017년 12월 19일, 민주당의 오영훈 의원은 4·3특별법의 '전부개정법률안'('제주4·3사건 진상규명 및 희생자 명예회복에 관한 특별법 전부개정법률안')을 준비하고 대표발의했다.

이 **전부개정법률안**의 주 **제안 이유**는 다음과 같다.

- 그동안 위원회의 활동으로 제주4·3사건의 희생자와 유족들의 명예회복과 진상규명이 상당한 성과를 거두었음. 그러나 아직도 제주4·3사건으로 인한 트라우마와 정신질환 및 경제적인 어려움을 겪고 있는 희생자 및 유족들이 많아 현행법이 명예회복 및 피해구제에 미흡하다는 의견이 있음.
- 이에 희생자 및 유족들의 의학적·심리적 치유를 위하여 제주4·3트라우마 치유센터를 설립하고 보상금 규정을 신설하는 등 다양한 지원방안을 마련함으로써 희생자 및 유족의 명예를 회복하고 민주발전 및 국민화합에 이바지하려는 것임.

그리고 **개정안의 주요 내용**으로는

- 법률의 제명을 '제주4·3사건 진상규명과 희생자 명예회복 및 보상 등에 관한 특별법'으로 함.
- "제주4·3사건"의 정의를 명확히 규정하고 희생자와 유족의 권리를 명시함(안 제2조 및 제3조).
- 제주4·3사건진상규명및희생자명예회복위원회를 제주4·3사건진상규명및희생자명예회복·보상위원회로 하고 보상금 지급에 관한 사항 등을 추가함(안 제4조).
- 1948년 12월 29일에 작성된「제주도계엄지구 고등군법회의 명령 제20호」등에 기재된 사람에 대한 각 군사재판을 무효로 확인함(안 제13조).
- 희생자 및 그 유족으로 결정된 사람에 대하여 보상금을 지급하도록 함(안 제4조 및 제14조 등).

- 희생자 및 유족의 상처를 치유하기 위하여 공동체 회복 프로그램을 시행하고, 제주4·3트라우마 치유센터를 설치·운영할 수 있도록 함(안 제28조).
- 누구든지 제주4·3사건의 진실을 부정·왜곡하여 희생자와 유족들의 명예를 훼손하여서는 아니 되며, 이를 위반할 경우 처벌하도록 함(안 제12조 및 제32조제2항제5호).

앞의 4·3특별법 전부개정안 중 가장 중요한 두 개 조항은 '**불법 군사재판 무효와 배보상 조항**'이다. 산에 피난 갔다거나 숨어 있다, 혹은 자수권유로 검거된 사람들 대다수는 당시 제주항 인근의 주정 공장에 수용됐다 군사재판을 받고 수형생활을 했다. 그러나 이 재판은 조사 결과 문제투성이로 드러났다. 소위 피고인들이 재판 받는 줄도 몰랐다가 형무소 가서야 재판 사실을 알게 되었다거나, 수감 중 다수가 한국전쟁 후 집단학살됐다는 사실은 이 실체도 없는 군사법정의 문제점과 지금도 호적에 붉은 줄이 그어진 유족들이 설움을 대변하나 보수진영 측은 이에 대해 반대한다. 또한 1조5천억 원에 이를 것으로 예측되는 배보상 문제는 다른 지방의 비슷한 사건 희생자들과 어떻게 형평성을 맞추며 정부가 어떻게 재원을 마련하는가가 큰 문제이다.

올해 4·3 70주년을 맞아 제주도와 각 지방, 일본 등 해외에서도 많은 행사가 열렸다. 4월에는 광화문 광장에서도 여러 행사가 열려 전 국민들에게 4·3에 대한 이해를 부탁했다. 한편 정부는 4월 한 달 동안 정부청사 건물에 '**제주4·3은 대한민국의 역사입니다**' 라는 대형 현수막을 걸어 4·3을 모두에게 알렸다.

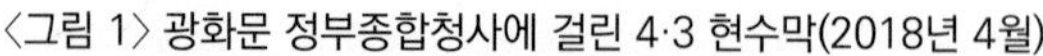

　4·3은 이제 제주도만의 문제가 아니라 전 국민의 문제이며, 전 국민이 4·3을 알아야 한다는 현수막 내용 그대로 '4·3은 대한민국의 역사'라는 사실을 호소했다. 이제 4·3은 다시 한 번 새로운 길을 가려 하고 있다. 4·3의 미래의 표상으로 4·3을 평화와 인권의 아이콘으로 만들어 나가려는 것이다. 이제 4·3은 그 길에 막 들어섰다.

**참고
문헌**

1. 단행본

양조훈, 『4·3 그 진실을 찾아서』, 도서출판 선인, 2015.

제주4·3사건진상규명및희생자명예회복위원회, 『제주4·3사건 진상조사 보고서』,
    2003.

제주4·3사건진상규명및희생자명예회복위원회, 『화해와 상생, 제주4·3위원회 백
    서』, 2008.

제주4·3연구소, 『4·3과 역사』 1~17호, 2001~2017.

제주4·3평화재단, 『제주4·3 70년 어둠에서 빛으로』, 2017.

제주4·3희생자유족회, 『제주4·희생자유족회 27년사』, 2015.

제주특별자치도의회, 『제주특별자치도의회 4·3백서』, 2018.

5장

여순 10·19 사건과 시(詩)적 형상화

김영랑과 조기천을 중심으로

강진구(제주대학교)

1. '박가 가족묘'와 반공주의

2018년 11월 18일, 재일조선인들이 많이 거주하고 있는 일본 오사카 텐노지구의 통국사(統國寺)에서는 '4·3사건 희생자 위령비' 제막식이 열렸다. 높이 3.6m로 제작된 위령비는 4·3사건 당시 제주도에 있던 마을 수를 의미하는 제주돌 178개를 제주도로부터 직접 가져와 쌓은 탑이다. 제주4·3사건 70주년을 맞아 '재일본 제주4·3사건 희생자 유족회'와 '제주도 4·3사건을 생각하는 모임 오사카'가 중심이 되었던 위령비 건립 모금 운동은 '재일본 제주4·3희생자 위령비 건립 실행위원회' 결성으로 추진력을 얻게 되었고, 약 5천만 원의 모금액과 통국사 측의 부지 제공 등으로 결실을 보게 되었다.

"제주 4·3사건에 대한 기억을 오래 남김으로써 평화와 인권의 소중함을 일깨워 두 번 다시 이런 비극이 일어나지 않는 세상을 기원”[1]
하기 위해 세웠다는 주최 측의 취지대로 오사카 통국사에서는 위령비
건립 이후 매년 제주에서 4·3위령제 등 주요 행사가 끝나는 4월 하순
에 '제주4·3희생자유족회'와 '제주4·3평화재단' 등과 함께 위령제를
개최하고 있다.

필자는 2023년 4월 21일부터 24일까지의 오사카 방문을 통해 처
음으로 통국사에서 거행되는 '4·3 희생자 위령 기도법회'에 참여하게
되었는데, 그것은 국내에서 문헌상으로만 알고 있었던 '4·3'의 아픔
과 상처를 몸소 체득할 수 있는 귀한 경험이었다. 행사가 끝나고 관계
자의 안내로 재일조선인 그중에서도 재일제주인들의 흔적(재일제주인의 가
족무덤)을 둘러보던 필자는 한 가족무덤 앞에서 발길을 멈출 수밖에 없
었다. '박가 가족묘'가 그것이었다.

<그림 1> 통국사 경내 '박가 가족묘' 앞면   <그림 2> 통국사 경내 '박가 가족묘' 뒷면

1　조정훈, 「일본 오사카에 '4·3사건 희생자 위령비' 세운다」, 『통일뉴스』(2018.9.19.)
(https://www.tongilnews.com/news/articleView.html?idxno=126176 검색일:
2023.10.6.)

　제단 정면으로 보이는 오석으로 된 비석에는 '朴 家'라는 한자와 함께 한반도와 일본의 지도가 양각되어 있고, 지도 위에는 A, B, C, D의 알파벳과 함께 ★ 모양이 표시되어 있었다. ★ 표시된 곳은 제주도를 포함해 북한의 두 곳과 일본 오사카였다. 그런데 필자를 정말 놀라게 한 것은 여타의 비석과는 모양을 달리한 이 가족묘의 형태가 아니라, 비석 뒷면에 새겨진 내용이었다.

　조부 박신출(1955.5.23. 별세)과 조모 김대군(1976.1.29. 별세) 사이에 태어난 가족의 직계를 기리는 '박가 가족묘'의 알파벳 A, B, C, D는 박신출 일가가 적어도 4형제 이상이라는 점을 짐작케 한다. 가족묘를 세운 이는 비석 뒷면에 A, B, C, D를 통해 박신출 가족들이 현재 어디에 묻혀(?)[2] 있는가를 보여준다.

A 大韓民國 濟州島南濟州郡安德面和順里
B 朝鮮民主主義人民共和國 平安南道成川郡成川邑
　　　　　　　　　　　　　　　朴 戊生
C 朝鮮民主主義人民共和國 咸鏡南道咸興市會上區域坪水洞
　　　　　　　　　　　　　　　朴 東岩
D 日本國 大阪府泉南郡岬町多奈川谷川 天台宗鳳樹山
　　　　　　　　　　　　　　　興 善寺[3]

　필자에게 '박가 가족묘'는 한반도와 일본으로 이산할 수밖에 없었던 재일제주인의 신산한 삶을 기묘한 형태로 보여주는 만화경처럼 보였다. 박신출 가족들은 제주와 일본, 그리고 북한으로 흩어졌는데, 이

---

[2]　이 부분은 현재 거주하고 있는 주소로도 해석할 수도 있지만, 가족묘에 표시한 것으로 미뤄봤을 때, 무덤의 위치(주소)로 추정하는 것이 타당해 보인다.

[3]　인용은 필자가 찍은 사진임.

는 일제강점기와 제주4·3을 경험한 많은 재일제주인의 경험[4]과도 일치했다. 박가 가족묘가 필자의 눈길을 끈 것은 한반도와 일본으로 흩어져야만 했던 박씨 일가의 기구한 운명보다는 이름이 부재한 채 주소만 명시한 A의 표지였다. 기실, 이 가족묘의 비석에는 B와 C가 묻힌 곳은 주소와 함께 망자의 이름이 선명하게 각인되어 있는데, A와 D의 경우는 주소만 제시되어 있고 망자의 이름이 없다.

주소만 있고 이름이 없는 것을 통해 2가지를 상상할 수 있는데, 하나는 A에 해당하는 당사자가 생존해 있어 이름을 아직 비석에 새겨 넣지 않는 사정이고, 다른 하나는 특별한 형편으로 가족묘를 세운 이들이 이름을 밝히지 않는 경우이다. 북한에 있는 가족의 이름을 당당히 게시한 이들이 자신들의 뿌리인 고향, 제주에 묻힌 가족의 이름을 끝내 밝히지 못한 이유는 무엇일까? 비석을 세운 박씨 일가가 혹시 총련계와 관련을 맺고 있기에 이름이 밝혀질 경우 제주에 남아있는 일가친척에게 피해를 줄 수 있다고 판단했기 때문일까? 저간의 사정이야 알 수 없지만, 적어도 '박가 가족묘'를 세운 이들은 '안덕면 화순리'에 있는 무덤 주인이 박신출 가족임이 밝혀지는 것을 원치 않았다는 점만은 분명하다. 도대체 그 가족들은 왜 제주도에 묻힌 것으로 추정되는 가족 이름을 감춘 것일까? 그리고 필자는 왜 그 이름 없는 묘비를 보고 놀랐던 것일까?

이 글은 앞의 두 가지 물음에서 출발한다. 필자는 처음 주소만 있고 이름이 없는 묘비를 보면서 여전히 한민족 전체를 강력하게 지배

---

[4] 임흥순 감독의 영화 「우리를 갈라 놓은 것들」에 인터뷰어로 등장하는 신간사 대표이자 '제주도4·3사건을 생각하는 모임'의 고이삼씨는 제주 사람들은 "4·3사건으로 3만명 가까운 사람이 죽고 귀국사업으로 북한에서 또 3만명이 죽었"다고 밝히고 있다.

하고 있는 '빨갱이의 망령'과 그 연장선인 연좌제를 떠올렸다. 제주 4·3 관련 다수의 증언은 연좌제로 인해 가족의 장래가 막혔던 기구한 사연을 클리셰(cliché)처럼 포함하고 있다. 본디 연좌제란 죄인의 죄를 가족들에게 함께 묻는 제도인데, 한국의 역사에서는 갑오개혁을 통해 폐지되었다. 하지만 제주4·3과 여순10·19 사건 등과 관련하여 연좌제가 헌법에서 공식적으로 폐지된 것은 전두환 정권에 의해 개정된 제9호 헌법에서였다. 헌법 제9호 12조 3항의 **"모든 국민은 자기의 행위가 아닌 친족의 행위로 인하여 불이익한 처우를 받지 아니한다."**는 문구는 헌법 제10호의 제13조 3항의 **"모든 국민은 자기의 행위가 아닌 친족의 행위로 인하여 불이익한 처우를 받지 아니한다."**[5] 로 현재까지도 이어지고 있다.

그런데 연좌제 폐지 조항은 역설적이게도 "그동안 연좌제를 '공식적'으로 적용했다는 것을 방증"[6]하는 것이기도 하다. 다시말해, 제주 4·3 관련 유족과 여순 10·19사건 관련자들은 그동안 자신을 멍에처럼 짓눌렀던 이른바 '빨갱이'에서 벗어나기보다는 "오히려 이 조치들로 인해 부역자=반역자라는 표상이 강화"[7]되는 현상을 경험해야 했다. 아니 그들은 반공 지배체제로 인해 한국 사회에서 헌법이 금지하고 있는 '연좌제'가 자신들을 끊임없이 '빨갱이'로 재생산하고 있다는 점에서 연좌제에 대한 강한 피해의식에 시달려야만 했다.

---

[5] 국가법령정보 센터, 「대한민국헌법」(https://www.law.go.kr/%EB%B2%95%EB%A0%B9/%EB%8C%80%ED%95%9C%EB%AF%BC%EA%B5%AD%ED%97%8C%EB%B2%95 검색일: 2023.10.2.)

[6] 김종민, 「부끄러운 '연좌제' 조항, 헌법에서 삭제해야」, 『제주의소리』(2018.03.29.) (https://www.jejusori.net/news/articleView.html?idxno=202267 검색일: 2023.10.2.)

[7] 이봉범, 「냉전 금제와 프로파간다: 반란(叛亂), 전향(轉向), 부역(附逆) 의제의 제도화와 내부냉전」, 『대동문화연구』 107집, 성균관대학교 대동문화연구원, 2019, 92쪽.

　‘빨갱이’와 연좌제를 매개로 한 강력한 반공 지배체제가 ‘박가 가족 묘비’에서 무의식적으로 이름을 삭제하게 만든 것은 아닐까? 그렇다면 ‘빨갱이’는 어떤 계기를 통해 한민족의 무의식을 지배하는 가장 강력한 지배소가 되었던 것일까?

　선행 연구자[8]들은 ‘여순 10·19 사건의 문학적 재현’이 ‘빨갱이의 탄생’[9]을 가져왔고 그로 인해 한국 사회는 반공체제가 전일적으로 지배하는 반공 국가가 되었음을 논증한다. 이 글은 선행 연구 성과를 수용하는 한편, 그동안 ‘여순 10·19’과 관련하여 본격적으로 논의되지 않았던 조기천의 작품을 분석하고 있다. ‘여순 10·19 사건’을 문학적으로 재현하고 있는 조기천의 작업은 ‘문학적 재현’ 모두가 “여순반란의 참가자를 인류의 적, 민족의 적으로, 그리하여 민족의 경계 밖으로, 인간의 경계 밖으로 추방”[10]한 것만은 아니라는 사실을 말해준다. 조기천에 대한 논의가 ‘여순 10·19사건’의 정명화(正名化)에 조금이나마 보탬이 되길 희망한다.

---

[8]　‘여순10·19 사건’이 한국사회의 반공체제 형성에 결정적인 역할을 했다는 대표적인 연구는 다음과 같다. 임종명, 「여순사건의 再現과 暴力」, 『한국 근현대사 연구』 32집, 한국근현대사학회, 2005; 서중석, 「이승만과 여순사건」, 『역사비평』 86집, 역사비평사, 2009; 김득중, 『‘빨갱이’의 탄생』, 선인, 2009; 주철희, 「예술작품을 통해 본 여순사건 연구: 형상화와 역사적 연관성을 중심으로」, 전북대학교대학원 박사학위 논문, 2014; 이동순, 「여순사건의 시적 재현양상」, 『비평문화』 72호, 한국비평문학회, 2019; 李奉範, 「냉전 금제와 프로파간다: 반란(叛亂), 전향(轉向), 부역(附逆) 의제의 제도화와 내부냉전」, 『대동문화연구』 107집, 성균관대학교 대동문화연구원, 2019; 최현주, 「역사적 사건으로서의 여순 10·19와 문학적 형상화」, 『인문학연구』 57호, 조선대학교 인문학연구원, 2019; 문동규, 「기억과 망각 사이에서: 폭력과 죽음으로서의 여순사건」, 『감성연구』 21호, 전남대학교 호남학 연구원, 2020; 노영기, 「여순사건 이후 한국군의 변화와 ‘정치화’」, 『사총』 100호, 고려대학교 역사연구소, 2020.

[9]　김득중, 위의 책.

[10]　임종명, 앞의 글, 103쪽.

2. '여순 10·19 사건'의 재현과 반공체제

구글 검색창에 '여순 10·19'를 검색어로 관련 항목을 검색하면 맨 위쪽부터 '나무위키', '한국향토문화전자대전', '한국민족문화대백과사전', '위키피디아' 등의 사전이 검색된다. 이들 사전 중 대중들이 비교적 많이 이용하고 있는 '위키피디아'의 설명을 통해 '여순 10·19 사건'이 어떻게 인식되고 있는지를 살펴보는 것으로 논의를 시작하자.

> 여수·순천 사건(麗水順天事件) 또는 여순 사건(麗順事件)은 1948년 10월 19일부터 10월 27일까지 당시 전라남도 여수시에 주둔하고 있던 14연대의 군인 2,000여 명이 중위 김지회, 상사 지창수 등 남로당 계열 군인을 중심으로 제주 4·3 사건 진압 명령을 거부하고 무장 반란을 일으켜 이를 진압하는 과정에서 전라남도 동부 지역의 많은 민간인이 희생된 사건을 말한다.
>
> 이 사건으로 반란군에 의해 경찰 74명을 포함해 약 150명의 민간인이 살해당했고, 정부측 진압 군경에 의해 2,500여 명의 민간인이 살해당했다. 이승만 정부 수립 2개월 만에 일어난 이 사건을 계기로 이승만은 철권 통치와 반공주의 노선을 강화하였다.[11]

필자가 '여순 10·19 사건'을 설명하면서 정부의 공식 문서라 할 수 있는 진실화해위원회의 종합보고서[12]나 학계의 저명한 논의가 아닌 누구든지 수정이 가능한 온라인 오픈 백과사전을 인용한 것은 이것이

---

[11] 여수·순천 사건, 『위키백과』(검색일: 2023.10.2.).

[12] 진실화해위원회는 '여순 10·19 사건'을 '여순사건'으로 규정하면서 "'여순사건'은 1948년 10월 19일 여수 주둔 국방경비대 제14연대 소속 군인들의 반란을 시작으로 9·28 서울 수복 이전까지 약 2년 동안 전라남도와 전라북도·경상남도 일부 지역에서 사건과 관련하여 비무장 민간인이 집단희생되고 일부 군경이 피해를 입은 사건들을 포함한다"로 정의하고 있다. 진실·화해를위한과거사정리위원회(2010), 『진실화해위원회 종합보고서 Ⅲ』, 진실·화해를위한과거사정리위원회, 2010, 70쪽.

'지금-현재' 한국의 담론장에서 유통되고 있는 '여순 10·19 사건'의 실체적인 모습이라 판단했기 때문이다. 정부 종합보고서나 학계 연구를 통해 앞의 오픈 사전을 수정하면서 사건의 진실에 접근해 보도록 하자.

가장 먼저 손 봐야 할 사항은 기간 문제이다. '위키피디아(Wikipedia)'에 제시된 기간은 8일간인데, 이것으로는 '여순 10·19 사건' 전체를 설명하기에 부족하다. 왜냐하면 '위키피디아'에 제시된 기간은 제14연대 군인들의 반란을 시작점으로 하여 여수지역이 토벌군에 의해 완전히 수복된 시점에서 끝을 맺고 있다. 이것은 '여순 10·19 사건'을 오로지 실패한 '군사 반란'으로 인식한 것으로써 이 사건이 한국 사회 전체에 미친 영향과 인민위원회 건립과 활동에 대한 지역민들의 호응 등을 고려했을 때 단견에 가깝다. 국가기관(진실화해위원회)마저 '여순 10·19 사건'의 기간을 사건발발 시점인 1948년 10월 19일부터 1950년 9·28 서울 수복 이전까지 약 2년간[13]으로 명시하고 있는데, 이것은 그만큼 이 사건이 한국 사회에 미친 파급 효과가 컸다는 것을 증명한다.

다음으로 인명피해 부분이다. '여순 10·19 사건'으로 인한 정확한 인명피해는 알 수 없다. 정확한 통계조사도 이루어지지 않았을뿐더러, 발표 주체에 따라 희생자 수가 제각각이기 때문이다. 그렇지만 '위키피디아'에 제시된 희생자보다는 훨씬 많은 수의 인명피해가 발생한 것만은 분명하다. 김득중은 여수지역사회연구소의 조사를 근거로 '여순 10·19 사건'의 피해자 규모를 여수지역 5,000명을 비롯해 순천 2,200명, 보성 400명, 광양 지역 1,300명 등을 포함해 총

---

[13] 주철희는 "제주4·3사건 진상규명 및 희생자 명예회복에 관한 특별법"의 제2조 1항의 "제주4·3사건"의 규정에 근거해 여순항쟁의 기간을 "1948년 10월 19일을 기점으로 1955년 4월 1일까지 산정"할 것을 주장한다(주철희, 앞의 책, 191쪽.).

10,000여 명에 달하며, 가해 주체별로는 국군과 경찰에 의한 학살이 9,500명이었고 좌익과 빨치산에 의한 학살이 500여 명이었다고 밝히고 있다.[14]

지금까지의 논의를 바탕으로 여기에 역사적 배경과 사건의 추이(경과) 등을 추가하면 '여순 10·19 사건'을 보다 객관적으로 설명하는 오픈 백과사전을 작성할 수 있을 터이다. 하지만 필자의 목적은 객관적인 백과사전을 작성하는 것이 아니기에 여기서는 생략하기로 한다. 대신 '여순 10·19 사건'은 일순간 솟아났다 주변을 휩쓸고 간 회오리바람이라기보다는 일정 시간 동안 머물면서 영향을 주는 기압대에 가깝다는 점만은 분명하게 인식할 필요가 있다. 그 기압대로 인해 한반도 남쪽 지역 사람들은 봉기군과 군경토벌군에 의한 민간인 희생만이 아니라 이른바 '좌익'과 '우익'의 상호보복으로 인한 피해 또한 고스란히 감내해야만 했다.

'여순 10·19 사건'이 발생하자, 이승만 정권은 자신에 대한 비판자나 반대자들을 몰아내는 수단으로 적극적으로 활용했다. 이범석을 비롯한 이승만 정권의 고위 관리들은 '여순 10·19 사건'을 "극우-극좌의 합작음모"[15]로 규정하면서 당시 자신의 정치적 정적이었던 김구 등을 공격하는 데 사용했다. 게다가 이승만 정부는 봉기군과 토벌군 사이의 전투로 인한 대량 인명피해를 우려하여 제14연대 봉기를 온건한 방법으로 수습하려 했던 당시 '반란군토벌전투사령부' 사령관 송호성을 질책하는 한편, "전 시민을 적군으로 여기는 초토화 진압을 구

---

14   김득중, 앞의 책, 353쪽.

15   서중석, 앞의 글, 334쪽.

사"[16]하였다. 그렇게 '여순 10·19 사건'의 진압은 이승만, 이범석, 채병덕, 김백일, 백선엽, 백인엽, 송석화로 이어지는 강경파 세력에 의해 주도되었다.[17]

강경파들이 주도하는 토벌은 가혹했다. 그들은 시민을 적군으로 상정하여 초토화하는 작전을 구사했는데, 이것은 과거 그들이 일제의 군인으로 수행했던 반인륜적 범죄행위인 '삼광(三光)작전'과 임진격살(臨陣擊殺)을 자국민을 대상으로 시행한 것이었다.[18]

군경토벌군이 자국민을 상대로 악랄한 초토화 작전을 할 수 있었던 배경에는 이승만의 전폭적인 지원이 있었기 때문이었다. 이승만은 사건발발 직후 일반 국민을 대상으로 한 경고문을 공보처를 통해 발표했다. 그는 반란을 일으킨 공산분자들과는 "個人이나 團體를 勿論하고 한 하늘을 이고 같이 살수 없는 事情"[19]이라고 말하면서 심지어는 "남녀아동까지라도 일일이 조사해서 불순분자는 다 제거하고 조직을 엄밀히 해서 반역적 사상이 만연되지 못"[20]하도록 하라고 각 학교와 정부 기관에 전달하였다. 여수가 토벌군에 의해 진압된 10월 27일 이후 지역민을 대상으로 한 군경의 부역자 색출과정에서 이른바 '손가락총'에 의해 무수한 민간인이 학살된 배경에는 이처럼 이승만 정부

---

16   김득중, 앞의 책, 242쪽.

17   같은 면.

18   서중석, 앞의 글, 327쪽. 참고로 삼광 작전과 임진격살(臨陣擊殺)은 일제에 의해 행해졌던 제노사이드의 일종이다. 일제는 '모두 죽이고(殺光), 빼앗고(搶光), 불태우는(燒光)' 작전으로 게릴라전을 펴는 중국 공산군, 특히 팔로군 배후 촌락을 철저히 파괴하는 정책을 취했는데, 이를 삼광(三光)작전이라 부른다. 임진격살(臨陣擊殺) 역시 일제의 잠정징치도비법(暫定懲治盜匪法)에 근거를 둔 것으로써 군경 책임자에게 재판 없는 즉결 처형 권한을 부여한 것을 말한다.

19   「李大統領의 叛亂警告文」, 『새한민보』(1948.11.하순), 홍영기 책임편집, 『여순사건 국회속기록』, 선인, 2001, 531쪽 재인용.

20   「학동까지 엄중 조사 처단」, 『경향신문』(1948.11.5.).

의 '공산분자'에 대한 적개심과 함께 "빨갱이는 죽여도 좋다, 죽어야 한다"[21]라며 이른바 '좌익척결'이란 신념, 그리고 좌익에 의해 희생당한 가족에 대한 복수심 등이 중첩되어 있다고 판단된다.

'좌익척결'의 이념을 생산하고 그것의 사회적 확산을 담당했던 이들이 당시의 식자층이었던 문인들이었다. '반란실정 문인조사반'[22]에 참여한 인원들의 면면에서 보듯 이들은 명망가였다. 문인조사반은 11월 3일부터 총 6일 동안 광주, 여수, 순천, 광양, 진주 등지를 시찰하였고, 그 답사기를 신문 등을 통해 발표하였다. 그리고 그것을 기반으로 현장 스케치와 사진, 그리고 정부의 성명서까지를 첨가하여 『叛亂과 民族의 覺悟』[23]라는 단행본으로 출간하기까지 한다.

그렇다면 '여순 10·19 사건'에서 문인조사반의 역할은 구체적으로 무엇이었을까?

> 단행본을 통해서 살펴보면, 반란군은 '잔인무도한 식인귀적 야만의 행동'(박종화), '잔인무도한 鬼畜들, 천인공노할 귀축의 소행들'(이헌구), '잔인, 怪惡無雙'(고영환), '인간성 상실, 저주의 보상'(김광섭) 등 악마로 표상되었으며 그것이 반란군에 의해 자행된 민간인 학살과 시체들, 방화와 파괴로 인한 폐허의 참경들, 가족을 잃은 부녀자, 소녀의 울부짖는 모습, 전재민의 모습, 체포된 포로들 등의 편파적 사진화보와 같이 게재되어 악마적 이미지를 한층 뚜렷하게 부조시킴으로써 반란군은 민족의 적, 인류의 적이라는 의미를 창출하는 동시에 민족의 이름으로 단호하게 응징(학살)해야 한다는 논리를 이끌어내는데

---

[21] 이봉범, 앞의 글, 104쪽.
[22] 이른바 '문인조사반'은 총 10명으로 구상되었는데, 제1대는 박종화, 김영랑, 김규택, 정비석, 최희연 등 5명이었고, 제2대는 이헌구, 최영수, 김송, 정홍거, 이소녕 등이었다. 이들의 구체적인 활동에 대해서는 김득중의 앞의 책 393~405쪽을 참조할 것.
[23] 金光燮 편, 『叛亂과 民族의 覺悟』, 문진문화사, 1949.

효과적으로 기여한다.[24]

　문인조사반은 자신들이 애초에 기도했던 대로 현지의 참담한 실상을 답사하고 살펴 사건이 발생하게 된 원인과 근인을 파악하기보다는 봉기군의 악행과 죄상을 고발하는 데 치중했다. 다시말해, 문인조사반에 의한 문학적 재현을 통해 '여순 10·19 사건'은 "풍부한 상상력과 능숙한 언어능력 특히 말의 의미가 여러 모로 쉽사리 확장될 수 있는 '상징어' 조작을 통해 여순반란의 '잔혹사'를 형상화"[25]하는 매개체가 된다. 그 결과 '여순 10·19 사건'의 재현은 소련의 사주를 받는 공산주의자들의 소행이라는 이승만 정부의 입장을 강화하는 실재효과를 창출한다.

　그렇게 이승만 정부의 마타도어(matador)에 문인들이 적극적으로 협력한 형태로 만들어진 '여순 10·19 사건'에 대한 부정적 재현은 사건이 발생하게 된 원인 등을 은폐한 채, 한국 사회를 반공주의 국가로 만드는 자양분의 역할을 하게 된다.

3. 김영랑과 조기천 시(詩)에 재현된 여순 10·19 사건

　'여순 10·19 사건'으로 인한 이른바 '레드콤플렉스'가 얼마나 큰 사회적 트라우마를 양산했는지는 이 사건을 대상으로 쓴 문학 작품들이 매우 적은 현실을 통해서도 확인할 수 있다. 이동순에 따르면 박정희

---

[24]　이봉범, 앞의 글, 107쪽.
[25]　임종명, 앞의 글, 114쪽.

정권에 맞섰던 6, 70년대 작가들도 "여순사건에 대해서만큼은 거의 모든 시인들이 사유하고 증언하거나 호출하고 재현하지 않았"[26]는데, 그 이유는 "조작한 이데올로기와 '빨갱이'라는 낙인과 연좌제 때문"[27]이었다.

관련 작품의 창작 부재 현상을 통해 우리는 '여순 10·19 사건'이 작가들의 상상력마저도 제한할 만큼 강력한 '빨갱이콤플렉스'를 생산하였고, 그렇게 생성된 반공주의가 창작자의 창작열마저 제한할 정도로 강력하게 작용했던 것이라는 점을 유추하게 된다. 도대체 '여순 10·19 사건'은 왜 그렇게 무시무시한 '빨갱이콤플렉스' 탄생의 기원이 되었던 것일까? 그 원인이야 다양하겠지만, 선행 연구들은 "정권에 포획된 문인들이 적극적으로 협력하고 동조"[28]했던 것이 큰 역할을 하였음을 지적한다. 그 선두에 순수시인 김영랑이 자리하고 있다.

기실, '여순 10·19 사건'에 대한 의미화 작업이 본격화되기 시작하면서부터 '여순 10·19 사건' 당시 김영랑의 역할에 대한 논의가 다수 진행되었다. 한국을 대표하는 서정시인이요 민족의식이 투철한 시인으로 이름이 높았던 김영랑은 '여순 10·19 사건' 당시 문인조사반에 참가하여 현지를 시찰하고 온 후, 「새벽의 처형장」과 「절망」을 동아일보를 통해 발표한다. 그리고 이렇게 발표된 시적 형상화는 '여순 10·19 사건' 관련 문학적 재현의 전범(典範)이 되었다.

새벽의 處刑場에는 서리찬魔의숨결이 휙 휙 살을

---

26   이동순, 앞의 글, 187~188쪽.

27   위의 글, 188쪽.

28   위의 글, 185쪽.

애웁니다

탕탕 탕탕탕 퍽퍽 쓸어짐니다

모두가 씩씩한 맑은눈을 가진 젊은이들 낳기前에 임을빼앗긴 太

極旗를

도루차저 三年을휘두르며 바른길을앞서것든 젊은이들

탕탕탕 탕탕작구 쓸어짐니다

연유 모를 때죽엄 원통한 때죽엄

마즈막 숨이다져질때에도 못잊는것은

下弦찬달아래 鍾鼓山 머리 나르는 太極旗

오…亡해가는 祖國이모습

눈이 참아 감겨졋슬까요

보아요 저흘러내리는 싸늘한 피의줄기를

피를 흠벅마신 그해가 일곱번 다시뜨도록

비린내는 죽엄의거리를 휩쓸고 숨다젓나니

處刑이 잠시 쉬논그새벽마다

피를 싯는물車 눈물을퍼부어도 퍼부어도

보아요 저흘러내리는生血의 싸늘한피줄기를

-「새벽의 處刑場」 전문(『동아일보』, 1948.11.14.)

　‘여순 10·19 사건’ 당시 문인조사반의 역할이 ‘적의 창출’을 통한 ‘빨갱이’ 구축이었음을 세세하게 밝힌 김득중은 김영랑의 「절망」을 직접 인용하면서 그가 「새벽의 處刑場」과 「절망」을 통해 “봉기군을 ‘악의 주독(酒毒)에 가득 취한’채 양민을 ‘산 채로 살을 깍이여 죽’이는 존재로 묘사”함으로써 “봉기군을 악마와 같은 만행을 저질렀다고 고발”하고 있다고 평가한다.[29]

　한편, 예술작품을 통해 여순사건의 실체를 규명하려 한 주철희는 작품에 대한 평가보다는 시에 대한 개괄적인 해석에 치중하고 있다.

---

[29]　김득중, 앞의 책, 403~404쪽.

그는 인용된 시 「새벽의 處刑場」에 대해 '鍾鼓山(종고산)'이란 지명을 들어 여수를 배경으로 하고 있으며, '그해가 일곱번 다시뜨도록'을 통해 「새벽의 處刑場」이 7일 동안 봉기군에 점령당한 여수의 모습을 재현하고 있는 것으로 분석한다. 또한 「切望」의 경우 '玉川 긴언덕'이란 시어가 순천을 가리키며 '가을바람 사흘불어피江물'이란 표현을 통해 봉기군에 3일 동안 점령당한 순천의 모습을 형상화하고 있는 것으로 본다.[30]

　김득중과 주철희의 분석이 인상비평에 가깝다면 '여순 10·19 사건'과 관련한 김영랑의 시적 작업을 전공자로서 본격 분석한 이는 이동순이다. 그는 「새벽의 處刑場」과 「切望」, 그리고 「새나라」등의 시를 분석하면서 이들 시에서 김영랑은 여수와 순천에서 무수한 젊은이들이 '산채로 살을 깍기여 죽었나이다/산채로 눈을 뽑혀 죽었나이다/칼로가 아니라 탄환으로쏘아서 四지를 갈갈히 끈허불태웟나이다'란 재현을 통해 학살되었음을 생생하게 드러낸다. 동시에 김영랑이 '惡의 毒酒에 가득醉한 軍兵'들에게 희생당한 죽엄들이 '산고랑이나 개천가에 버려둔채 깜앗케 연독'된 채 방치된 모습을 통해 학살자들의 비인간성을 폭로하고 있는 점도 지적한다. 「새나라」[31]에서는 '조카가 아제를 쏘았구나/아우가 형을 찔럿구나'라는 표현이 등장하는데, 이 표현은 봉기 참가자들의 비인간성을 직접적으로 증언하는 것으로써, 당시 입소문을 타고 널리 회자되었다. 이 같은 유언비어는 문인조사반의 여러 글에서 반복적으로 재현되고 있다.[32] 그런데 이러한 문학적 재현

30　주철희(2014), 앞의 논문, 35쪽.

31　김영랑, 「새나라」, 『동광신문』(1949.1.1.)

32　이동순, 앞의 논문, 191~195쪽.

의 반복은 문학 뿐만이 아니라, 정치, 사회 전 영역에서 재현으로 만
들어진 이미지를 자명한 사실로 만든다.

허나 四十年 恥辱의 地獄보다도
三年의 光榮의 煉獄은
　참아눈으로 바로 볼수없었나니
人類悲劇의 큰 한페-지요
民族永遠의 큰汚點이라
　아! 絶望이 몇 번이었드뇨
斷腸이 몇 번이였드뇨
　民族再生의 陣痛이기에는 너무
傷處가 컷도다 깊었도다
꿈에도 못잊든 太極旗를 제손으로
갈갈히찢고 불살럿구나
거리를 흘러내리는 저붉은 生血
조카가 아제를 쏘았구나
　아우가 형을 찔럿구나
大體누구의 꾸며놓은 作亂이뇨
悲劇이뇨
　오!원망스런 얄타를 地球에서
抹殺하라
　홀한겨레의 아들딸을 웨强制로
갈러놓고 들복는거냐
慾心난 것은 사람보다도 땅이였스리라
濟州島까지 송두리채 못가저갈
바에 三八線을 끊어떼어 갔스리라
濟州島까지 마조 가저가량하면
民族을 攪亂分裂 시킴이 上策이였스리라

- 김영랑, 「새나라」 일부, 『동광신문』(1949.1.1.)

「새나라」에서 김영랑은 자신이 꿈꾸는 '새나라'에 관해 밝힌다. 시적 화자는 우리 민족이 일제의 지배로 나라를 잃고 민족 모두가 적의 종으로 살다 해방이 되어 새로운 나라를 건설하려 했지만, 얄타회담으로 인해 그 새로운 나라 건설이 방해받고 있다고 진단한다. 그러면서 새로운 나라 건설을 위해서는 민족 성원 모두가 태극기의 깃발 아래 뭉쳐 나아가야 하는데, 갑자기 남쪽에서 '폭동'이 일어나 이것을 방해함으로써 그동안 꿈꿔왔던 '새나라' 건설이 위협받고 있다고 주장한다. 계속해서 시적 화자는 새나라 건설을 방해하는 '폭동'을 일으킨 사람들의 인면수심에 대해 '조카가 아제를 쏘았구나/아우가 형을 찔럿구나'를 통해 제시하는 한편, '폭동이 농민들의 진실한 절규에서 비롯된 것이 아니라 붉은 사도의 무서운 사주에 의해서 발생한 것으로 사건의 원인을 은폐한다. 또한 막 태어난 조국은 농민들의 요구를 다 들어줄 수는 없지만, 언제까지나 그들을 노예로 두지는 않을 것이니 조금만 참으라는 식으로 설득하려 한다. 그러면서 우리가 살 수 있는 유일한 길은 이승만 대통령이 주장했듯이 '뭉치면 統一되고 못 뭉치면/다같이 敵에게 죽느니라'며 함께 태극기 깃발 아래에서 전진할 것을 역설한다.

「새나라」에서 형상화되고 있는 시적 화자의 의분에 찬 주장은 서정시인의 목소리라기보다는 정치가의 연설에 가깝다. 그렇다면 한국을 대표했던 서정시인이었던 영랑의 목소리가 이렇게 변한 이유는 무엇인가? 김영랑의 전기인 『모란이 피기까지는』의 저자 주전이는 영랑의 이 같은 변신을 해방 정국 당시의 정치 참여에서 찾고 있다. 주전이에 따르면 김영랑은 해방 직후부터 '강진건국준비위원회'의 선전부장으로 참여하는 등 정치 활동을 본격화했고 이 과정에서 지역의 좌익 세력과 갈등을 빚기도 했다. 그는 미군정에 의해 건국준비위원회가 해체

되자 '대한독립촉성 국민회의' 등을 조직하고 본인이 '대동청년단장'
이 되는 등 정치 활동에 참여하면서 "대중의 민족의식 속의 반공투쟁
에 활동하면서 피에 어린 나날을 보"[33]냈다. 그리고 마침내 영랑은 자
신이 꿈꿨던 "지상의 유토피아를 이룩하기 위"해 이른바 '5·10 제헌
국회' 선거에 입후보하기까지 한다. 하지만 선거 결과는 참패였다. 그
는 입후보자 4명 중 4등을 했는데, 민족시인으로 이름 높았던 영랑마
저도 당시 거세게 불던 '좌익바람'을 넘어설 수 없었던 것이었다.[34]

따라서 영랑이 문인조사반에 참가하여 '여순 10·19 사건'에 대해
부정적으로 재현한 일련의 시작(詩作) 활동을 수행한 것은 '선거 참패
로 인해 좁아진 입지를 마련하고자 했던 영랑의 정치적 욕망과 작가
들을 동원해 이데올로기를 생산하고자 하였던 이승만 정권의 이해'가
맞아떨어진 결과물로 봐야 한다.[35] 문인조사반 참여와 '여순 10·19 사
건'에 대한 부정적 재현의 반복을 통해 이승만 정권의 이데올로기인
'뭉치면 살고 흩어지면 죽는다'를 전파한 영랑은 자신의 바람대로 공
보처 출판국장을 역임함으로써 정치적으로 입지를 다지게 된다. 하지
만, '여순 10·19 사건' 관련 그의 시가 보여주는 편향성 즉, 부패한 친
일 경찰 문제나 극심한 민생고 외면, 그리고 통일 정부 수립을 위한
민중들의 열망 등 '여순 10·19 사건'의 원인을 은폐하고 사건의 모든
책임을 좌익과 사주를 받는 민중들에게 전가하는 모습 등은 비판받을
지점이다. 영랑은 시적 재현을 통해 "여순사건을 반란으로 규정하는
공식성을 정당화"[36]해주는 한편, "여수와 순천은 불온한 도시였고, 불

33 　주전이, 『모란이 피기까지는: 영랑김윤식전기』, 국학자료원, 1997, 227쪽.
34 　위의 책, 277~279쪽.
35 　이동순, 앞의 글, 191쪽.
36 　이봉범, 앞의 글, 198쪽.

온한 자들의 도시"[37]였다는 이미지—'빨갱이의 땅'—를 구성하는데 결정적 역할을 했던 것이다.

김영랑의 '여순 10·19 사건' 관련 시작(詩作)이 압도적인 폭력성과 비인간성의 실재화를 통해 '여순 10·19 사건' 혁명성을 제거하였다면, 조기천은 '여순 10·19 사건'에 참여해 영웅적인 투쟁을 전개한 인물들을 형상화함으로써 그 혁명성을 복원하고 있다.

조기천[38]은 '여순 10·19 사건'과 관련하여 장편 서정시 「항쟁의 려수」를 발표했다. 조기천의 시를 연구한 김낙현에 따르면 1948년을 전후하여 북한 문학에서는 "미제국주의에 대한 분노와 증오, 난한 민중들의 항쟁에 대한 관심을 반영하는 작품이 창작"[39]되었는데, 이를 대표하는 작품이 「항쟁의 려수」이다.

「항쟁의 려수」[40]는 「밤은 깊어 가도」, 「어머니」, 「그들은 셋이였다」, 「새벽에」, 「바다여」의 총 5편의 시가 한데 묶인 연작시이다. 장편 서사시 『백두산』에서 보여준 구성처럼 이 시는 내용상으로 보면, 머리

---

[37]　이동순, 앞의 글, 195쪽.

[38]　조기천(趙基天, 1913.1.6.~1951.7.31.)은 구소련 출신으로 북한 문학의 기틀을 만든 시인으로 평가받고 있다. 그는 러시아 연해주의 빈농 가정에서 출생하였고, 아버지를 따라 시베리아 소왕령에 있는 조선사범전문학교에서 수학했다. 1937년 중앙아시아로 강제이주 된 후 크즐오르다에 있는 조선사범대학에서 교원 생활을 하기도 했다. 이른바 '조국수호전쟁' 당시 소련군 입대가 제한된 고려인의 신분에도 불구하고 입대하여 전쟁에 참가하였고 8·15 해방을 맞이하여 소련군의 일원으로 북한에 들어온다. 조선신문 문예부 등에서 활동하면서 소비에트 문예이론의 전파를 위해 노력했으며 장편 서사시 『백두산』을 발표하면서 북한의 대표적인 시인으로 등극하였다. '여순 10·19 사건'과 관련해 「싸우는 여수」와 장편 서정서사시 「항쟁의 여수」를 발표한 그는 한국전쟁 당시에는 중군 작가로 낙동강까지 종군하기도 하였다. 1951년 평양에서 폭격으로 사망한 것으로 알려졌다. 조기천에 대한 보다 자세한 사항은 김낙현의 박사학위 논문(김낙현, 「조기천 시 연구」, 중앙대 박사학위 논문, 2010.)을 참조할 것.

[39]　김낙현, 위의 논문, 181쪽.

[40]　「항쟁의 려수」(1949.2), 조기천, 『조기천선집』, 연변인문출판사출판, 1957, 200~215쪽.

시와 본시, 그리고 맺음시로 구분된다. 머리시에 해당하는 「밤은 깊어 가도」가 봉기군에 의해 여수가 점령되고, 토벌군의 진압이 아직 본격 화되기 이전의 여수 모습을 재현하고 있다면, 본시인 「어머니」, 「그들 은 셋이였다」, 「새벽에」는 토벌군의 여수 초토화 작전에 맞서 영웅적 인 투쟁을 전개한 여수 사람들의 항쟁을 형상화하고 있다. 그리고 맺 음시 격인 「바다여」는 토벌군의 초토화 작전 후 상황을 그리면서 여 수 시민의 위대한 투쟁은 실패가 아니라 수많은 인민의 항쟁으로 되 살아날 것이라는 점을 분명히 한다.

1

(중략)

여기는 조선의 남단 려수
인민 위원회 일어서고
공화국의 자랑스런 깃발이
밤 하늘에 치솟은
인민 항쟁의 려수—

2

(중략)

『아니 물러서라니?』
로인의 대답이다
『왜 나는 싸울 수 없단 말이오?
어제 정거장 싸움에서 내 아들이 죽었소
부두의 들판 우에서
내 백발이 되었을 망정
오늘은 그 개놈들을!
내게도 총을 주시오!』
(로인도 총 메고
대렬에 들어선다

三〇년 집 지던 어깨에 총 한자루 무거우랴!)

3

(전략)

총검으로
인민의 앞길을 막는다더냐?
감옥과 교수대로
인민의 심장을 정복했다더냐?

(중략)

여기는 조선의 남단 려수
인민 항쟁의 려수!

- 「밤은 깊어 가도」 부분

　조기천이 바라보는 '여순 10·19 사건'은 반란과는 성격이 멀다. 그는 '여순 10·19 사건'을 인민항쟁으로 명명한다. 총 3연으로 구성된 「밤은 깊어 가도」는 시에 형상화된 내용을 통해 유추하면 봉기군에 의해 여수가 점령되고 아직 토벌군이 본격적으로 진입하지는 않았지만, 초토화 작전이 진행되는 10월 23일쯤을 시간적 배경으로 한다. 봉기의 주도 세력인 14연대 봉기군이 빠져나간 여수는 인민위원회를 중심으로 한 자구책을 마련하게 되는데, 이 과정에 자발적으로 참여하는 늙은 노동자와 중학생의 모습을 통해 '여순 10·19 사건'을 전인민이 대대적으로 참여한 인민항쟁으로 형상화한다.

1
어머니!
저 포격 소리를 듣습니까?

(중략)

오빠는 갔어요!

(중략)

2
아, 어머니!
저도 가야겠어요.
불부튼 우리의 거리를 건지려
우리들의 생명-
공화국의 기치를 죽음으로 지키러
싸움터로 나가겠어요!

3
(중략)

어머니 해방의 날 八·一五에
우리들의 세상이다
얼마나 기뻐하셨습니까!
아아 거리들이 거리들이
불속에 묻혔습니다
뉘 집 어머니
간난이 불러 목놓아 웁니다.

4
어머니!
저도 싸우겠습니다
(중략)

최후의 돌격전에
우리들의 하나의 어머니를 위해!
조국의 자유를 위해
독립과 자유를 위해
불속으로 불속으로
우리 인민이 나갑니다
어머니
저도 나갑니다!

- 「어머니」 부분

　인용문은 「어머니」의 일부분이다. 시적 화자가 죽은 어머니에게 넋두리하듯 말하는 위 시에서 화자는 '여순 10·19 사건' 당시 어머니와 오빠를 잃었지만, 조국의 자유와 독립을 위해 최후의 결전에 나설 것이라고 의지를 다진다.

　화자의 아버지는 화자가 두 살 때 북간도로 떠난 후 생사를 알 수 없다. 화자와 어머니가 해방의 날에 기뻐했다는 것을 통해 아버지가 독립운동을 위해 떠났음을 암시한다. 하지만 기다리던 아버지는 끝내 돌아오지 못했고, 아버지의 무덤이나마 찾으려 했던 어머니는 끝내 그 소원을 이루지 못하고 비극적인 최후를 맞는다. 이 시는 "어머니와 오빠의 죽음, 그리고 아버지의 부재상황을 제시하여 본원적인 서정을 고양"[41]시키는데, 이렇게 고양된 서정과 시적화자가 들려주는 서사의 결합 속에서 '여순 10·19 사건'의 정당성은 강조된다.

　「그들은 셋이었다」는 토벌군의 여수 초토화 작전이 최고도에 달했던 10월 26일의 긴박했던 상황을 형상화하고 있다. '시간전에 한 밤이 불덩이로 딩굴고/땅크의 미친 폭음이/거리에 부딪쳐 산산 자리러지는데/그들 셋이 무너진 골목길을 지나/인민 위원회 쪽으로 간다'는 구절을 통해 토벌군의 제 4차 총공세 상황을 전달하고 있다.

　장갑차와 LST의 박격포 지원을 받는 토벌군은 항공기는 물론이고 해안경비대의 경비정과 장갑차 등을 동원해 총공세를 폈다. 그 결과 '집들은 젯데미 되고/어머니 불속에서 나오지 못'한 채 희생되었고, 아버지와 아들 형제는 바다와 기관총, 그리고 경찰에 포위에도 불구하고 최후의 결사 항전을 한다. 이 과정에서 첫째 아들이 기관총탄에 쓰러지고, 아들의 손에 들린 권총으로 기관총을 제압하고자 어린

---

[41]　김낙현, 앞의 논문, 185쪽.

소년을 향해 "『너는 어떻게 숨어서든지/순보 아저시 댁으로 가라/몸 조심하라!…"는 말을 마지막으로 죽창 든 아버지가 나서다 스러진다. 아버지의 죽음을 목격한 소년은 철화 속으로 뛰어들어 마침내 아버지와 형 손에 들려 있던 권총으로 기관총을 잠재우며 후퇴하는 자위군을 따라 간신히 사지를 탈출한다. 치열한 전투 현상에서 벗어난 소년은 "정가장 쪽 불바도 속에서/공화국 만세 소리"가 밤하늘에 튀어 오르는 것을 목격한다. 이 같은 소년의 모습은 여수에서 후퇴해 지리산으로 입산하는 '빨치산'의 모습을 연상케 한다.

　「새벽에」는 항쟁 과정에서 토벌군에 사로잡힌 '인민 항쟁의 젊은 투사'가 처형당하는 모습을 형상화하고 있는 시 작품이다.

(전략)

『자, 이젠 쏘아라!』
새벽 안개 꿈 같이 어린 언덕배기에
그는 앙가슴 헤치고 섰다

『오늘 비록 내가 죽지만
우리 인민은 승리하라라
보느냐 매국노들아,
삼천만이 일어났다!』
맑고도 청청한 그의 웨침,
그 여운이 그만 사격에 바서지고
상처 받은 그낙한 짐승 같이
새벽에 울제
땅을 끌어 안듯이
그는 쓰러졌다

(후략)

- 「새벽에」 부분

김영랑이 「새벽의 處刑場」에서 인면수심의 반인륜적 범죄가 자행되었던 곳으로 재현한 처형장은 조기천에 의해 끝내 승리할 수밖에 없는 인민항쟁의 당당함이 고양되는 곳으로 형상화된다. 시적 화자는 군경토벌군에 포로로 잡혀 처형당하는 봉기군을 '인민항쟁의 투사'로 명명한 후, 총살 순간 바라본 푸른 하늘에서 젊은 인민항쟁의 투사는 '역도들과 외적을 몰아내고/민주의 거찬 행진—/인민의 우렁찬 발구름 소리/거든하니 틔인 푸른 하늘'과 '공화국의 깃발'을 떠올렸을 것이라고 말하며 끝내 청청한 젊음이 쓰러져가는 현실에 분노를 표한다.

맺음시에 해당하는 「바다여」에서 시적 화자는 항쟁이 끝나고 '저 원쑤의 군함들'만이 정박해 있는 바다를 향해 밀려드는 파도를 보면서 새로운 투쟁의 의지를 다진다. '사자 같이 노호하여 달려오는/려수의 바다'는 비록 '치명의 상처를 받은/우리의 동지들 모양'으로 가판에서 부딪쳐 사라지지만, 그 파도 속에는 항쟁 과정에서 쓰러져간 동지들과 왜적을 물리친 이순신의 기상이 서려 있다. 시적 화자는 여수의 소식은 밀려드는 파도처럼 한반도 남단 이산 저산에서 솟아오르는 봉화의 불씨가 되어 마침내 '우리 인민이 치여드는 애국의 열화!'가 될 것이라고 확신한다.

6

(전략)
오 바다여 바다여!
너도 일어서는구나
겨레의 신호를 알아챈듯
그만 한 가슴을
왈칵 헤쳐 내치며

원수에게 달려드는구나
애국의 장엄한 파도여
박차라!
냅떠 부서라!

- 「바다여」 부분

4. 맺음말

지금까지 필자는 김영랑과 조기천에 의해 재현된 '여순 10·19 사건' 관련 시(詩) 작품을 살펴보았다. 김영랑과 조기천은 '여순 10·19 사건'을 서로 다른 방식으로 재현하고 있다. '여순 10·19 사건'을 형상화한 두 시인의 시에서 보여주고 있는 차이점은 다음과 같다.

첫째, '여순 10·19 사건'에 관한 인식 차이다. 김영랑과 조기천 사이에는 '반란'과 '인민항쟁'이라는 뚜렷한 인식 차를 보여주는데, 그것은 이 두 시인이 경험하는 '여순 10·19 사건'과 관련이 깊다. 김영랑은 문인조사반의 일원으로 '여순 10·19 사건'과 관련을 맺는다. 그는 여수가 토벌군에 의해 완전히 진압된 지 일주일이 지난 11월 3일 서울에서 출발해 6일 동안 현지를 답사하였다. 그가 현지 시찰을 통해 본 모습은 군경토벌군에 의해 부역자 색출작업이 한창 진행되던 어수선한 사건 현장이었고, 채 처리되지 못한 무수한 주검과 불타버린 건물의 잔해 속에서 가족을 찾는 민중들의 무심한 눈초리 등 반란이 남긴 상흔이었다.

반면, 조기천은 한반도 남단의 항쟁 소식을 평양방송이나 남로당으로부터 전달된 과장된 보고로만 접했다. 북한 당국은 사건 당시인 1948년 10월 28일자 평양방송을 통해 여수 항쟁을 보도하였다. 그들은 '여순 10·19 사건'을 "인민과 독재자 이승만을 수괴로 하는 괴뢰정부의 반동적 경찰간의 투쟁으로 묘사"하면서 "반군들의 공적을 과장해서 방송하고 봉기를 인민의 전폭적 지지를 받는 혁명으로 묘사"[42] 하였다. 조기천이 「항쟁의 려수」는 이 같은 기조에서 창작되었다.

둘째, 두 작가 모두 '여순 10·19 사건'의 시적 형상화를 위해 민족을 호출한다. 이들은 '여순 10·19 사건'이 우발적인 사건이 아니라 오랜 역사를 통해 체득한 민족의 애국적 열정이 발휘된 것으로 본다. 그런데 두 작가의 시적 작업이 판이한 것은 애국의 대상인 민족을 지키는 방법상 차이에서 비롯된다. 김영랑은 민족을 수호하는 유일한 길이 선조들로부터 이어받은 애국의 열정을 이승만을 중심으로 '새나라' 건설로 모아야 하지만, 독주에 취한 반란자들에 의해 그것이 위협받고 있다고 인식한다. 따라서 그는 애국의 열정을 훼손하는 봉기군을 소탕하는 것이야말로 민족이 적의 노예로 전락하는 것을 막는 방법이라 인식했던 것이다.

반면, 조기천은 민족의 발전과 영광을 위해서는 왜적의 침입을 막아냈던 이순신의 정신처럼 외세(미국)의 침략에 맞선 전인민적 항쟁이 필요하다고 본다. 그는 '여순 10·19 사건'은 민중들의 투쟁 전통을 이어받는 전인민적 항쟁으로써 비록 외세와 독재의 무력에 의해 일시적으로 후퇴할 수는 있지만, 끝내 승리할 것이라는 점을 강조한다.

셋째, 두 시인 모두 강력한 정치편향을 보인다. 김영랑과 조기천은

---

[42] 「G-2 Weekly summy(한림대 아시아문화연구소 자료총서 5, 5권)」, ㈔여수지역사회연구소(1998), 『려순사건 실태조사 보고서 제1집』, ㈔여수지역사회연구소, 1998, 140~141쪽.

하고 일으킨 사건으로 인하여, 1948년 10월 19일부터 지리산 입산 금지가 해제된 1955년 4월 1일까지 여수·순천지역을 비롯하여 전라남도, 전북특별자치도, 경상남도 일부 지역에서 발생한 혼란과 무력 충돌 및 이의 진압과정에서 다수의 민간인이 희생당한 사건[2]을 말한다. 여수에 주둔하고 있던 14연대가 제주 4·3사건의 진압을 위해 제주로 파견되는 것에 대해서 반발하여 일어난 것으로 이를 진압하는 과정에서 민간인에 대한 학살이 이루어져 1만여 명이 넘는 인명피해[3]가 일어난 사건이다. 표면적으로는 제주 4·3진압을 막기 위한 파병에 반발하는 것이었지만 그 내면에는 민생, 단정단선, 친일 경찰에 대한 불만이 복합적으로 작용하여 발생하였다.[4] 하지만 이승만 정권에서는 여순사건을 공산주의의 사주를 받은 반란으로 간주하여, 정적(政敵)을 탄압하고, 극우반공체제를 강화하는 용도로 활용하였다. 이렇게 만들어진 여순사건에 대한 '반란'이라는 이미지는 반공주의가 득세하는 수십 년 동안 국가의 공식적인 역사해석으로 이어져왔다.

이런 국가의 공식적인 역사해석은 정규교육을 통해 확산되었다. 이 과정에서 국사교과서의 역할은 매우 컸다. 그동안 다양한 연구성과들이 축적되며 여순사건의 실체를 밝히기 위한 노력이 진행되었지만 여전히 학교교육을 통해 배웠던 부정적인 인식으로 여순사건이 인식되고 있다. 이런 현상에 대한 원인을 찾기 위해서 학교 교육현장에서 여순사건은 어떻게 교육되었고, 국사교과서에는 여순사건에 대한 서술

---

[2] 여순사건특별법 제1조에서 규정하고 있는 정의로 기존 학계에서 통용되던 여순사건의 범위와 차이는 있으나 국가의 공식적인 정의라는 점에서 이 글에서는 여순사건특별법에서 규정하고 있는 정의에 따른다.

[3] 김득중, 『'빨갱이'의 탄생: 여순사건과 반공국가의 형성』, 선인, 2009, 346~358쪽 참조.

[4] 서중석, 「이승만과 여순사건」, 『역사문제연구』 86, 2009, 304쪽.

이 어떻게 변천해왔는지 살펴보는 것은 의미가 있을 것이다.

이 글에서는 고등학교 『국사』 교과서의 개정과정에서 여순사건 서술의 변천과 함의를 파악하는 것에 중점을 두고 작성되었다. 이를 살펴기 위해서 각 장에서 각 교육과정에 대한 간략한 설명과 더불어 교육과정 개정을 둘러싼 상황을 살펴보고자 한다. 이를 살펴보기 위해서 국사교과서의 개정과정에 따른 당시의 상황과 더불어 대단원의 목차를 확인하였다. 아울러 여순사건 서술변천을 살펴보기 위해서 현대사 부분은 어떤 방식으로 서술되는지 파악하였다. 그리고 이를 바탕으로 국사교과서 안에서의 여순사건 서술을 비교, 분석했다.

지금까지 여순사건에 대한 연구는 꾸준히 이루어졌다. 임송자에 의하면 여순사건에 대한 연구는 2000년 이후 양적으로 상당히 진척되었을 뿐만 아니라 주제에 있어서도 매우 다양하게 진행되고 있다. 이승만 정권의 성격이나 국가폭력의 문제를 분석한 연구, 반공체제 구축과정과 반공국가 형성과정을 다룬 연구, 여순사건 주도인물이나 참가계층을 살펴본 연구, 여순사건에 영향을 받은 지역민의 실상이나 피해실태를 다룬 연구 등이 나왔다. 또한 빨치산의 활동이나 빨치산 진압작전, 그리고 이승만 정부의 전향정책이나 반공주체에 대한 대중동원체제 등으로 영역을 확대한 연구도 나왔다.[5] 한편, 교과서 분석을 하는 과정에서 특정주제를 집중적으로 하는 연구들도 상당히 진행된 편이다. 여순사건과 밀접한 관련을 갖고 있는 4·3사건의 경우 도면회, 조한준, 한철호[6] 등에 의해서 연구가 진행되었다. 여순사건에 관련해서는

---

[5] 여순사건의 현황에 대해서는 임송자, 「여순사건 연구의 현황과 쟁점, 그리고 과제」, 『남도문화연구』 42, 2021 참조.

[6] 한철호, 「고교 역사교과서의 제주 4·3 사건 서술 경향과 과제」, 『사학연구』 103, 2011; 조한준, 「역사과 교육과정 내 제주 4 3관련 내용 분석」; 도면회, 「초 중 고등

김득중이 자신의 연구[7]에서 반공텍스트의 재생산이라는 측면에서 국사교과서의 변화를 추적하였다. 하지만 국사교과서의 서술이 어떤 배경에서 이루어지게 되었는지에 대한 분석까지는 이루어지지 못했다.

이 글에서는 여순사건 서술의 성격을 파악하기 위해서 시기적으로 크게 셋으로 구분하였다. 첫째는 여순사건의 서술이 등장하는 제2차 교육과정기이다. 제2차 교육과정기에는 검정으로 교과서가 발행되었기 때문에 총 12종이나 되는 국사교과서가 발행되었다. 각 교과서별로 여순사건에 대한 서술이 이루어졌는지, 이루어졌다면 어떻게 여순사건을 서술하고 있는지 살펴보았다. 둘째는 제3차에서 제5차 교육과정까지의 국사교과서를 살펴보았다. 이때의 국사교과서는 국정교과서로 발행되기 시작하였으며, 강력한 반공주의를 바탕으로 여순사건 서술이 유지되었다. 셋째는 민주화 이후에 개정된 제6차와 제7차 교육과정기 국사교과서를 살펴보았다. 민주화 이후 발행된 국사교과서에서 여순사건에 대한 용어의 변천과 서술의 변화에 대해서 추적하였다.

2. 여순사건 서술의 등장(제2차 교육과정기)

고등학교 국사교과서 서술에서 여순사건이 등장한 것은 제2차 교육과정기 국사교과서였다. 제2차 교육과정은 1963년 2월 15일 문교부령에 의해 개편된 교육과정으로 고등학교 교과서의 경우 3년계획

학교 교과서 제주 4·3 관련 서술 분석」, 『검인정 역사교과서 제주 4·3 집필기준안 연구 발표자료집』, 제주특별자치도 교육청, 2017; 한철호, 「현행 고등학교 『한국사』 교과서의 제주 4·3 사건 서술 내용과 향후 집필 방향」, 『탐라문화』 59, 2018.

[7] 김득중, 앞의 책, 578~593쪽.

으로 제작, 검인정의 경우 종수를 7종으로 제한하였으나 중간에 몇 차
례 계획이 변경되었다. 최종적으로 검정을 통과한 고등학교 국사교과
서는 인문계 고등학교용 11종이었고, 실업계 고등학교용 1종은 문교
부가 직접 집필하였다.[8] 제2차 교육과정기 발행된 국사교과서를 정리
하면 다음 〈표 1〉과 같다.

〈표 1〉 제2차 교육과정 국사 교과서 발행 현황과 여순사건 서술 유무(저자명 순)

저자	제목	출판사	여순사건 서술	비고
김상기	국사	장왕사	X	인문계
민영규·정형우	최신 국사	양문사	○	인문계
변태섭	국사	법문사	X	인문계
신석호	국사	광명출판사	○	인문계
윤세철·신형식	새로운 국사	정음사	X	인문계
이병도	국사	일조각	X	인문계
이원순	국사	교학사	○	인문계
이현희	최신 국사	실학사	X	인문계
이홍직	국사	동아출판사	X	인문계
이상옥·차문섭	국사	문호사	X	인문계
한우근	국사	을유문화사	○	인문계
문교부	국사	대한교과서	○	실업계

　　제2차 교육과정기 국사교과서부터 여순사건 서술이 등장하기 시작
하였지만 검정을 통과한 모든 교과서에 여순사건 서술이 포함되어 있
었던 것은 아니었다. 약 절반 정도의 교과서에서 여순사건 서술이 이
루어졌다. 그렇다면 여순사건은 국사교과서에서 어떻게 서술되고 있
었을까? 이를 확인하기 전에 우선 국사교과서 내에서 근현대사 서술
의 분량은 어떠했고, 그 가운데서 현대사의 분량은 어떠했는지를 파

---

[8]　송치중, 「집필자의 눈으로 본 교육과정과 교과서」, 『역사와 교육』 18, 2019, 103쪽.

악하기 위해서 국사교과서의 대단원 목차 및 일제강점기 이후를 다루고 있는 마지막 단원의 세부 목차를 제시하였다. 〈표 2〉는 이를 교과서별로 비교하기 위해서 작성된 것이다.

〈표 2〉 제2차 교육과정기 고등학교 『국사』 대단원 및 현대사 부분 중단원 목차

저자/출판사	김상기/장왕사	민영규/양문사	변태섭/법문사	신석호/광명출판사
대단원목차	Ⅰ. 선사·고대 Ⅱ. 중세 Ⅲ. 근세 Ⅳ. 근대·현대	제1장 역사의 시작 제2장 부족 국가 시대의 생활 제3장 삼국 시대의 생활 제4장 통일 신라 시대의 생활 제5장 고려 시대의 생활 제6장 조선 시대의 생활 제7장 조선의 근대화 운동 제8장 민주 대한의 발달	제1장 역사의 시작 제2장 부족 국가 시대의 생활 제3장 삼국 시대의 생활 제4장 통일 신라 시대의 생활 제5장 고려 시대의 생활 제6장 조선 시대의 생활 제7장 조선의 근대화 운동 제8장 민주 대한의 발달	Ⅰ. 역사의 시작 Ⅱ. 부족 국가 시대의 생활 Ⅲ. 삼국 시대의 생활 Ⅳ. 통일 신라 시대의 생활 Ⅴ. 고려 시대의 생활 Ⅵ. 조선 시대의 생활 Ⅶ. 조선의 근대화 운동 Ⅷ. 민주 대한의 발달
현대사(마지막 단원)목차	14. 근대화의 여명 15. 민주 대한의 탄생과 여정	1. 일본의 침략 정치 2. 민족의 독립 운동 3. 민족의 해방과 독립 4. 대한 민국의 발달 5. 우리의 할 일	1. 일본 제국주의의 침략정치 2. 일제하에 있어서의 민족 운동 3. 민족의 해방과 독립 4. 대한민국의 발달 5. 우리의 사명	1. 일본의 침략 정치 2. 민족의 독립 운동 3. 민족의 해방과 독립 4. 대한 민국의 발달

저자/출판사	윤세철/정음사	이병도/일조각	이원순/교학사	이현희/실학사
대단원목차	제1장 민족 문화의 흥기 제2장 부족 국가의 형성 제3장 삼국 시대의 생활 제4장 통일 신라 시대의 생활 제5장 고려 시대의 생활 제6장 조선 시대의 생활 제7장 조선의 근대화 제8장 대한 민국의 탄생	1. 역사의 시작 2. 부족 국가 시대의 생활 3. 고대 국가의 성립과 그 문화 4. 통일 신라 시대의 생활 5. 고려 시대의 생활 6. 조선 전기의 사회 7. 조선 후기의 사회 8. 조선의 근대화 운동 9. 민주 대한의 발달	제1편 우리 역사의 시작 제2편 삼국 시대와 통일 신라 시대 제3편 고려 시대의 생활 제4편 조선 시대의 생활 제5편 조선의 근대화 운동 제6편 민주 대한의 발달	제1장 역사의 시작 제2장 부족 국가 시대의 생활 제3장 삼국 시대의 생활 제4장 통일 신라 시대의 생활 제5장 고려 시대의 생활 제6장 조선 시대의 생활 제7장 조선의 근대화 운동 제8장 민주 대한의 발달

저자/출판사	윤세철/정음사	이병도/일조각	이원순/교학사	이현희/실학사
현대사(마지막 단원)목차	1. 일제의 식민 통치와 민족의 항쟁 2. 일제 식민 정책의 발전과 민족 문화의 수난 3. 민족의 해방과 독립 4. 대한 민국의 발전 5. 우리의 나아갈 길	Ⅰ. 일제의 무단 통치와 민족의 항쟁 Ⅱ. 일제의 통치책 전환과 민족의 항쟁 Ⅲ. 일제하의 민족 문화 Ⅳ. 해방과 독립 Ⅴ. 사변과 혁명 Ⅵ. 우리의 할 일	제1장 일제의 침략 정치와 민족의 투쟁 제2장 대한 민국의 발전 제3장 우리의 사명	1. 일본의 침략 정치 2. 민족의 독립 운동 3. 민족의 해방과 독립 4. 대한 민국의 발달 5. 우리의 할 일

저자/출판사	이홍직/동아출판사	이상옥/문호사	한우근/을유문화사	문교부/대한교과서
대단원목차	1 역사의 시작 2 부족 국가 시대의 생활 3 삼국 시대의 생활 4 통일 신라 시대의 생활 5 고려 시대의 생활 6 조선 시대의 생활 7 조선의 근대화 운동 8 민주 대한의 발달	단원1 역사의 시작 단원2 부족 국가 시대의 생활 단원3 삼국 시대의 생활 단원4 통일 신라 시대의 생활 단원5 고려 시대의 생활 단원6 조선 시대의 생활 단원7 조선의 근대화 운동 단원8 민주 대한의 발달	Ⅰ. 원시 사회와 부족 국가 시대 Ⅱ. 삼국 시대의 사회와 문화 Ⅲ. 통일 신라의 사회와 문화 Ⅳ. 고려 시대의 사회와 문화 Ⅴ. 조선 시대의 사회와 문화 Ⅵ. 근대화의 시작과 주권의 상실 Ⅶ. 해방과 민주 대한의 발전	Ⅰ. 우리 역사의 시작과 부족 국가 시대 Ⅱ. 삼국 및 통일 신라 시대의 생활 Ⅲ. 고려 시대의 생활 Ⅳ. 조선 시대의 생활 Ⅴ. 조선의 근대화 Ⅵ. 민주 대한의 발달
현대사(마지막 단원)목차	Ⅰ. 일제 하의 민족의 항쟁과 문화의 옹호 Ⅱ. 민족의 독립과 민주주의의 시련 Ⅲ. 우리의 할 일	Ⅰ. 일본의 침략 정치 Ⅱ. 민족의 독립 운동 Ⅲ. 해방과 독립 Ⅳ. 대한 민국의 발전 Ⅴ. 우리의 할 일	1장 일제의 압박과 민족의 항거 2장 해방과 독립	1. 일본의 침략 정치 2. 민족의 독립 투쟁 3. 민족의 피어린 문화 운동 4. 대한 민국의 수립과 시련 5. 혁명과 발전 6. 우리의 사명

〈표 2〉에서 보이는 것처럼 대단원의 경우 대부분은 8개의 단원으로 구성되었다. 김상기의 국사교과서가 전체 4단원으로, 문교부와 이원순의 국사교과서가 6단원으로 구성되었을 뿐 나머지 국사교과서는 역사의 시작, 부족 국가, 삼국 시대, 통일 신라 시대, 고려 시대, 조선 시대,

조선의 근대화, 민주 대한 등 8개의 단원으로 비슷하게 구성하였다. 이는 제2차 교육과정에서 제시하고 있는 교육과정 중 국사과 지도내용에서 제시하고 있는 목차에 근거하여 작성되었기 때문으로 보인다.

한편, 제2차 교육과정기 국사교과서들은 기존에 비해 근현대사를 강조하며 그 서술분량도 증가했다. 제2차 교육과정 해설에서 밝히고 있는 국사과의 개정의 요점에서 네번째로 제시하고 있는 것이 "현재생(現在生)을 중시하여야 하는 역사 교육관에 비추어 현대사에 무게를 두도록 편성하였다"[9]라는 것이었다. 이와 관련하여 대다수의 국사교과서들이 머리말에서 "근대화 이후 시기에 중점을 두어 편찬하였다"라며 그 중요성을 강조하였다.

박정희 정권에서는 국사교육, 특히 근현대사 교육에 중점을 두어야 한다는 것을 여러 차례 밝혔다. 1964년 6월 문교부에서 발간된 『편수자료』 5집 중 '국사 교육 내용의 통일에 대하여'라는 글에서 "시대가 현대와 멀어 질수록 학생들의 역사 의식은 얕아지고 현재와 단절되기가 쉬우며, 자연히 단편적 사실의 기억에만 그치고 만다"[10]면서 국사 수업의 비중이 근대사 이후에 있어야 한다고 밝혔다. 8개 단원을 기준으로 7단원과 8단원이 근현대사부분으로 대략 교과서 전체의 1/4 정도를 차지하였다. 국사교과서 내 근현대사 서술 부분은 전체 분량 중 상당한 분량을 차지하고 있었던 것이다.[11]

---

[9] 문교부, 『2차시기 교육과정 고등학교(1963.02)』, 국가교육과정정보센터(http://ncic.re.kr/mobile.index2.do)

[10] 문교부, 『편수자료』 제5집, 1964, 17쪽.

[11] 조 건, 「제2차 교육과정기 민족주체성 교육의 시행과 국사교과서 근현대사 서술내용 분석」, 『역사와 교육』 24, 2017, 153쪽.

하지만 근현대사에서 현대사를 분리해서 본다면 그 비중은 매우 줄어든다. 마지막 단원인 민주 대한의 절반 이하만이 해방 후 현대사를 다루는 부분이었기 때문이다. 이런 상황에서 여순사건에 대한 서술은 전체적으로 대한민국 정부가 수립되는 과정에서 이를 방해하는 공산 세력의 폭동 중 하나로 교과서에 언급되기 시작하였다. 다음 〈표 3〉은 여순사건을 언급한 국사교과서의 전후 내용을 정리한 표이다.

<표 3> 제2차 교육과정기 고등학교 『국사』 중 여순사건 관련 서술

저자	소단원	여순사건 관련 서술 내용
문교부	공산 치하의 북한	종전과 더불어 38°선 이북으로 진주한 소련군은 그들의 주구인 공산당을 내세워 전통적으로 추진해 오던 남침 정책을 실현하고자 광분하였다. 북한에서의 공산주의자들은 소련군의 비호하에 조만식 등 민족주의자들을 거세하고 북한 전역에서 날뛰었다. **유우엔의 결의에 의한 대한 민국 정부가 수립되자, 북한의 공산주의자들도 공산 괴뢰 국가를 수립하였고, 전 한국의 공산화를 위하여 남한의 공산주의자를 사주하여 제주도 폭동, 여수·순천 반란 등을 일으키고 각지에 게릴라전을 펴 수다한 양민을 학살하고, 막대한 재산을 잿더미로 만들었다.**
민영규	6·25사변	수립된 직후의 대한 민국 정부가 당면한 과제는 실로 복잡 다단한 것이었다. 미 군정이 실시되던 동안 고식적이고도 불투명하였던 당국의 정책은 여러 가지 병폐를 신생 국가에 유산으로 남겨 주었다. 농지 개혁 정책의 실패는 농민 생활의 안정에 새로운 불안을 가져 왔으며, 도시의 인구 증가는 농촌의 불안을 도시로 옮겨 오는 느낌을 주었다. **대구에서 최초의 반란 사건이 일어났고, 제주도·여수·순천에서 뒤따른 반란 사건은 더욱 그 규모가 커 가고 있었다.** 한편 대규모의 위조 지폐 사건까지 야기시켜서 세인을 분격케 하였다. **이들 사건의 배후에는 반드시 북한에 본부를 둔 공산 괴뢰 집단의 조종이 있었던 것**이었지만, 남한의 정치·경제가 안정을 얻지 못하고 끊임없이 동요되고 있었던 데에도 중요한 원인이 있었다.
신석호	6·25동란	대한 민국 정부가 수립되던 1948년에 북한에서는 소련의 지원 아래 소위 조선 인민 공화국이라는 공산 괴뢰 정권이 성립되고, 김 일성이 수상으로 눌러 앉았다. **그들은 무력으로 대한 민국을 넘어뜨리기 위하여 비밀히 군비를 확장하는 한편, 남한의 정치·경제·사회를 혼란시키기 위하여 남북 협상을 제안하는 동시에, 빨치산을 남파하여 시설의 파괴와 살인·방화·약탈을 자행하며, 여순 반란 사건을 선동하고, 또 미·소 양군의 동시 철퇴를 주장하여 소련군이 먼저 북한에서 철수하자, 남한의 미군도 철수하였다.**

저자	소단원	여순사건 관련 서술 내용
이원순	북한의 실정	북한에서 소련군 비호하에 정권을 장악한 공산주의자들은 대한 민국이 유일한 합법 정부로 수립되자 자기들대로의 공산 괴뢰 정부를 수립하였다. **그들은 전 한국의 공산화를 위하여 공산 독재 체제를 강화하였고, 군사력 증강에 광분하였다. 그리고 남한의 공산 도배를 사주하여 제주도에서의 폭동, 여수·순천 지구에서의 반란 등을 도발케 하였고, 각지에서 게릴라 활동을 야기시켜 양민의 학살과 재물의 파괴·방화 등 만행을 감행케 하였다.** 또한 소련의 적극적 후원하에 급속히 군사력을 강화하여, 20여 만의 군대와 육·해·공의 중장비를 갖추고 호시탐탐 남침의 기회를 노리게 되었다.
한우근	남북의 대립	먼저 남한에 있어서는 역사상 처음으로 민주주의의 정치 체제가 성립되어, 의무 교육이 실시되고, 농지 개혁에 의하여 소작 제도가 폐지되었으며, 국군이 창설되고 민족 문화가 새로이 진흥되기 시작하였다. 그러나 이러한 발전의 이면에는 어두운 면도 없지 않았다. 정치상으로는 정국(政局)의 안정이 이루어지지 못하고, 경제적으로 공업이 진흥하지 못하였으며, 비료의 부족으로 농업 생산력도 감퇴되는 등 자립 경제 확립이 요원하였다. 게다가 **파업·여순(麗順) 반란 사건·공산 게릴라의 준동으로 사회가 불안하여 막대한 치안 유지비를 지출하였기 때문에, 이것이 산업 진흥을 저해하고 인플레이션을 유발하는 효과를 가져왔다.** 그리하여 정부와 정당에 대한 국민의 신임이 저하되어, 1950년 5월의 제2차 총선거에서는 여당과 야당이 무소속 정치인에게 패배당하고 말았다.

〈표 3〉을 통해 알 수 있는 제2차 교육과정기 국사교과서의 여순사건에 대한 서술특징을 살펴보면 다음과 같다. 첫째, 북한의 공산주의자들의 사주에 의해서 발생한 사건으로 서술하고 있다. 따라서 대구10월항쟁과 제주도4·3사건, 여순사건은 북한의 공산주의자들의 사주에 의한 폭동의 사례로 서술되고 있다. 둘째, 앞에서 언급한 대구10월항쟁과 제주도4·3사건, 여순사건을 '반란'으로 규정하고 있으면서도 그에 대한 충분한 설명없이 단편적인 상황만을 전달하고 있다. '북한의 실정'이나 '남북의 대립'이라는 소단원에서 서술되고 있는 것을 통해 북한의 지령을 받았다는 것을 표현하고 있다. '6·25' 소단원에서 서술한 교과서의 경우에도 남파한 빨치산들에 의한 파괴, 살인, 방화, 약탈 중 일부라고 서술하고 있다. 민영규가 공산괴뢰 집단의 조종과 남한의 정치·경제의 불안정이라는 양비론을 제시하고 있지만 대

구, 제주도, 여수·순천에서 '반란'이 일어났다고 명시함으로써 여순사건의 성격을 '반란'으로 규정하였다.

제2차 교육과정기의 국사교과서들이 집필되던 1960년대 중후반에는 아직 여순사건에 대한 연구가 제대로 이루이지지 못했다. 1953년 육군본부에서 간행된 『공비토벌사』에서 여순사건의 발생에 대해서 14연대 내 일부 공산세포분자들에 의한 것으로 서술하고 있지만 여순사건의 배경에서 5·10선거 방해공작과 남북협상의 실패 후 최종적인 수단으로 남한 내 폭동을 위한 '음흉한 모략'을 다하고 있다고 서술[12] 한 것이 교과서 서술에 영향을 미친 것으로 보인다.

또한 여순사건 발발 당시 이승만 정부가 발표하고 언론 매체가 보도한 여순사건 인식이 저자들을 통해 국사교과서 서술에 반영된 것으로 보인다. 이승만 정부에서는 북한과 연계된 남한 공산주의자들이 여순사건을 일으켰다고 발표했고, 반란자들을 수많은 인명을 살상한 악마라고 규정했었다.[13] 이런 인식은 박정희 정부에도 계승, 확대되었다. 북한의 공산주의자들의 사주에 의해 일어난 '반란'을 강조함으로써 쿠데타로 집권 후 반공주의를 강화하고 정당성을 확보하려는 정권의 의도가 교과서에도 투영된 것이었다.

3. 국정교과서 편찬과 반공주의의 강화(3차 교육과정기~5차 교육과정)

제3차 교육과정은 국민교육헌장, 제7대 대통령 선거, 유신 체제 속

---

[12]　육군본부, 『공비토벌사』, 1953, 13~14쪽.
[13]　김득중, 『'빨갱이'의 탄생: 여순사건과 반공국가의 형성』, 선인, 2009, 38쪽.

에서 1973년 제정 공포되었다.[14] 이런 흐름 속에서 박정희 정부에서는 '국사교육강화', '국적 있는 교육' 등을 언급하면서 국사교과서의 국정화를 추진하였다. 1973년 실업계 고등학교의 교육과정이 개편되었고, 1974년에는 인문계 고등학교의 교육과정이 개정되었다.[15] 제3차 교육과정의 개정을 통해 국사과목은 사회생활과 또는 사회과에 통합되어 있다가 독립하여 위상이 높아지기는 했지만 국정교과서로 단일화되면서 정부의 통제와 간섭을 받을 수밖에 없었으며, 일부 내용은 필자의 의지와는 상관없이 수정[16]되기도 하였다.

제4차 교육과정은 유신체제가 끝나고 전두환 정권기인 1981년 개정되었다. 3차와 비교하여 뚜렷한 차이를 찾기 힘들다는 평가[17]를 받기도 하지만, 국사과에 한정한다면 이전 교육과정과는 다른 변화가 있었다. 첫째, 국사교과서를 상, 하로 나누어 집필하여, 근현대사의 비중이 높아졌다. 둘째, 1979년 12·12사태와 1980년 광주민주화운동을 탄압하면서 집권한 정권의 정당성을 강조하기 위해 제5공화국의 역사까지 서술했다. 셋째, 제3차 교육과정기의 국사교과서를 식민사관에 입각한 것임을 비판한 재야사학자의 요구를 일정부분 수용하여 고대사 부분과 조선후기의 실학, 독립운동 등의 서술이 강화되었다.[18] 이런 변화 외에도 1981년 일본 역사교과서의 한국사 왜곡 파동이 발생하면서 근대사를 중심으로 일제의 침략과 약탈에 대한 내용을 교과서에 수록하는 방향으로 수정, 보완되기도 했다.[19]

---

14 송치중, 「집필자의 눈으로 본 교육과정과 교과서」, 『역사와 교육』 18, 2019, 103~104쪽.

15 조성운, 『대한민국의 국사교과서』, 선인, 2019, 75쪽.

16 「첫 국정교과서 집필자 "난 어용학자로 만들어졌다"」, 『한겨레』, 2015년 10월 19일.

17 송치중, 「집필자의 눈으로 본 교육과정과 교과서」, 『역사와 교육』 18, 2019, 104쪽.

18 조성운, 『대한민국의 국사교과서』, 선인, 2019, 174쪽.

19 자세한 내용은 조성운, 『대한민국의 국사교과서』, 선인, 2019, 178쪽 참조.

제5차 교육과정은 민주화 이후인 1987년에 초등 및 중학교 과정을 시작으로 1988년에는 고등학교 교육과정까지 개편되었다. 민주화라는 시대적인 분위기에 따라 "인간의 존엄성을 인식하고 민주주의 이념을 실현하며, 국가 사회의 발전과 인류 행복의 증진에 기여하려는 태도를 가지게 한다"[20]는 교육 목표가 전면에 제시되었다. 하지만 국사교과서의 개편은 민주화의 혜택을 보지 못했다. 1986년 『조선일보』의 「국사교과서 새로 써야한다」는 제목의 연재기사로 인해 같은 국정교과서였던 국어과보다 2년 앞서 개정작업에 착수하게 되면서 민주화 이전에 편찬작업에 들어갔다. 더구나 교과서 서술은 여론의 영향을 강하게 받은 「편찬준거안」에 의해 집필되었고, 일본의 역사왜곡에 대응하기 위해 민족주의적인 서술이 고대사와 근대사 부분의 서술에 강하게 나타났다.[21]

〈표 4〉는 제3차~제5차 교육과정기 고등학교 『국사』 대단원 및 현대사 부분 중단원까지의 목차를 정리한 것이다.

〈표 4〉 제3차~제5차 교육과정기 고등학교 『국사』 대단원 및 현대사 부분 중단원 목차

교육과정	제3차 교육과정기 『국사』	제4차 교육과정기 『국사』 (상), (하)	제5차 교육과정기 『국사』 (상), (하)
대단원목차	Ⅰ. 고대 사회 Ⅱ. 고려 사회 Ⅲ. 조선 사회 Ⅳ. 근대 사회 Ⅴ. 현대 사회	Ⅰ. 고대 사회의 발전 Ⅱ. 중세 사회의 발전 Ⅲ. 근세 사회의 발전 Ⅰ. 근대 사회의 태동 Ⅱ. 근대 사회의 성장 Ⅲ. 현대 사회의 발달	Ⅰ. 선사 문화와 국가의 형성 Ⅱ. 고대 사회의 발전 Ⅲ. 중세 사회의 발전 Ⅳ. 근세 사회의 발전 Ⅰ. 근대 사회의 태동 Ⅱ. 근대 사회의 발전 Ⅲ. 민족의 독립 운동 Ⅳ. 현대 사회의 전개

---

[20] 문교부, 「고등학교 교육과정 총론」, 『5차시기 교육과정 고등학교(1988.03)』 국가교육과정정보센터

[21] 최보영, 「제5차 교육과정기 『국사』교과서 근·현대사 체제·내용과 그 특징」, 『역사와 교육』 33집, 2021, 118~120쪽 참조.

교육과정	제3차 교육과정기 『국사』	제4차 교육과정기 『국사』 (상), (하)	제5차 교육과정기 『국사』 (상), (하)
현대사 단원 세부목차	1. 대한 민국의 정통성 　(1) 대한 민국의 성립 　(2) 6·25 사변의 민족 시련 2. 민족 중흥의 새 전기 　(1) 민주주의의 성장 　(2) 대한 민국의 발전 3. 오늘의 역사적 사명	1. 대한 민국의 정통성 　(1) 대한 민국의 성립 　(2) 6·25 남침 2. 민주주의 발전의 새 전기 　(1) 민주주의의 성장 　(2) 대한 민국의 발전 　(3) 제5공화국의 성립 (4) 오늘의 역사적 사명	1. 민주 정치의 발전 　(1) 대한 민국의 수립 　(2) 북한의 공산화와 6·25 전쟁 　(3) 민주주의의 발전 　(4) 통일을 위한 노력 2. 경제 성장과 사회 변화 　(1) 경제 활동의 진전 　(2) 사회 개혁 운동의 전개 3. 현대 문화의 동향 　(1) 교육과 학술 활동 　(2) 종교 생활과 문예 활동 　(3) 체육의 발전과 올림픽의 개최 　(4) 오늘의 역사적 사명

　제3차 교육과정기 『국사』의 특징은 제2차 교육과정기 『국사』와 비교했을 때 대단원의 숫자가 8단원 체제에서 5단원 체제로 개편되었다는 것이다. 기존과는 달리 고대-고려-조선-근대-현대로 구분되는데 고대-중세-근대-현대로 구분하는 서양의 시대구분법에서 중세를 고려와 조선으로 구분하는 방식을 채택하였다. 중단원에서 주목되는 것은 현대 사회로 구분한 5단원에서 '민족 중흥의 새 전기'라는 중단원을 채택하고 있다는 것이다. 이것은 박정희가 강조했던 '민족주체성의 강조'와 연결될 수 있다. 정권이 근대화정책에 국사교육이 기여해야 한다는 것을 명확히 한 것이라 볼 수 있다.[22]

　제4차 교육과정 국사교과서의 체제상 가장 큰 특징은 앞에서 언급한 것과 마찬가지로 국사교과서가 상, 하로 구분되었다는 것이다. 상권은 전근대사부분을 하권은 근현대사부분을 서술하였는데, 이것은

---

[22]　조성운, 「제3차 국사과 교육과정의 성립과 국사교과서 개편」, 『역사와 교육』 27집, 2018, 58~59쪽.

제3차 교육과정기 『국사』의 문제점으로 지적된 5가지 문제[23]를 해결하기 위한 것이었다. 1981년 5월에 강우철·구연무·이존희·최완기에 의해서 만들어진 『초·중·고 국사교과서 내용분석 및 체제연구』에서는 제3차 교육과정의 문제를 제시하였다.[24] 이에 따라 제4차 교육과정기부터 『국사』에서 근현대사 서술은 크게 증가하였다. 또한 민주화 이후 민주주의 교육을 강조하는 과정에서 하권 'Ⅲ. 현대 사회의 발달'에서 '중단원 2. 민주주의 발전의 새 전기'를 통해 민주주의를 강조하는 교육을 추진하였다.

제5차 교육과정은 앞에서 언급했듯이 일본의 역사교과서 대응이 국민적 관심사로 부각되고 이것이 국사교과서 편찬에 영향을 끼치면서 상권에서는 'Ⅰ. 선사 문화와 국가의 형성'이라는 단원이 추가되었고, 하권에서는 'Ⅲ. 민족의 독립 운동'이 추가되면서 고대사와 근대사 서술을 강조하였다. 현대사부분에서도 정치사뿐만 아니라 경제사와 사회사, 문화사에 대한 서술을 늘리기 위해 중단원에 이를 반영하였다.

---

[23] 보고서에서 지적된 문제 5가지는 다음과 같았다. 첫째, 집권층의 역사를 중심으로 하고 있기 때문에 일반 대중들의 생활사나 대중문화에 대한 내용이 극히 빈약하고, 단원에 따라서는 전혀 취급되어 있지 않은 곳도 많다. 둘째, 고대사의 비중이 너무 크다. 이것은 역사교육상 큰 문제가 아닐 수 없다. 근대사, 현대사 위주의 역사서술이 아쉬워진다. 셋째, 고등학교 역사교육의 주요 방향 중 하나가 문화사, 사상사를 중심으로 해야 함에도 불구하고 정치사 분야가 지나치게 큰 비중을 차지하고 있다. 넷째, 사회사, 경제사의 내용이 많지 않다. 물론 학문적 연구 성과의 문제도 없지 않겠으나 인간생활에서 가장 중요한 비중을 차지하고 있는 이 분야에 대한 서술을 크게 늘려야겠다. 다섯째, 현대사 분야가 미약하다. 특히 광복 이후로부터 현재에 이르기까지의 내용이 부족하다. 양과 질에 있어서도 같은 입장이다. "모든 역사는 현대의 역사다."라는 크로체의 말은 역사 해석의 관점이나 가치관의 문제를 포함하여 역설한 말이다. 현대사 중심으로 교재 내용이 선정되어야 교과서로서 기능을 다할 수 있기 때문이다.

[24] 이 보고서를 둘러싼 내용은 조성운, 「제4차 교육과정기 국사교과서 근현대사 서술의 특징」, 『역사와 교육』 30집, 2020, 96~112쪽 참조.

제3차에서 제5차 교육과정까지 체제상 많은 변화가 나타난 것과는 달리 서술부분, 특히 현대사 부분의 서술자체는 크게 변화하지 못했다. 이것은 여순사건 서술에서도 마찬가지였다. 다음은 제3차에서 5차 교육과정에서 고등학교『국사』에서의 여순사건 서술을 정리한 것이다.

<표 5> 제3차~제5차 교육과정기 고등학교『국사』중 여순사건 관련 서술

교육과정	소단원 목차	여순사건 서술 내용
제3차 교육과정기 『국사』	북한의 공산화	대한 민국이 수립된 이후 정부가 당면한 문제들은 복잡다단하였다. 안으로는 해방 이후 혼란된 사회를 안정시키고 극도로 악화된 경제를 개선해야 했으며, 밖으로는 공산화된 북한의 침략 기도를 분쇄하여야 하였다. 그런데 북한의 공산주의자들은 대한 민국의 이와 같은 허점을 내다보면서, 김 일성을 우두머리로 하는 소위 조선 민주주의 인민 공화국을 만들고, 공산 독재를 북한 땅에 시행할 뿐만 아니라, 대한 민국의 교란을 시도해 왔다. 그들은 소련에서 군원을 받아 급속히 군사력을 강화하여, 6·25 직전까지에는 20여만의 중무장한 군대를 편성하는 한편, **남한의 공산주의자를 사주하여 제주도에서의 폭동과 여수, 순천에서의 반란을 일으키게 하였다.**
제4차 교육과정기 『국사』(하)	공산 집단의 교란	북한 공산주의자들은 대한 민국 내의 정치적 불안정, 경제적 취약점을 이용하여 교란 작전을 폈다. **남한의 공산주의자들을 사주하여 제주도 폭동 사건과 여수·순천 반란 사건을 일으켰다.** 제주도 폭동 사건은, 북한 공산당의 사주 아래 제주도에서 공산 무장 폭도가 봉기하여, 국정을 위협하고 질서를 무너뜨렸던 남한 교란 작전 중의 하나였다. 공산당들은 도민들을 선동하여 폭동을 일으키고, 한라산을 근거로 관공서 습격, 살인, 방화, 약탈 등 만행을 저질렀다. 그러나 그 후, 우리 나라는 군경의 활약과 주민들의 협조로 평온과 질서를 되찾았다. **여수·순천 반란 사건은 제주도 폭동과 마찬가지로 대한 민국을 혼란시키기 위한 것이었다.** **공산당들은 탄약고, 병기 창고를 파괴하는 한편, 관공서, 경찰서를 습격하여 경찰과 민간인을 학살하였다. 이에 국군은 그들을 토벌하고 반란을 진압하였다.** 이것은 6·25 남침 약 2년 전의 일이었다. 이러한 북한 공산주의자들의 교란 작전은 그 후에도 여러 가지로 나타났으나, 국민들의 적극적인 협력으로 해결되었다.

교육과정	소단원 목차	여순사건 서술 내용
제5차 교육과정기 『국사』(하)	공산 집단의 남한 교란	북한 공산주의자들은 남한 내의 정치적 불안정, 경제적 취약점을 이용하여 교란 작전을 폈다. **대한 민국 정부 수립을 전후하여 그들은 제주도 4·3 사건, 여수·순천 반란 사건 등을 일으켰다.** 제주도 4·3 사건은, 공산주의자들이 남한의 5·10 총선거를 교란시키기 위해 일으킨 무장 폭동이었다. 그들은 한라산을 근거로 관공서 습격, 살인, 방화, 약탈 등의 만행을 저질렀다. 그러나 군경의 진압 작전과 주민들의 협조로 평온과 질서를 되찾았다. **여수·순천 반란 사건은 새로이 수립된 대한 민국을 혼란시키기 위한 것이었다. 공산주의자들은 탄약고, 병기고를 파괴하는 한편, 관공서, 경찰서를 습격하여 경찰과 민간인을 학살하였다. 그러나 국군의 활동으로 곧 진압되었다. 이러한 북한 공산주의자들의 교란 작전은 그 후에도 여러 가지의 형태로 나타났다.**

제3차 교육과정기 『국사』에서의 여순사건 관련 서술은 반공주의의 강화로 제2차 교육과정기 국사교과서의 서술의 연장선에 있었다. 북한의 공산화라는 소단원에서 여순사건을 다루었는데, 여전히 북한의 공산주의자들이 북한을 공산화한 이후 대한민국의 교란을 시도했고, 그 과정에서 남한의 공산주의자를 사주하여 제주도에서의 폭동과 여수, 순천에서의 반란을 일으켰다는 시각이 유지되었다. 또한 1974년 문교부에서 출간한 『중고등학교 교사용 교과용 도서』를 보면 다른 시대와는 달리 현대사 부분에는 보충설명을 해야할 부분이 전혀 언급되지 않아 교사들로서는 교과서에 언급된 내용을 그대로 교육할 수밖에 없었다. 이것은 현대사, 그중에서도 여순사건에 대한 설명이 학교현장에서 충분히 이루어지지 않았다는 것을 보여주는 것이었다.

이런 시각은 제4차 교육과정기 『국사』 교과서에 그대로 이어졌다. 제4차 교육과정기 『국사』에서는 근현대사의 비중이 증가하면서 여순사건의 설명 분량 또한 증가하였다. 그 과정에서 반란을 일으켰다는 제3차 교육과정기의 단순한 서술에 비해서 공산당들이 탄약고, 병기 창고들을 파괴하는 한편 관공서와 경찰서를 습격하여 경찰과 민간인들을 학살했다는 서술이 추가되었는데, 여순사건은 더욱 부정적으로 묘사했다. 또한 〈그림 1〉과 같이 여수에 소재해 있는 경찰 충혼비를 제시하고, "공산당들이 탄약고, 병기 창고들을 파괴하는 한편 관공서와 경찰서를 습격하여 경찰과 민간인들을 학살했다"는 서술은 여순사건의 책임을 온전히 공산주의자들의 책임으로 돌리는 서술로 정부의 시각이 그대로 투영된 것이라 할 수 있다. 다만 제3차 교육과정기까지 이어지던 북한에서 직접적으로 남쪽으로 공산주의자를 파견했다는 서술이 빠진 것은 제4차 교육과정기 여순사건 관련서술이 제3차 교육과정기 서술의 가장 큰 차이라 할 수 있다.

제5차 교육과정기 『국사』에서도 여순사건을 '공산 집단의 남한 교란'이라는 소단원에서 반란으로 규정하는 것은 변함없었다. 〈그림 2〉와 같이 '반공 의거와 공산 폭동'이라는 제목으로 지도에 반공관련 거사와 공산주의 '폭동'을 표시함으로써 반공주의 서술을 강화한 것이 제5차 교육과정기 교과서 서술의 특징이라 할 수 있다.

이것은 국사교과서가 민주화 전에 집필되었다는 점과 더불어 여순사건에 대한 연구 자체가 진척되지 못했던 것에 기인한 것이라 생각된다. 이 시기까지의 여순사건 관련 연구는 국방부 전사편찬위원회에서 발간된 『한국전쟁사』(1967), 김점곤의 『한국전쟁과 노동당전략』(1973), 김석학·임종명의 『광복 30년 2: 여순반란 편』(1975) 정도였다. 『한국전쟁사』와 『한국전쟁과 노동당전략』은 반공주의 시각에 바탕을 두고 여순사건을 부분적으로 다루었으며, 『광복 30년 2: 여순반란 편』 또한 진압작전에 참여한 군과 경찰, 우익인사의 증언을 토대로 발간되었기 때문에 반공주의적 시각에서 벗어나지 못한 상태였다.[25] 여순사건 관련 연구의 미비는 여순사건 관련 서술이 여전히 반공주의적 시각에서 벗어나지 못하는 이유였다.

〈그림 1〉 제4차 교육과정 『국사』에 제시된 여순사건 관련 사진(경찰 충혼비)[26]

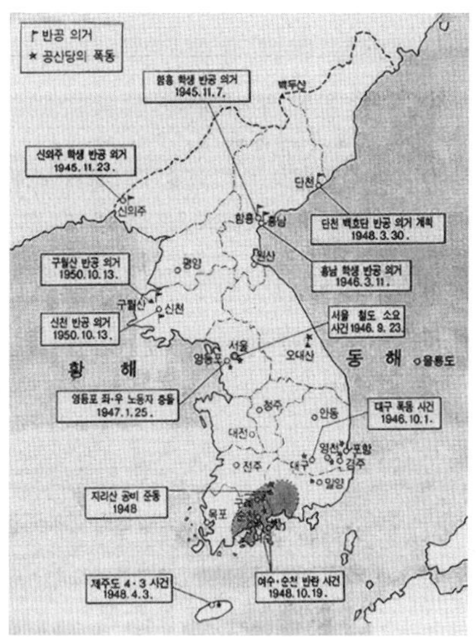

〈그림 2〉 제5차 교육과정 『국사』에 제시된 여순사건 관련 지도(반공 의거와 공산 폭동)

---

25 임송자, 「여순사건 연구의 현황과 쟁점, 그리고 과제」, 『남도문화연구』 제42집, 2021, 104쪽.

26 〈그림 1〉에는 다음과 같은 설명이 붙어 있었다. 여수, 순천 반란 사건 때 공산 폭도들을 소탕하다가 희생된 경찰관의 충혼비이다. 전남 여수 소재

4. 반란에서 사건으로(6차 교육과정과 7차 교육과정)

　　제6차 교육과정으로의 개편은 동구권 공산국의 변화를 수용하고 통일안보교육의 보완을 위해 초, 중, 고교 전과목의 대폭적인 개편을 앞당긴다는 명분으로 이루어졌다.[27] 여기에 지방자치제 실현을 앞두고 교육부가 전적으로 행사하고 있던 교과과정 결정권한을 시·도 교육청 및 일선 학교로 일부 확대하자는 논의가 반영된 것이기도 했다. 이 과정에서 공통필수 교과목이 12교과 84단위에서 9교과 60단위로 축소되면서 국사는 필수과목에서 제외되었다. 한문과, 지리과, 교련과 및 가정과 등도 축소되었고, 관련 교과의 교사와 대학교수들의 격렬한 반발 및 저항이 있었다.[28] 이런 반발로 결국 국사는 다시 필수교과가 되었고, 나머지 교육과정에 대한 개정도 1992년 10월 30일 확정되었다.

　　제7차 교육과정은 1997년 12월 30일에 이루어졌다. 7차 교육과정 이후로는 전면개편이 아닌 부분개편을 통해 개정이 이루어지고 있다. 7차 교육과정은 국가 수준의 공통성과 지역, 학교, 개인 수준의 다양성을 동시에 추구하는 교육과정으로 교과목을 인문사회, 과학기술, 체육, 예능, 외국어, 교양의 관련군으로 묶고 각 군에서 1개 과목을 필수로 하고 나머지는 선택할 수 있게 한 것이었다. 학생들에게 선택의 기회를 주기 위해 노력한 것으로 한국의 민주화가 완전히 성숙하는 과정에서 출현한 교육과정이었다. 이런 교육과정의 변화에도 불구하고 국사

---

[27]　함종규, 『한국교육과정변천사연구: 조선조 말부터 제7차 교육과정기까지』, 교육과학사, 2003, 602~603쪽.

[28]　「사회변화 '교실'에 반영」, 『경향신문』, 1991년 9월 28일: 「21세기 교육방향 제시」, 『동아일보』, 1991년 9월 28일: 「고교 필수 교과 9개로 축소」, 『조선일보』, 1991년 9월 28일: 「초·중·고 교육과정 개편안 골자와 문제점 진로·적성 맞게 융통성 넓혀」, 『한겨레』, 1991년 9월 28일.

과목의 변화는 크지 못했다. 여전히 국정교과서 체제가 유지되고 있었기 때문이었다. 또한 정권과 국민들 사이의 반공주의와 민족주의로 개편과정에서 변화하는 여론에 영향을 받을 수 밖에 없었다.

〈표 6〉은 제6차~제7차 교육과정기 고등학교『국사』대단원 및 현대사 부분 중단원 목차를 정리한 것이다.

〈표 6〉 제6차~제7차 교육과정기 고등학교『국사』대단원 및 현대사 부분 중단원 목차

교육과정	제6차 교육과정기 『국사』(상), (하)	제7차 교육과정기 『국사』
대단원 목차	Ⅰ. 한국사의 바른 이해 Ⅱ. 선사 문화와 국가의 형성 Ⅲ. 고대 사회의 발전 Ⅳ. 중세 사회의 발전 Ⅴ. 근세 사회의 발달 Ⅰ. 근대 사회의 태동 Ⅱ. 근대 사회의 전개 Ⅲ. 민족의 독립 운동 Ⅳ. 현대 사회의 발전	Ⅰ. 한국사의 바른 이해 Ⅱ. 선사 시대의 문화와 국가의 형성 Ⅲ. 통치 구조와 정치 활동 Ⅳ. 경제 구조와 경제 생활 Ⅴ. 사회 구조와 사회 생활 Ⅵ. 민족 문화의 발달
현대사 단원 세부 목차	1. 현대 사회의 성립 　(1) 현대의 세계 　(2) 한국의 현대 사회 2. 대한 민국의 수립 　(1) 대한 민국의 수립 　(2) 6·25 전쟁 3. 민주주의의 시련과 발전 　(1) 4·19 혁명과 민주주의의 성장 　(2) 5·16 군사 정변과 민주주의의 시련 　(3) 민주주의의 발전 　(4) 통일을 위한 노력 4. 경제 성장과 사회 변화 　(1) 경제 발전을 위한 노력 　(2) 사회의 변화 5. 현대 문화의 동향 　(1) 교육과 학술 활동 　(2) 종교 생활과 문예 활동 　(3) 체육의 발전과 올림픽의 개최 　(4) 세계 속의 한국	Ⅲ. 통치 구조와 정치 활동 　5. 근·현대의 정치 　　[4] 대한민국의 성립과 발전 Ⅳ. 경제 구조와 경제 생활 　5. 근·현대의 경제 　　[3] 현대의 경제 성장과 자본주의의 　　　발달 Ⅴ. 사회 구조와 사회 생활 　5. 근·현대의 사회 　　[3] 현대 사회의 발전 Ⅵ. 민족 문화의 발달 　5. 근·현대의 문화 　　[3] 현대 문화의 성장과 발전

제6차 교육과정기 『국사』의 경우 대단원 목차만 본다면 제5차 교육과정기와 차이가 없다. 현대사 부분의 중단원 목차구성을 보아도 제5차 교육과정기 『국사』와 차이점을 찾을 수 없다. 국사교과서의 표면적인 변화가 없었던 것은 제6차 교육과정으로의 개편과정에서 국사과를 둘러싸고 크게 2개의 사건이 있었기 때문이었다. 첫째는 국사가 필수과목에서 제외되면서 논란이 되어 교육부가 큰 비난을 받은 것이었고, 둘째는 국사교과서 편찬의 지침 마련을 위해 만들어진 「준거안 연구위(이하 준거위)」가 「국사교과서 집필에 필요한 내용선정 기준시안」을 통해 제시한 새로운 역사용어가 보수언론의 공격을 받은 것이었다. 준거위에서는 5·16과 12·12, 5·17 등의 역사용어를 쿠데타로, 4·19의거를 4·19혁명으로, 6·25전쟁은 한국전쟁으로 표현하는 방안이 제시되었는데, 이에 대해서 조선일보를 위시한 보수언론이 준거위 위원들을 좌파로 공격하였다. 이 사건으로 교육부뿐만 아니라 청와대 또한 심한 압박을 느꼈고, 새로운 역사 용어의 제시는 원점으로 돌아갔다. 결국 역사용어뿐 아니라 서술체계 또한 기존 국사교과서와 비슷하게 구성될 수밖에 없었다.[29]

제7차 교육과정기 『국사』는 그 체제상 제6차 교육과정기와 큰 차이를 보였다. 상과 하로 나뉘어 있던 『국사』가 한권으로 합쳐졌고, 『한국근·현대사』 과목이 따로 편성되면서 교과서 또한 별도로 제작, 발행되었다. 그리고 체제상으로 기존의 시대순 서술에서 정치, 경제, 사회 각각의 영역별 서술로 바뀌었다. 따라서 근현대사 부분도 각

---

[29] 제6차 교육과정으로의 변화와 관련해서는 유상수, 「제6차 교육과정기 국사교과서의 개편과정과 현대사 서술의 특징」, 『역사와 교육』 제34집, 2022 참조.

장마다 성격에 맞게 서술되었다. 교육과정이 기존에서 크게 변화하고 국사교과서 또한 이런 흐름에 맞춰 변화하면서 여순사건의 서술에서도 유의미한 변화가 나타나기 시작하였다. 〈표 7〉은 제6차와 제7차 교육과정기 고등학교 『국사』 중 여순사건 관련 서술을 정리한 것이다.

〈표 7〉 제6차·제7차 교육과정기 고등학교 『국사』 중 여순사건 관련 서술

교육과정	소단원 목차	여순사건 서술 내용
제6차 교육과정기 『국사』(상), (하)	(1) 대한 민국의 수립 건국 초기의 국내 정세	남한만의 총선거로 대한 민국을 수립한 것은 당시의 국내외 정세상 불가피한 일이었다. 소련의 팽창 정책과 북한에서 사실상의 공산주의 정부가 수립되었다는 것을 고려할 때, 남한에서 자유로운 민주 정부를 수립하는 것이 절실히 요구되었다. 이 때 통일 정부의 수립을 추구하였던 남북 협상파는 총선거에 불참하였으며, 공산주의자들은 남한의 공산화를 위해 이들까지도 이용하려 하였다. 공산주의자들은 5·10 총선거를 전후해서 단독 정부 수립을 반대한다는 구실로 남한 각지에서 유혈 사태를 일으켰다. 이러한 상황 속에서 발생한 제주도 4·3 사건은 공산주의자들이 남한의 5·10 총선거를 교란시키기 위하여 일으킨 무장 폭동으로서, 진압 과정에서 무고한 주민들까지도 희생되었으므로, 제주도 일부 지역에서는 총선거도 실시되지 못하였다. 한편, 새로 창설된 국군 내부에도 공산주의자들이 침투하여 사회 혼란을 유발하였다. 특히 여수·순천 10·19 사건은 이 지역에 주둔하고 있던 군 부대 내의 일부 좌익 세력이 반란을 일으키고, 이 지역에 잠입해 있던 공산주의자들이 여기에 합세하여 일으킨 사건이었다. 이 사건은 새로 수립된 대한 민국을 전복시키려는 데 의도가 있었다. 결국 국군과 경찰의 토벌로 이 사건은 진압되었으나, 평온과 질서를 되찾기까지는 상당한 기간이 지나야만 하였다.

교육과정	소단원 목차	여순사건 서술 내용
제7차 교육과정기 『국사』	[4] 대한민국의 성립과 발전 대한민국의 수립	······ 우리 나라 역사상 처음으로 보통·비밀 선거인 5·10 총선거가 남한에서 실시되어 제헌 국회가 구성되었다. 제헌 국회에서는 국호를 대한민국으로 정하고, 대한민국 임시 정부의 독립 정신과 건국 이념을 계승한 민주 공화국 체제의 헌법을 제정하였다. 대통령으로 선출된 이승만은 대한민국 정부 수립을 국내외에 선포하였다(1948. 8. 15.). 이로써 국민이 나라의 주인이 되는 민주 국가를 이룩했을 뿐만 아니라, 외세의 간섭에서 벗어나 독립 국가의 모습을 갖추게 되었다. **자유 민주주의와 자본주의를 기본 이념으로 한 새로운 대한민국의 국가 건설은 많은 시련을 겪어야만 했다. 특히, 정부 수립을 전후한 시기에 좌·우익의 대립이 격화되어 제주도 4·3 사건과 여수·순천 10·19 사건 등이 일어났다.** 이승만 정부는 이러한 국면을 극복하고 사회 질서를 확립하기 위하여 반공 정책을 강화하는 한편, 농지 개혁을 단행하였다. (중략) 한편, 북한에서는 소련의 지원하에 김일성을 위원장으로 하는 북조선 임시 인민 위원회가 조직되어 토지 개혁, 주요 산업의 국유화 등을 단행하였다. 이후, 남한에서 대한민국 정부가 수립되자 북한에서도 조선 민주주의 인민 공화국이 세워졌다(1948. 9. 9.). 여수·순천 10·19 사건(1948) 제주도 4·3 사건의 진압 출동 명령을 거부한 14연대 일부 군인들이 반란을 일으켜 여수·순천 일대를 점령한 사건

제6차 교육과정기 『국사』 중 여순사건에 관한 서술 중 가장 주목할 만한 변화는 첫째, 기존에 반란이라는 용어가 여수·순천 10·19사건으로 바뀌었다는 것이다. 둘째, 기존에 여순사건 관련 서술이 '북한의 공산화' 소단원에서 서술되던 것과 달리 '건국 초기의 국내 정세' 소단원에서 서술되었다는 것이다. 시수가 정해져있는 교과서라는 특성상 분량의 한계 속에서 자세한 내용을 서술하지 못하면서 서술내용

자체가 크게 변하지 않았고, 여순사건과 관련된 자료로 제5차 교육과
정기에서 활용되었던 〈그림 2〉 반공 의거와 공산 폭동 지도가 그대로
활용되었다는 한계는 존재했다. 하지만 용어에서 반란이 빠지는 것만
으로도 여순사건에 대한 시각은 충분히 변화될 수 있는 것이었다. 기
존 국사교과서들이 〈북한의 공산화〉, 〈공산 집단의 교란〉이라는 소단
원을 통해 북한과 밀접한 관련 속에서 일어난 '반란'을 강조했는데,
〈건국 초기의 국내 정세〉 소단원에서 다루면서 그 연관성에서 벗어날
수 있었다.

　여순사건 서술에서 이런 변화가 나타난 것은 연구성과의 축적과
더불어 지역사회에서의 꾸준한 진상규명 요구 노력에 기인한 것이었
다. 황남준을 비롯해서 존 메릴, 서중석, 안종철의 연구를 통해 학계
에서는 여순사건의 실체에 다가가려는 노력을 진행[30]하였다. 특히 서
중석은 제6차 교육과정 준거위에 참여하여 여순사건의 용어를 바꾸
는데 크게 기여하였다. 지역사회에서는 1990년대 초반부터 '14연대
반란사건'명칭 개정 청원 운동을 전개하는 한편, 여수지역사회연구
소를 중심으로 여순사건 피해자 실태조사와 학술행사 등을 진행하기
도 했다.[31]

　제7치 교육과정기 『국사』 중 여순사건에 관한 서술은 분량 면에서
제6차 교육과정기에 비해서 줄어들었다. 비록 여순사건을 따로 박스
에 넣어서 설명하는 새로운 시도를 하였지만 부족한 감이 없지 않았

---

[30]　여순사건 관련 연구의 현황과 쟁점에 관해서는 임송자, 「여순사건 연구의 현황과 쟁
점, 그리고 과제」, 『남도문화연구』 제42집, 2021 참조.

[31]　임송자, 「여순사건 연구의 현황과 쟁점, 그리고 과제」, 『남도문화연구』 제42
집, 2021, 454쪽; 이영일, 「지역운동과 여순사건」, 『기억과 전망』 여름호, 2004,
222~223쪽.

다. 제7차 교육과정기『국사』에서 이런 변화가 나타난 것은 앞에서 언급한 것처럼『한국 근현대사』과목이 신설되면서『국사』의 시수와 교과서의 분량이 줄어든 것과 더불어 기존에 정치사 중심으로 시대순으로 서술되던 방식을 정치, 경제, 사회, 문화를 각각 시대순으로 서술하면서 전체적으로 정치분야에 대한 분량이 줄어들었기 때문이었다.

5. 맺음말

교과서는 교육현장에서 사용되는 가장 기초가 되는 책이다. 미래세대를 교육하는 책이기 때문에 국가의 공식적인 입장이나 인식 등이 투영되어 있다고 할 수 있다. 국사교과서는 제3차 교육과정기 이후 국정교과서였기 때문에 국가의 일관된 입장을 반영해 왔다고 할 수 있다. 따라서 역대 국사교과서 속의 서술 변화를 분석함으로써 국가의 특정 사건에 대한 인식뿐만 아니라 교육을 통해 미래세대에게 어떻게 교육되고 그 인식들이 어떻게 표출되는지 파악할 수 있을 것이다.

이 글에서는 국사교과서 속의 여순사건 서술변화를 추적함으로써 일부이기는 하지만 국가와 사회의 여순사건에 대한 인식을 파악해보려 하였다. 국사교과서 속의 서술변화를 통해 본 내용을 요약하면 다음과 같다.

제2차 교육과정기 국사교과서에서는 처음으로 여순사건 서술이 등장하였다. 제2차 교육과정기는 검정교과서 체제로 다양한 국사교과서가 있어 총 12종의 교과서가 발행되었다. 그러다보니 교과서별로 여순사건을 다루고 있는 것도, 아닌 것도 있었으며 그 서술내용도 약간의 차이를 보였다. 그러나 당시 연구성과의 부재와 정부의 여순사건에 대한 부정적인 인식이 투영되어 북한공산주의자들의 사주로 일어난 반란이라는 인식을 바탕으로 한 서술이 이루어졌다.

제3차 교육과정기부터 제5차 교육과정기 국사교과서는 국정교과서 체제로 발행되어 단일한 서술이 이루어졌다. 제2차 교육과정기에 발행된 국사교과서보다 국가의 여순사건에 대한 인식을 보다 분명하게 드러냈는데, 반공주의가 지배하고 있는 정부의 인식 속에서 대한민국을 혼란시키려고 했다는, 그리고 여순사건 과정에서 나타난 모든 책임은 공산주의자들에 의한 것이었다는 것을 부각시키는 방향으로 서술되었다. 그리고 공산주의자에 희생당한 경찰충혼비나 해방정국에서 일어난 공산폭동을 지도에 표시함으로써 이런 서술을 보강하였다.

제6차 교육과정기와 제7차 교육과정기에 발행된 국사교과서에서 여순사건 관련 서술은 진일보하였는데, 그 변화는 '반란'에서 '사건'으로 용어가 전환되었다는 것이다. 이런 변화가 일어날 수 있었던 것은 민주화로 인한 사회적인 분위기의 전환과 더불어 여순사건에 대한 학계의 연구성과가 증가했다는 점, 지역사회에서의 꾸준한 진상규명 노력에 의한 것이었다. 이를 바탕으로 여순사건을 단순하게 공산주의자들에 의한 반란사건으로만 인식하는 것이 아니라 정부수립과정에서 국가의 폭력으로 인한 민간인희생 문제와 그에 따른 오랜 기간 동안의 차별과 불이익에 대해서 교육현장에서 살펴볼 수 있는 계기가 마련되었다는 것이 이 시기 여순사건 관련 서술변화에서 나타나는 양상이라고 할 수 있다.

참고
문헌

1. 자료

『경향신문』, 『동아일보』, 『조선일보』, 『한겨레』.

2. 단행본

김득중, 『'빨갱이'의 탄생: 여순사건과 반공국가의 형성』, 선인, 2009.

김한종, 『역사교육과정과 교과서연구』, 선인, 2006.

문교부, 「고등학교 교육과정 총론」, 『5차시기 교육과정 고등학교(1988.03)』.

문교부, 『2차시기 교육과정 고등학교(1963.02)』.

문교부, 『편수자료』 제5집, 1964.

육군본부, 『공비토벌사』, 1953.

존 메릴, 『새롭게 밝혀 낸 한국전쟁의 기원과 진실』, 두산동아, 2004.

3. 논문

박진동, 「해방후 역사교과서 발생제도의 추이」, 『역사교육』 91, 2004.

박태균, 「한국현대사의 논쟁에 대한 재평가와 교과서 수록 방안」, 『역사학보』 제
205집, 2010.

서중석, 「현행 중고교 국사교과서 현대사 부문 분석과 개선 방향」, 『역사교육』
79, 2001.

서중석, 「이승만과 여순사건」, 『역사문제연구』 86, 2009.

송치중, 「집필자의 눈으로 본 교육과정과 교과서」, 『역사와 교육』 18, 2019.

유상수, 「제6차 교육과정기 국사교과서의 개편과정과 현대사 서술」, 『역사와 교육』 제34집, 2022.

이영일, 「지역운동과 여순사건」, 『기억과 전망』 여름호, 2004.

임송자, 「여순사건과 시국수습대책위원회를 통해 본 정부와 국회의 갈등·대립」, 『숭실사학』 35, 2015.

임송자, 「여순사건 연구의 현황과 쟁점, 그리고 과제」, 『남도문화연구』 제42집, 2021.

조 건, 「제2차 교육과정기 민족주체성 교육의 시행과 국사교과서 근현대사 서술 내용 분석」, 『역사와 교육』 24, 2017.

조성운, 「제3차 국사과 교육과정의 성립과 국사교과서 개편」, 『역사와 교육』 27집, 2018.

조성운, 『대한민국의 국사교과서』, 선인, 2019.

조성운, 「제4차 교육과정기 국사교과서 근현대사 서술의 특징」, 『역사와 교육』 30집, 2020

최보영, 「제5차 교육과정기 『국사』교과서 근·현대사 체제·내용과 그 특징」, 『역사와 교육』 33집, 2021.

한철호, 「고교 역사교과서의 제주 4·3 사건 서술 경향과 과제」, 『사학연구』 103, 2011.

한철호, 「현행 고등학교 『한국사』 교과서의 제주 4·3사건 서술 내용과 향후 집필 방향」, 『탐라문화』 59호, 2018.

함종규, 『한국교육과정변천사연구: 조선조 말부터 제7차 교육과정기까지』, 교육과학사, 2003.

홍영기, 「여순사건의 진상규명은 자료 정리와 분석에서 시작해야」, 『사람의 깊이』 제6호, 2003.

황남준, 「전남지방정치와 여순사건」, 『해방전후사의 인식』 3, 2011.

3부

4·3, 10·19의 기억과 과제

1948년 10월 19일

2009년 10월 19일

근대국가 기원 담론으로 본
제주4·3과 여수순천10·19*

김치완(제주대학교)

1. 머리말

학술연구정보서비스(riss.kr)에서는 2024년 1월 기준 검색키워드 '건국절' 검색 결과가 2,036건으로 집계된다. 국내학술논문 205건, 학위논문 957건, 해외학술논문 2건, 단행본 845건인데, 2009년 이전까지는 연구자 소속 기관 정보와 관련된 검색 결과가 대부분이다. '대한민국 정부 수립'이나 '건국'을 다룬 연구로는 국내학술논문에서 평화문제연구소 간행물 『통일한국』의 「한국학생건국운동사」 기고문이 1989년, 학위논문에서 동국대학교 박사학위논문 「북한 '청년동맹'의 정치적 역할에 관한 연구」가 2007년, 단행본에서 문화보급사(文化普及社)

---

* 이 글은 필자의 「근대국가 기원 담론으로 본 제주4·3과 여수순천10·19」, 『인문학술』 12, 2024를 일부 수정·보완한 것이다.

에서 출판한 김병순의 『건국요강(建國要綱)』이 1947년으로 가장 이르지만, 2009년 이후 연구와는 달리 탈식민화 과정에서 출범한 대한민국 정부 수립을 다루었다.[1]

이러한 검색 결과는 우리가 그동안 대한민국의 '건국'보다는 '광복', 또는 '정부 수립'을 당연한 상식으로 생각해왔다는 점을 뒷받침한다. 이 '당연한 상식'의 변곡점은 여러 곳에서 확인할 수 있지만, 국내학술논문 가운데 2009년 「여순사건과 역사의 진실: 『'빨갱이'의 탄생: 여순사건과 반공 국가의 탄생』(김득중 저, 2009, 선인) 서평」에서 명확하게 확인된다. 서평 도입부인 '건국절 논란과 현대사 역사 논쟁'이라는 제명의 장에서 "대한민국 정부 수립 60주년이었던 2008년 작년, 8월 15일을 광복절에서 건국절로 바꿔 기념해야 한다는 이명박 정부와 뉴라이트 보수진영의 주장으로 일대 소동이 벌어졌다."라고 서술하고 있기 때문이다.[2] 이명박 정부 당시 뉴라이트 보수진영에서 제기한 건국절 논란이 우리가 가진 '당연한 상식'의 변곡점이라는 말이다.

이렇게 해서 2008년을 기점으로 건국절 논란이 일자, 이에 대한 반

---

[1] 이 글에서는 건국절 관련 선행연구 분석을 통해 뉴라이트 계열 주장이 진화하고 있다는 점, 그리고 이에 대응하는 과정에서 대한민국 '정통성'에 대한 다양한 연구 성과가 제출되고 있음을 확인할 수 있었다. 그러나 건국절 관련 논란이 학계보다는 대중에게 영향을 더 미친다는 점을 고려하여, 논란의 시작점인 뉴라이트 계열 한국사 교과서와 일반인의 포털 검색시 첫머리에 등장하는 두산백과를 주요 텍스트로 삼아 비판적으로 분석하였음을 알려둔다.

[2] 정해구, 「여순사건과 역사의 진실: 『'빨갱이'의 탄생: 여순사건과 반공 국가의 탄생』(김득중 저, 2009, 선인) 서평」, 『史學研究』 95, 한국사학회, 2009, 225쪽. 서평에서는 이어서 "8월 15일을 1945년의 광복절로 기념하든, 1948년의 건국절로 기념하든 그 의미가 그리 큰 차이가 있겠느냐고 생각할 사람도 없지 않을 것"이지만, "8월 15일을 광복절로 기념할 경우, 그것은 과거 좌우 갈등과 남북 분단을 반성적으로 되돌아보며 언젠가는 그것을 극복하고 우리 민족이 서로 화해하고 통일을 이룰 것이라는 기대를 반영"하는 데 비해서, "8월 15일을 건국절로 기념할 경우, 그것은 좌파세력에 대해 반공 우파세력의 분명한 승리를, 그리고 북에 대해 남의 분명한 정통성을 확인하고 그것을 기리는 의미를 지닌다."라고 분석한다.

응으로 「정부수립과 한국근현대사 속에서 광복-건국의 연속과 단절」, 「『해방전후사의 재인식』에 대한 징후적 독해」 등 뉴라이트 보수진영의 국가주의적 편향을 문제 삼는 연구[3]가 연이어 발표되었다. 이러한 '당연한' 연구 성과에 대한 재반박으로 「건국절 제정의 상징성과 국민통합」 등 건국을 기념하는 경축일 제정을 옹호하는 연구도 나왔다. 이들 연구에서도 "2006년 서울대학교 이영훈 교수가 '우리도 건국절을 만들자'라는 글을 동아일보에 기고하면서 공론화되었다."라고 회고한다. 그러면서 국경일에 관한 법률 개정안이 "야당과 일부 반대 단체의 반발과 '역사왜곡' 논란으로 2008년에 철회"되었음에도 불구하고 "최근 대두되고 있는 심각한 국가안보의식과 국가 정체성의 위기"가 건국절 논란의 동력이라는 뉴라이트 보수 계열의 인식을 드러내고 있다.[4]

2008년 이후 그야말로 '난데없이' 등장한 건국절 제정과 관련된 논란은 박근혜 대통령이 탄핵된 2017년 3월 10일까지 우리 사회를 진보와 보수, 자유 진영과 공산 진영으로 갈라놓으면서 격화되었다. 이어서 대통령탄핵이라는 초유의 사태에서도 태극기부대로 대표되는 '아스팔트 보수단체'는 촛불 시민혁명을 부정했다. 이들 단체의 주장은 뉴라이트 보수진영의 논리를 기초로 하였다. 그래서 당선 다음 날 국회에서 약식으로 '제19대 대통령 취임선서 및 국민께 드리는 말씀'이라는 행사로 취임식을 대신했던 문재인 정부 내내 "대통령 탄핵무효"와 "문재인 빨갱이"를 외쳤다. 이렇게 해서 건국절 논란, 곧 '국가

---

[3]   관련 내용은 辛珠柏, 「정부수립과 한국근현대사 속에서 광복·건국의 연속과 단절」, 『한국 근현대사 연구』 48, 한국근현대사학회, 2009, 53~78쪽과 안현효, 「『해방전후사의 재인식』에 대한 징후적 독해」, 『경제와 사회』 86, 비판적사회학회, 2010, 199~232쪽을 참조할 것.

[4]   유영옥, 「건국절 제정의 상징성과 국민통합」, 『한국보훈논총』 제10권 제4호, 한국보훈학회, 2011, 9쪽.

기원'을 내용으로 하는 담론은 냉전체제가 해체된 오늘날에도 우리 사회를 갈라 대립의 양상을 격화시킴으로써 소기의 성과를 달성하고 있는 듯이 보인다.[5]

앞서 언급했듯이 건국절 제정 논란은 대한민국 정통성에 대한 연구가 상당히 축적되는 결과를 낳았다. 하지만 연구의 축적에도 불구하고 이러한 대립의 양상이 해소되기는커녕, 최근 영화 '건국전쟁' 개봉을 둘러싼 논란에서 확인되듯이, 오히려 격화되는 양상을 보인다는 데 문제의 심각성이 있다. 더구나 '무지성 지지'라는 시쳇말에서 확인되듯이, 비토크라시(Vetocracy)로 민주주의의 위기까지 거론되고 있으므로, 논리적 타당성을 따질 이유도, 필요도 없다는 무기력감까지 든다. 그렇다고 해서 논란을 회피하거나, 지금도 진화하고 있는 논란을 뒤따르는 방식으로는 이러한 상황을 타개할 수 없다.

이 글에서는 이러한 문제의식을 바탕으로, 2008년 이후로 이른바 '국가수호의 가치'가 '민족독립의 가치'와 '민주발전의 가치'보다 우선될 때마다 등장하는 건국절 논란의 문제점[6]을 비판적으로 고찰해보고자 한다. 건국절 논란은 냉전체제 구축 당시부터 지금까지 우리 사회를 둘로 갈라놓고 있는 자유 진영 대 공산 진영의 대결 구도에서 비롯

---

[5] 문일석, 「태극기부대 반정부 시위는 허상을 쫓는 정신질환의 일종?」, 『Break News』 2019.02.06. 기사 https://www.breaknews.com/631979 (2024.02.13. 검색).

[6] 김주환, 「역대 정부의 보훈정책 공과와 박근혜 정부의 보훈 Agenda: 보훈이념의 가치를 중심으로」, 『한국보훈논총』 제12권 제3호, 한국보훈학회, 2013, 39~79쪽. 이 연구에서는 "그람시(Antonio Gramci)의 헤게모니(hegemony) 개념을 보훈정책에 적용"하여, "세 가지 가치들—민족독립, 국가수호, 민주발전—을 골고루 구현하는 것이 바람직하다."고 주장한 바 있다. 아울러 제주4·3과 여수·순천10·19의 표기에 관해서는 '제주 4·3사건', '제주 4·3', '제주4·3', '여순사건', '여순반란', '여수·순천 10·19' 등 다양하게 표기하고 있는데, 직접 인용에서는 해당 자료의 표기를 그대로 싣되, 본문 표기에서는 아직도 정명(正名)이 이루어지지 않았다는 문제의식을 드러내기 위해, '제주4·3'과 '여수·순천10·19'로 표기함을 알려둔다.

된 것처럼 보이지만, 자유주의 시장경제체제 하에서만 보장되는 기득권을 유지하려는 세력이 일으킨 허수아비 논증에 불과하기 때문이다. 이를 확인하기 위해 2006년 뉴라이트 계열 학자의 건국절 제정 제안 칼럼 이후 교과서 사태 등을 거치면서 건국절 논란이 제기된 과정을 추적, 분석하고자 한다.

이를 바탕으로 하여, 건국절 논란을 불러일으킨 뉴라이트 계열의 교과서에 실린 제주 4·3과 여수·순천 10·19 서술을 1948년 국가 기원설에 초점을 맞추어 비판적으로 검토해 보고자 한다. 민주화와 함께 바로잡은 국가공식기억에서 제주4·3과 여수·순천10·19는 "1945년 해방으로부터 한국전쟁에 이르기까지 점진적으로 진척된 남한 반공체제 형성의 역사적 맥락 속에서"[7] 벌어진 국가폭력이다. 하지만, 아직도 '국가수호의 가치를 중심으로 한 건국절 논란'이 벌어지고 있는 이유를 찾기 위해서는 뉴라이트 계열의 주장이 가지고 있는 내적 모순에 주목할 필요가 있다. 이를 통해서 건국절 이전과 이후로 제주 4·3과 여수·순천 10·19의 '국가폭력' 책임이 분산되는 것을 막을 수 있을 것으로 기대한다.

2. 건국절 논란의 비판적 고찰

2023년 11월 13일자 『朝鮮日報』 기사에는 "建國 부정 세력의 왜곡에 맞서 '진짜 이승만' 보여주니 국민이 울었다."라는 제하의 인터뷰 정리 기사가 게재되었다. "[김윤덕이 만난 사람] '이승만과 나라 세우기' 전시

---

[7]   정해구, 앞의 글, 237쪽.

로 기념관 건립 초석 다진 안병훈”이라는 부제를 단 이 기사에서는
“1995년 2월 4일 예술의 전당에서 개막한 ‘이승만과 나라 세우기’ 전
시는 일종의 도박이었다. 당시만 해도 ‘이승만’이라는 이름은 ‘독재
자’를 연상시키는 금기어였다.”라면서, “이 파격 전시를 기획한 이가
안병훈(85) 당시 조선일보 편집인”이라고 대담자를 소개했다. “대학 4
학년 때 4·19혁명을 겪었고 종로에서 데모대에도 합류했지만 적개심
은 없었”다고 회고한 대담자는 이승만 전 대통령이 “비록 하야는 했
지만 국민한테 버림받은 건 아니었”다고 주장했다.[8]

  “신문사 안에서도 전시를 반대하는 목소리가 있었다고요?”라는 질
문에, “이승만 때문에 부수가 떨어질까봐서(웃음). 그만큼 (이승만이) 인기가
없었어요.”라고 한 대답은 “1986년부터 미국과 일본 등지에 나가 이
승만 관련 사진 1,000여 종과 문서를 수집”했다는 설명과 함께 건국
절 논란의 기원을 이해하는 단서가 된다.[9] 그런데 건국절 제정과 관련
된 첫 발언은 1995년 1월 1일부터 12월 26일까지 일 년에 걸쳐 『朝鮮
日報』에 모두 65회 게재된 「현대사(現代史) 재발견 「한국대통령」 시리즈
거대한 생애 이승만(李承晩) 90년」이라는 기사에서 찾을 수 있다. 앞선
인터뷰 내용에 따르면 1995년의 전시와 연재 기사는 당시 갑자기 기
획된 것이 아니라, 10년에 걸친 오랜 준비 과정의 결과물이다.[10]

---

8   김윤덕, 「建國 부정 세력의 왜곡에 맞서 ‘진짜 이승만’ 보여주니 국민이 울었다」, 『朝鮮
日報』 2023.11.13. 기사 https://www.chosun.com/ZJJB6UPROZCXHCEKYOJZHJMAJ4/
(2024.02.13. 검색)

9   辛珠柏, 앞의 글, 56쪽. 辛珠柏은 각주 4에서 마지막 기사를 1995년 12월 28일자로
표기하였으나, “하와이생활 鄕愁: 病馬 62개월 ‘언제 우리땅 가나’”라는 마지막 기
사는 1995년 12월 26일자 조간 16면에 실렸다. 각주 4에서 언급한 기사는 1995년
12월 28일자 조간 22면 기사다. https://archive.chosun.com/pdf/i_service/pdf_
ReadBody_s.jsp?Y=1995&M=12&D=28&ID=9512282203 (2024.02.13. 검색)

10   마지막 연재 기사가 게재된 1995년 12월 26일자 조간 2면에는 “역사 바로세우기 작
업: 임정법통 이어받는 것 방중 황학주 의장”이라는 제하의 단신 기사가 실려 있다.

2008년 7월 17일자 『한겨레신문』에 실린 "보수세력 주도로 이승만 영웅화 '일방통행'"이라는 제하의 기사에 따르면, "1960년 4·19 혁명 이후 사실상 담론의 무대에서 사라졌던 이승만"은 1995년에 『朝鮮日報』에 재등장했는데, 이것을 "다시 불러들"인 것은 "노무현 정부 출범 이후 본격화된 뉴라이트 운동"이다. 기사에서는 이어서 "2003년 8월 15일, 북핵저지시민연대·자유시민연대·민주참여네티즌 연대 등"이 "대중이 참여한 가운데 8월 15일을 '건국일'로 기념한 첫 번째 공식행사"인 '건국 55주년 반핵·반김 8·15 국민대회'를 연 "이후 이승만 재평가와 건국일 기념은 짝을 이뤄 하나의 담론을 형성"하게 되었는데, "여기에는 '좌파'에 대한 강력한 경계가 담겨" 있다고 분석하였다.[11]

이러한 분석에 이어서 소개한 "'우리도 건국절을 만들자'는 제목의 칼럼"[12]은 "교수 집단의 전문성을 빌려 역사교과서에 대한 공격을 지속함으로써 이념 공세의 불씨를 유지"한 "신우익 단체로 2005년에 결성된" 교과서포럼의 공동대표 이영훈 서울대 교수의 기고문이다.[13] 그는 "1945년 8월의 광복에 나는 그리 흥분하지 않는다."라면서 "광복은 우리의 힘으로 이루어지지 않았"고, "일제에 의해 병탄되기 이전에 이 땅에 마치 **광명한 빛과도 같은 문명**이 있었던 것처럼 그 말이 착각을 일으키기 때문"이라고 주장했다. 그리고 "1948년의 제헌"에 이어 "진정한 의미의 빛은 1948년 8월 15일 건국 그날에 찾

---

https://archive.chosun.com/pdf/i_service/pdf_ReadBody_s.jsp?Y=1995&M=12&D=26&ID=9512260202 (2024.02.13. 검색)

[11] 안수찬, 「보수세력 주도로 이승만 영웅화 '일방통행'」, 『한겨레신문』 2008.7.17. 기사 https://www.hani.co.kr/arti/culture/book/299109.html (2024.02.13. 검색)

[12] 기사에서는 "2006년 8월 1일 『동아일보』"에 실렸다고 하였으나 해당 칼럼은 2006년 7월 31일 A섹션 34면 오피니언에 게재된 것으로 확인된다.

[13] 辛珠柏, 앞의 글, 56쪽.

아왔"다면서 "우리도 그날에 국민 모두가 춤추고 노래하는 건국절을 만들자."라고 제안했다.[14]

그런데 이영훈이 "우리가 **2000년의 국가 역사**에서 처음으로 '국민주권'을 선포했고 국민 모두의 '신체의 자유'를 보장"함으로써 "그것의 거대한 문명사적 의의는 아무리 강조해도 지나치지 않는다."라고 격정적으로 토로한 "1948년의 제헌"헌법의 전문에는 "己未三一運動으로 **大韓民國을 建立**하여 世界에 宣布한 偉大한 獨立精神을 繼承하여 이제 **民主獨立國家를 再建함**"[15]이라고 밝히고 있다. 또한, 1919년의 3·1운동을 '대한민국 건립'으로, 1948년 7월 17일 헌법제정과 그에 따른 1948년 8월 15일 대한민국정부수립을 '민주독립국가 재건'으로 밝힌 전문에는 "**단기 4281년** 7월 12일 대한민국 국회의장 **이승만**"이라고 명시되어 있다. 이러한 사실에 따르면, "이승만 재평가와 건국일 기념"은 첫 단추부터 잘못 끼워진 셈이다.

제헌헌법에서 단기(檀紀), 곧 단군기원을 연호로 표기함으로써 대한민국 국가 기원에 대한 논의는 1945년과 1948년이 아닌 서력기원전 2333년으로 거슬러 올라갈 여지를 남겼기 때문이다. 사실 이승만 정부는 정부수립 직후 제정·공포한 「반민족행위처벌법」(법률 제3호) 공표일을 '대한민국 30년(1948년) 9월 22일'로 표기하는 등 모든 공식 문서에 임시정부의 연호(1919년)인 '대한민국'을 사용했다. 그런데 「반민족행위처벌법」이 통과된 지 3일 만에 '단기'를 공식화했다. 그리고 1949년

---

14   이영훈, 「우리도 건국절을 만들자」, 『동아일보』 2006.7.31. 기사 https://www.donga.com/news/article/all/20060731/8335196/1 (2024.02.13. 검색)

15   법제처 국가법령정보센터, 「대한민국헌법」(헌법 제1호, 1948.7.17. 제정) https://www.law.go.kr/lsSc.do?menuId=1&subMenuId=17&tabMenuId=93&query=%ED%97%8C%EB%B2%95#undefined (2024.02.13. 검색)

10월 1일에 공포된 「국경일에 관한 법률」(법률 제4호)에서는 건국일을 특정하지 않은 채 4대 국경일인 개천절-삼일절-광복절-제헌절 등을 지정했다. 이로써 우리의 건국은 4개의 기원을 가지게 된 셈이다.[16]

우선, 개천절은 '조국(祖國)'의 개창이라는 의미를 가진다. 여기서 말하는 조국이란 서양 근대국민/민족국가는 물론 고대 왕조와 같이 구체적인 연대기를 가진 국가가 아니라 상상 속의 국가다. 이 점에 유의하면, 신생 정부가 '단기'를 사용한 까닭을 "현실국가에 대한 무조건적 충성을 강요하기 위한 전략"으로 볼 수도 있다. 하지만 이 조국은 '조선적(朝鮮籍)'을 유지하고 있는 재일한인에게서 확인되듯이 우리 '민족'의 국가로 분명히 존재한다. 이에 비해 삼일절은 미국의 독립기념일 사례에서 볼 수 있듯이 우리의 독립을 천명한 대한민국 임시정부의 수립일이라는 점에서 국가 기원이 된다. 광복절은 삼일절로 출범한 정부와 국가의 실질적인 독립과 광복이며, 제헌절은 헌법제정과 국가 재건, 또는 근대국민/민족국가의 기원이 된다.[17]

따라서 표면적으로 내세우고 있는 '이승만 재평가'를 걷어내면 그의 주장은 "대한민국의 건국은 민족의 통일 염원에도 불구하고 강행된 '남한만의 단독정부의 수립'이라는 불행한 사건으로 치부되어 있

---

[16] 지수걸, 「역사논쟁은 '배틀(battle)'이 아니다: 건국절 논쟁의 주요 쟁점과 교육적 활용방안」, 『역사와 역사교육』 제32호, 웅진사학회, 2016, 31~32쪽.

[17] 위의 글, 34~36쪽. 미국의 독립기념일(Independence Day)은 1776년 7월 4일 미국의 독립 선언이 채택된 것을 기념하는 날로, 제3차 대륙회의가 열린 필라델피아에서 미국의 독립을 결의한 날은 1776년 7월 2일이다. 영국으로부터 미국의 독립이 공식적으로 승인된 파리조약이 체결된 날은 7년 동안의 독립전쟁이 치러진 후인 1783년 9월 3일이며, 조약이 발효된 날은 1784년 5월 12일이다. 이렇게 본다면 3·1독립선언서(三一獨立宣言書)가 선언된 1919년 3월 1일을 기념하는 삼일절이 독립기념일이자 건국일이며, 일왕 히로히토(迪宮裕仁)가 라디오로 항복을 선언한 1945년 8월 15일은 광복절이다. 미주리함(USS Missouri)에서 항복문서에 서명한 날은 1945년 9월 2일, 조선총독부가 미군에 항복함으로써 일제통치가 종식된 날은 9월 9일이다.

을 뿐”이므로, “지난 60년간의 ‘광복절’을 미래적인 ‘건국절’로 바꾸자.”라는 말로 요약된다. 그는 1945년 8월 15일을 “일제가 무리하게 제국의 판도를 확장하다가 미국과 충돌하여 미국에 의해 제국이 깨어지는 통에 이루어진 것”이므로 “우리의 힘으로 이루어지지 않았다.”라고 인식한다. 이를 근거로 “**당대를 살았던 사람들**에게 그 감격이야 어찌 말로 다 표현할 수 있으랴”마는 “**후대에 태어난 사람**의 입장이 반드시 같을 수는 없다.”라면서 “**어떠한 모양새의 근대국가**를 세울지, 그에 관한 준비가 되어 있지 않았다.”라고 주장한다.

그런데 이영훈의 기고문에는 대한민국이 “남한만의 단독정부의 수립”에 의해 출범하였고, 2차세계대전 이후 서양 근대국민/민족국가 질서가 재편되는 과정에서 출범함으로써 생긴 문제를 스스로 인지하고 있는 듯한 흔적이 곳곳에 드러나 있다. 우리나라의 역사를 “2000년”으로 축소하고, 그마저도 “병탄(倂呑) 되기 이전”에는 “문명”이 없었으며, “우리의 힘으로 이루어지지 않은” 광복과 근대국가에 대한 “준비가 이루어지지 않았”던 해방기, 또는 건국 준비 기간을 뺌으로써 기고문 게재일 기준 59년의 역사만을 인정하고 주장하기 때문이다. 이 주장은 1948년 8월 15일에 수립된 정부가 서양 근대국민/민족국가 대한민국이며, 역사상 한반도의 유일한 국가라는 인식을 담고 있다.

선행연구에 따르면, 이러한 인식은 “해방 이후 남한 반공체제의 건설 과정에서 강력한 반공주의 정체성을 가지게” 된 “남한 보수세력”이 “애써 숨기고 싶은 한국현대사의 컴플렉스”에서 비롯되었다. 그들은 “남한 반공체제의 등장 과정에서 너무나 많은 공산주의자들과 무고한 민간인들”을 “국가폭력에 의해 공공연히 ‘빨갱이’ ‘비국민’”으로 몰아 “마음대로 처단”했다. 그리고 “그 책임을 좌파세력에게, 특히 소련-북한-남한 공산주의자로 연결되는 외부자들에게 그 책임을 돌림으로써 자신들의 행위를 정당해왔”음에도 불구하고, “역사적 진실의 규명”으로 “그들의 그러한 책임 회피가 점차 쉽지만은 않”게 되자 “전쟁 중의 국가폭력을 통해 남한 반공체제를 최종적으로 완성”시킨 ‘이승만의 재평가’를 내세운 것이다.[18]

　이렇게 “1995년에 한 언론사에서 제기한 이래 국가의 공식적 기억의 문제이자 국민의 정체성 문제로까지 확대”[19]된 건국절 논란, 곧 국가 기원 담론은 2008년 이후 지금까지 지속적으로 재점화되고 있다. 물론, 2023년 광복절 경축사에서는 “우리의 독립운동은 국민이 주인인 나라, 자유와 인권, 법치가 존중되는 자유민주주의 국가를 만들기 위한 건국운동”이었다고 “건국 시점을 모호하게 처리”함으로써 건국절 논란을 비껴가는 듯이 보였다.[20] 하지만 “국방부가 육군사관학교 교정에 있는 홍범도 장군 흉상을 독립기념관으로 옮기고, 해군의 주력 잠수함인 홍범도함의 이름을 바꾸겠다”라고 나서면서 “‘건국절’이 다시 소환”된 것이다.[21]

　특히, 2023년 광복절 경축사에 등장한 ‘자유민주주의’는 2021년 3월 4일 당시 윤석열 검찰총장이 사퇴하면서 “앞으로도 제가 어느 위치에 있던지 자유민주주의와 국민을 보호하는 데 온 힘을 다하겠습

---

[18]　정해구, 앞의 글, 228, 235~236쪽.

[19]　辛珠柏, 앞의 글, 57쪽.

[20]　김종성, 「윤 대통령의 ‘묘한 뉘앙스’…대한민국 근간 흔들고 있다[김종성의 ‘히, 스토리’]」, 『오마이뉴스』 2023.8.17. 기사 https://www.ohmynews.com/NWS_Web/Series/series_premium_pg.aspx?CNTN_CD=A0002953358&CMPT_CD=SEARCH (2024.02.14. 검색)

[21]　고승욱, 「[고승욱칼럼] 건국절의 늪에 다시 빠지려는가」, 『국민일보』 2023.08.30. 기사 https://www.kmib.co.kr/article/view.asp?arcid=0924318479&code=11171454&cp=nv (2024.02.14. 검색)

니다."라고 발언한 이후로 늘 등장한다는 점에 유의할 수 있다.[22] 본래 자유주의는 국가의 권력과 기능을 제한하는 이념으로서, 통치권이 개인이나 소수에게 장악되어서는 안 된다는 민주주의와 양립하면서 상호보완적인 관계에 있다. 그래서 민주주의 국가에서는 기본적 자유를 보장하며, 자유 국가에는 제도적인 면에서 최소한의 민주주의가 존재한다.[23] 그런데 문제는 "어원적으로 '자유주의'와 '민주주의'의 화학적 결합을 의미하는 듯"한 자유민주주의가 우리 사회에서는 "사실 자유주의에 방점을 둔다"는 데 있다.[24]

우리 사회에서 자유민주주의 논란이 일어난 것은 2011개정교과 교육과정이 고시되면서부터이다. 여기에는 건국절 논란을 불러일으킨 뉴라이트 진영이 깊숙이 개입되어 있었다. 당시 이명박 정부는 2009년 12월 2009개정교육과정(총론), 2011년 8월 9일 2009개정교육과정에 따른 교과교육과정(각론)을 고시하였는데, 그 발단은 뉴라이트 진영이 개입하여 2008년부터 시작된 금성교과서 근현대사 교과서 수정 논쟁이었다. 이후 2007개정교육과정에서 필수였던 역사와 선택이었던 한국문화사, 동아시아, 세계역사의 이해를 2009개정교육과정에서는 선택인 한국사, 동아시아사, 세계사로 바꾸었다가 한국사를 필수로 지정하겠다고 발표함으로써 근현대사 축소라는 비판

---

[22] 이태훈, 「윤석열 사퇴 "어떤 위치에 있든 자유민주주의-국민 지키겠다"」, 『동아일보』 2021.03.04. 기사 https://www.donga.com/news/article/all/20210304/105719268/1 (2024.02.14. 검색)

[23] 김주호, 「민주주의의 자유편향적 발전과 그 결과: 민주주의의 이름으로 추진된 신자유주의적 개혁」, 『사회이론』 제52호, 한국사회이론학회, 2017, 190쪽.

[24] 성일권, 「윤석열의 '자유민주주의 수호'가 의미하는 것」, 『르몽드 디플로마티크』 2021.03.31. 기사 https://www.ilemonde.com/news/articleView.html?idxno=14388 (2024.02.14. 검색)

에 직면했다.[25]

개정교육과정을 두고 벌어진 자유민주주의 논란은[26] 박근혜 정부 들어서 2013 교학사 한국사 교과서 사태와 2014년 건국절 제정 법안 발의, 그리고 2016년 광복절 기념식의 건국 68주년 언급 등으로 더욱 심각한 양상을 띠게 되었다. 2013년 교학사 한국사 교과서 사태는 2013년 5월 31일 한국현대사학회가 개최한 '교과서 문제를 생각한다: 중·고등 한국사 교과서 분석과 제언' 학술회의에서 기존 역사 교과서가 좌편향되어 있다고 주장하였는데, 이 학술회의 참가자 가운데 검인정합격된 교과서 집필진이 있다는 점에 주목한 언론이 교학사 교과서를 뉴라이트 교과서로 명명하고 비판한 데서 비롯되었다.[27] 논란이 가속화되면서 역사학계에서는 교학사 교과서를 규탄하였고, 당시 야당에서는 해당 교과서에 대한 검정 및 출판 철회를 강력하게 요구했다.

논란 끝에 교학사 교과서를 채택했던 일선 고등학교에서도 취소하

---

[25] 관련 내용과 인용문은 신은희, 「MB정권에서 '역사교육죽이기' 3종 세트란?」, 『오마이뉴스』 2012.02.11. 기사 https://www.ohmynews.com/NWS_Web/view/at_pg.aspx?CNTN_CD=A0001696309 (2024.02.14.검색)을 참조할 것.

[26] 개정교육과정을 두고 벌어진 '자유민주주의' 논란은 역사학계를 넘어서 법학계에도 퍼졌다. '자유민주주의'를 옹호하는 일부 법학계에서는 1999년 2월 5일에 제정된 「통일교육지원법」, 2005년 5월 31일 제정된 「국가보훈기본법」 등의 공법 규정에서 "자유민주주의"라는 표현을 찾아내는 한편, 현행 헌법 전문과 제4조의 "자유민주적 기본질서"를 근간으로 한 1990년대 헌법재판소의 판례를 들어 "자유민주주의의 실현을 헌법의 지향이념으로 삼고 있다"는 주장을 내놓기도 했다. 관련 주장은 이춘구, 「자유민주주의의 공법적 고찰: 민주주의 논쟁을 중심으로」, 『법학연구』 제34집, 전북대학교 법학연구소, 2011, 375~402쪽을 참조할 것. 그런데, 이러한 주장은 "교과서에 우리 정체를 민주공화국이 아닌 자유민주주의로 개정하는 것"이 "대한민국의 정체와 주권의 소재지를 명시하고 있는" 헌법을 위반한 것이라는 주장에 대한 반론으로 볼 수 있다.

[27] 김지훈·음성원, 「'이승만·박정희 독재 미화' 뉴라이트, 역사흔들기 본격화」, 『한겨레신문』 2013.05.31. 기사 https://www.hani.co.kr/arti/society/schooling/589975.html (2024.02.14. 검색)

는 등 교학사 한국사 교과서 사태는 진정 국면에 들어섰으나, 2014년 9월 2일 윤상현 의원을 비롯한 당시 새누리당 의원 62명이 '국경일에 관한 법률 개정안'을 발의하면서 건국절 논란이 재점화되었다. 이에 대해 광복회 및 독립운동 유관단체는 "해당 법률안 발의 의원(62명)이 모두 새누리당 의원이라는 데에 우리는 의아해 하고" 있다면서 이들에게 "의원님들께서는 깊이 검토하였으리라 믿습니다만, 혹시라도 바쁘신 나머지 급히 서명하였다면 재고하여 주시기" 바란다는 '건국절 제정에 대한 광복회·독립운동 유관단체 입장'을 발표했다.[28] 또한 2014년 10월 5일에는 건국절법률개정반대 범국민운동본부 결성식 및 기자회견에 나섰다.[29]

국정 한국사 교과서 추진[30]과 건국절 논란[31]은 2016년 12월 9일 박근혜 대통령의 직무가 정지되면서 동력을 잃었다. 당시 교육부는 1년 유예 뒤 국검정 혼용 방안을 밝혔는데, 문재인 정부가 출범한 지 3일 만인 2017년 5월 12일에 국정교과서 폐기 지시가 내려지면서 국정교과서 자체가 비공개 문서로 처리되었다. 하지만, 2017년 광복절 연설에서 당시 문재인 대통령이 "2년 후 2019년은 대한민국 건국과 임시

---

28 광복회, 「건국절 제정에 대한 광복회·독립운동 유관단체 입장」, 『광복회보』 제373호, 2014.10.31. https://www.kla815.or.kr/sub_5/5_1_view.php?articleid=MZQNQ0000111&r_order=3 (2024.02.14. 검색)

29 서울의 소리, 「'광복절-건국절 변경 시도' 나경원, 윤상현, 심재철 등 새누리 62명 입법서명」, 『서울의 소리』 2014.12.4. 기사 https://www.amn.kr/17396 (2024.02.14. 검색)

30 선대식, 「황우여 "하나의 교과서 만들어서 가르쳐야"」, 『오마이뉴스』 2015.9.10. 기사 https://www.ohmynews.com/NWS_Web/View/at_pg.aspx?CNTN_CD=A0002142832 (2024.02.14. 검색)

31 정진형, 「"건국절 추진하면 훈장 반납, 기념식 불참": 180여 개 독립운동단체 결집, "건국절 추진세력은 반민족행위자"」, 『뷰스앤뉴스』 2016.9.6. 기사 https://www.viewsnnews.com/article?q=135671 (2024.02.14. 검색)

정부 수립 100주년을 맞는 해입니다. 내년 8·15는 정부 수립 70주년이기도 합니다."라고 하면서 재점화되었다.[32] 3·1운동 100주년 및 대한민국 임시정부 성립 100주년 기념사업 예산 배치를 두고 당시 야당의 전액 삭감 요구 등 논란이 일었기 때문이다.

앞서 언급한 2023년 광복절 경축사는 '건국절 논란'에 마침표를 찍은 것으로 평가되는가 하면,[33] 뉴라이트에 힘을 실었다고 평가되는[34] 등 평가가 엇갈린다. 하지만 검찰총장 사퇴에서부터 '자유민주주의'를 내세우면서 '자유'를 강조하고 "왜곡된 역사의식, 무책임한 국가관을 가진 반국가 세력"과 "자유 대한민국의 발전을 가로막으려는 세력"을 호명[35]하는 데서는 "1989년 구 소련 붕괴 당시에 (…) '공산주의에 대한 자유민주주의의 승리'를 흔히 들먹이며, 공산주의와 사회주의, 사민주의와 같은 좌파 이데올로기를 악마화하고 그 종말을 주장해"온 "미국의 정치철학자 프랜시스 후쿠야마와 사무엘 헌팅턴"의 그림자가 어른거린다.[36] 이것이 1945년과 1948년을 두고 벌어지는 오늘날 건국절 논란의 정체이다.

---

[32] 황희진, 「[계산동기획] 문재인 대통령 광복절 연설문 수위 "과거 어땠나?"」, 『每日新聞』 2019.8.8. 기사 https://www.imaeil.com/Politics/20190808164929286637 (2024.02.14. 검색) 해당 기사에는 2017년과 2018년 문재인 대통령 광복절 연설문 전문이 첨부되어 있다.

[33] 곽은산·구현모, 「'건국절 논란'에 마침표 찍은 尹 [尹대통령 광복절 경축사]」, 『세계일보』 2023.08.15. 기사 https://m.segye.com/view/20230814516300 (2024.02.14. 검색)

[34] 이덕영, 「윤 대통령 면전에서 멘토의 일침 "정부는 없어도 나라는 있다"」, MBC뉴스데스크 2023.08.15. 기사 https://imnews.imbc.com/replay/2023/nwdesk/article/6514660_36199.html (2024.02.14. 검색)

[35] 이관후, 「'반국가세력' 한마디에 본색 드러낸 尹정부 '자유민주주의'」, 『프레시안』 2023.6.30. 기사 https://www.pressian.com/pages/articles/2023063008140945742 (2024.02.14. 검색)

[36] 성일권, 앞의 글.

3. 근대국민/민족국가 구상과 제주4·3

『제주4·3사건 진상조사보고서』에 따르면, 제주4·3은 "1947년 3월 1일 **경찰의 발포사건**을 기점으로 하여, **경찰·서북청년단의 탄압에** 대한 저항과 단선·단정 반대를 기치로 1948년 4월 3일 **남로당 제주도당 무장대가 무장봉기한 이래** 1954년 9월 21일 **한라산 금족지역이 전면 개방될 때**까지 제주도에서 발생한 **무장대와 토벌대 간의** 무력충돌과 **토벌대의** 진압과정에서 **수많은** 주민들이 희생당한 사건"이다. 『두산백과』에서는 이를 "1947년 3월 1일을 기점으로 하여 1948년 4월 3일에 발생한 **소요사태 및** 1954년 9월 21일까지 제주도에서 발생한 무력충돌과 진압 과정에서 주민들이 희생당한 사건"으로 요약하고 있다. 이미 2003년에 국가의 공식기억이 수정되었음에도 불구하고 축소·은폐가 여전함을 알 수 있다.[37]

『제주4·3사건 진상보고서』에서는 제주4·3의 원인(경찰의 발포사건), 목적(경찰·서북청년단의 탄압에 대한 저항과 단선·단정 반대), 전개 방식(남로당 제주도당 무장대가 무장봉기), 종결 이유(한라산 금족지역의 전면 개방), 무력충돌 당사자(무장대와 토벌대), 진압 주체(토벌대), 피해 규모(수많은) 등을 비교적 구체화하고 있지만 사건의 성격을 명확하게 정의하지는 않고 있다. 이에 비해, 『두산백과』에서는 이러한 정보를 '누락'하면서 오히려 전개 방식을 사건의 성격(소요사태)으로 '조작'함으로써 '정보왜곡(distortion)'을 발생시켰다. 정보의 과장, 축소, 조작, 누락 및 지연은 "의도적이든 비의도적이든, 의식적이든 객관적

---

[37] 『제주4·3사건 진상조사보고서』(2003)의 인용문은 536쪽이며, 포털사이트 검색 상단에 뜨는 『두산백과』의 해당 항목은 https://terms.naver.com/entry.naver?docId =1141380&cid=40942&categoryId=31778 (2024.02.14. 검색)에서 확인할 수 있다.

으로 정확한 정보를 부정확하게 재생하는 것"이기 때문이다.[38]

국가 공식기억(official memory)에 대항하는 오랜 기간의 기억투쟁(The Struggle of Memory) 끝에 진상조사가 이루어지고, 보수정부 집권 시기인 2014년 3월 18일 제주 4·3희생자 추념일이 국가기념일로 지정되었지만, "첫 국가기념일을 앞둔 4·3에 찬물 끼얹은 보수단체"의 목소리는 아직도 계속되고 있다.[39] 제주4·3이 "분단체제 하에 반공국가가 자기 탄생을 미화하고 자기 보위의 요구를 강력히 발하면서 민중저항에 대한 탄압과 반인권적 폭력을 정당화한 최초의 역사적 선례"이기 때문이다. 이는 1990년 제주도 4·3연구회가 유족 100명을 대상으로 실시한 설문조사 가운데 "4·3이 일어난 원인을 묻는 질문에서 '건국 전야 혼란기라서 어쩔 수 없었다.'라는 답에 41.1%가 응답"했다는 데서도 확인된다.[40]

제주4·3 기억투쟁에서 중요한 인식 가운데 하나는 해방 이후 한국에서 자행된 양민학살의 주체가 국가권력이라는 것이다. 그래서 2003년 10월 31일 제주도민과 간담회 자리에서 노무현 전 대통령이 국가수반으로서는 최초로 "국정을 책임진 대통령으로서 과거 국가권력의 잘못에 대해 유족과 도민 여러분께 진심으로 사과와 위로의 말씀을 드린다."라고 사과했을 때도 주체가 '과거 국가권력'이라는 점을

---

[38] 염돈재·박상희·최동훈, 「정보왜곡에 대한 조직구조적 접근: 1997년 외환위기 인식 과정을 중심으로」, 『한국행정연구』 17권 1호, 한국행정연구원, 2008, 249~250쪽.

[39] 이동건, 「첫 국가기념일 앞둔 4·3에 찬물 끼얹은 보수단체」, 『제주의소리』 2014. 03.20. 기사 https://www.jejusori.net/news/articleView.html?idxno=142502 (2024.02.14. 검색); 이승훈, 「태영호 '4·3 지령설' 발언, 연일 논란인데… 조용한 국민의 힘 지도부」, 『민중의소리』 2023.02.16. 기사 https://vop.co.kr/A00001628256. html (2024.02.14. 검색)

[40] 이성우, 「국가폭력에 대한 기억투쟁: 5·18과 4·3 비교연구」, 『OUGHTOPIA』 26-1, 경희대학교 인류사회재건연구원, 2011, 73~74쪽.

분명히 했다. 그런데 국가 기원과 관련된 논쟁의 맥락에서 보면, 기점인 1947년 3월 1일은 물론 발생 시점인 1948년 4월 3일은 1948년 5월 10일 총선거를 통해 5월 31일 제헌국회가 개원하고, 7월 17일 제헌헌법이 공표되어 8월 15일 정부 수립 또는 서양 근대 국민/민족국가 '대한민국' 제1공화국이 출범하기 이전이다.

1948년 8월 국가 기원설에 따르면, 제주4·3은 건국 이전, 또는 최소한 건국 준비 기간에 발발했다. 그런데도 이른바 '뉴라이트' 진영에서는 이 '사건'을 "좌파세력의 반란"(144쪽)으로 표기함으로써 마치 '기존의 권력과 국가'가 당시 존재하고 있었고, 이에 대항하는 '특정 권력 및 무력 집단'이 있었다는 인식을 드러내고 있다. 이러한 인식은 교과서포럼의 『대안 교과서 한국 근·현대사』 「4부 해방과 국민국가의 건설」 '1. 대한민국의 성립'의 차례가 ① 민족의 분단과 미군정의 전개, ② 대한민국의 탄생, ③ 건국 초기의 시련과 과제, ④ 대한민국 성립의 역사적 의의인 데서도 확인된다. ③ 건국 초기의 시련과 과제를 ② 대한민국의 탄생 이후에 배치함으로써 대한민국이 이미 건국되었음을 암시하고 있는 것이다.[41]

가령, "국민국가"(135쪽) ② 대한민국의 탄생이 '5·10선거와 헌법 제정'(142쪽)에 의해 이루어졌고, '정부의 수립과 국제적 승인'(142쪽)에 의해 천명되었다 하더라도, "제주도에서 무장반란을 일으켰다"는 시점은 그보다 앞선 "1948년 4월 3일"이다(144쪽). 따라서 '③ 건국 초기의 시련과 과제'(141쪽)가 아니라 '신탁통치안의 대두와 좌우대립의 격화'(139쪽), '좌우합작의 실패와 유엔의 개입'(141쪽)에 이은 '통일정부 수

---

[41] 해당 목차는 2008년 3월 24일에 발행된 〈교과서포럼, 『한국근·현대사』, 도서출판 기파랑, 9쪽〉을 기준으로 한다. 이하 인용 등 관련 내용 표기는 본문에서 ( ) 속의 쪽수로 표기한다.

립 논의와 제주4·3'가 포함된 '② 건국 준비기의 시련' 또는 '② 통일 정부 수립 논의와 실패'로 따로 장을 만들거나, '① 민족의 분단과 미군정의 전개'의 하위 절에 '건국 준비와 제주4·3', 또는 '통일정부 수립 논의와 제주4·3'을 덧붙여야 1948년 8월 국가 기원설의 맥락에 부합한다.

물론, 제주4·3이 "정부 수립 이전인 1948년 4월 3일"에 일어났지만, "8월 정부 수립 이후까지도 이어졌"(144쪽)고, "1949년 5월에 일단 종결되었으나, 봉기의 여세는 6·25전쟁을 거쳐 1954년에야 완전히 진압되었다."(144쪽)는 점에 방점을 찍으면, 『대안 교과서 한국 근·현대사』의 차례는 1948년 8월 국가 기원설의 맥락에 부합한다고 볼 수도 있다. 이러한 인식은 "1945년 9월 20일 스탈린은 제1극동군 사령관에게 7개항으로 이루어진 비밀지령을 내렸다."는 상세한 설명을 덧붙인 '스탈린의 지시로 남한보다 먼저 단독정부를 수립한 북한'(140쪽)이라는 항목을 따로 두었음에도, "북한은 그보다 조금 뒤인 9월 9일 조선민주주의인민공화국 정부 수립을 선포하였다."(144쪽)라는 서술에서도 확인된다.

그런데 북한이 '스탈린의 지시로 남한보다 먼저 단독정부를 수립'하였다는 근거는 스탈린의 비밀지령에 따라 "1945년 10월 북한에서는 이북5도행정위원회가 설치"되었고, "1946년 2월에는 북조선임시인민위원회가 성립"되어 "사실상 단독정부를 먼저 수립하고 공산주의 체제의 건설을 목적으로 사유재산을 몰수하는 돌이킬 수 없는 수준의 토지개혁을 단행"하였다는 것이다.(140쪽) 따라서 "남북 분단의 단초를 연 것은 북한의 소련군과 그에 협력한 공산주의자들"로, "남한에서도 불가피하게 그에 준하는 대응"을 한 것이라는 점에서 "1948년 8월 15일 대한민국 정부가 수립"(142쪽)되고, "이승만 정부는 대한민국이 한반도에서 유일 합법정부임을 천명하고, 국제적으로 승인받기 위해 노력"(144쪽)하였다는 논리이다.

하지만 "북한의 소련군과 공산주의 정치 세력"(140~141쪽)이 "공산주의 체제를 지향하는 개혁을 추진"했고, "그로 인해 남한과 북한의 정치 세력은 처음부터 심하게 대립"하였으며, "냉전에 들어간 미국과 소련 사이에도 협력의 여지는 처음부터 적었다."(141쪽)하더라도, "1948년 1월 유엔한국임시위원단이 남한에 들어"와, "그해 2월 유엔"이 "선거감시가 가능한 지역"에서만 총선거를 실시하기로 하였고, "미군정"이 "이를 받아들여 그해 5월 10일 남한에서 총선거를 실시한다고 발표하기" 전에 제주4·3이 일어났다는 점에 유의해야 한다. 곧, "근대국가"의 형태와 통일정부의 수립에 대한 다양한 의견이 "정치 쟁점"화 하는 과정이었으므로 "사실상 단독정부"의 실체는 모호할 수밖에 없다.(141쪽)

이렇게 옹색한 논리는 "보통, 평등, 비밀, 직접이라는 4대 원칙이 지켜진 민주적 선거로서 역사상 한국인이 경험한 최초의 민주주의 정치체도의 실험"이라는 "1948년 5월 10일에 실시된 총선거"(142쪽)가 "좌파의 무장반란으로 선거가 제대로 치러지지 못한 제주도를 제외하고는 전국에서 비교적 평온한 분위기 속에서 순조롭게 진행"(142쪽)되었고, "대한민국의 영토는 한반도와 그 부속도서로 한다"(143~144쪽)라고 선언함으로써 "통일의 의지를 명확히 표명"(144쪽)하였음에도 "같은 해 12월 제3차 유엔총회"에서 "선거감시가 가능했던 지역에서 합법적으로 수립된 정부"로 승인되었고, "1950년 3월까지 미국을 비롯하여 26개국이 한국을 승인하였다."라는 서술에서도 확인된다.

"선거감시가 가능했던 지역"인 남한에서도 "선거가 제대로 치러지지" 못했고, 그를 토대로 출범한 제헌의회의 대한민국의 영토 선언은 일방적이었으며, "통일"을 "표방"했다고 해석함으로써 당시로서는 확정되지 않은 분단을 전제로 한 것임을 드러내고 있기 때문이다. 이러한 문제점에 대한 인식은 '제헌의회 의원들의 출신을 통해 본 대한민국 건국세력의 역사적 배경'이라는 항목을 따로 둔 것에서도 확인된다. "5·10선거로 선출된 국회의원" 총 "209명이 속한 가문의 조선왕조 시대의 신분은 향리 등의 중간 신분이 대부분"으로, "식민지 시기에 고등교육을 받고 상공업자, 지주, 하급관료, 교원, 의사, 변호사와 같은 전문직업인으로 성장해온 사람이 대부분이며, 그들의 정신세계는 (…) 민족주의적 성향을 띠었다."(143쪽)고 서술함으로써 그 대표성과 단독정부 수립의 정당성을 확보하려고 한 것으로 볼 수 있다.

그런데 "해방 후 남한은 일본이 항복했으나 미국군은 아직 진주하지 않은 힘의 공백 상태"에 있었고, "이러한 공백을 선점한" "건국준비위원회"와 "공산주의자들" 등을 "9월 8일에 남한에 진주한 미국군은 (…) 인정하지 않았다." "미국군은 진주 초기부터 한국을 즉각 독립시키지는 않을 것이고, 해방에서 독립에 이르는 점령 기간에 한반도의 북위 38도선 이남에서는 미군정이 유일한 합법 정부임을 분명히 하였"기 때문이다. 그리고 "한반도의 38도선 이남 지역에서 유일한 합법 정부는 미군정밖에 없다는 미국의 방침"이 "미국군이 진주한 후" 결집한 "우파 정치 세력"에게도 "예외 없이 적용"되었다는 점을 감안한다면(138쪽), 제주4·3은 아직 출범하지도 않았거나 이제 막 출범한 대한민국에 대한 반란은 아니다.

이 점은 "38도선의 획정"에서도 확인할 수 있다. "한반도 분단을 불러온 38도선은 일본군의 무장해제를 위해 미국과 소련의 합의에 따라 그어진 군사분계선"으로, "당시 소련군의 진격 속도를 볼 때 38도선은 미국이 소련에 강요하기 힘든 것"이었지만, "한반도 전체가 소련군의 점령하에 들어"갈 것을 염려한 "미국의 제안"을 스탈린이 "전후 소련이 일본 점령에 참여하게 될 것을 기대하여 (…) 그대로 받아" 들임으로써 획정되었다. 그런데도 "한반도도 공산화의 운명을 면하기 어려웠을 것"이라는 가정을 토대로 "단순히 한반도의 분단을 불러온 것이 아니라, 자유, 인권, 시장 등 인류 보편의 가치가 미국군을 따라 한반도에 상륙한 북방한계를 나타내는 선"이라고 주장하는 것(137쪽)은 냉전체제의 논리를 소급 적용한 것에 지나지 않는다.

그런데도 교과서포럼의 『대안 교과서 한국 근·현대사』에서는 제주4·3을 '좌파 세력의 반란'이라는 제목 아래 다음과 같이 서술하고 있다.

> 좌파 세력의 반란
>
> 남조선노동당(남로당)을 중심으로 한 좌파 정치 세력은 대한민국의 성립에 저항하였다. 남로당은 정부 수립 이전인 1948년 4월 3일에 제주도에서 무장반란을 일으켰다(제주 4·3사건). 이 반란은 8월 정부 수립 이후까지도 이어졌다.(144쪽)

본문의 서술에서는 무장반란의 주체를 '남조선노동당(남로당)'으로 적시하고 있다. 이전 서술에서는 한 번도 등장하지 않은 '남조선노동당'을 좌파 정치 세력의 중심으로 규정하였지만, 그에 대해서 구체적으로 설명하지 않고 있다. 그리고 목적을 "대한민국의 성립에 저항"하는 것으로, 시기를 "정부 수립 이전인 1948년 4월 3일"에서 "8월 정부 수립 이후"까지로 명시하면서, 성격을 저항, 무장반란, 반란으로 규정하였다. '건국 초기의 시련과 과제'라는 장제목과는 달리 그 내용에서는 건국이 아닌 성립, 또는 정부 수립으로 표기하였을 뿐 아니라, "북한의 소련군과 공산주의 정치 세력"이 아닌 "남조선노동당"을 반란의 주체로 하고 있음에도 불구하고 정작 저항이나 무장반란, 반란의 대상을 적시하지 않은 것이다.

이에 비해 따로 배치한 '제주 4·3사건'이라는 보충자료에서는 다음과 같이 서술하고 있다.

> 제주 4·3 사건
>
> 해방 후의 혼란을 틈타 남로당은 제주도에 지하조직을 구축하고 제주인민해방군까지 조직하였다. 그들은 전쟁 말기 일본군이 풍부하게 비축한 무기와 화약으로 무장하고 유격전 훈련을 하였다. 이러한 상황에서 서북 출신의 경찰관들이 제주도에 파견되어 제주도민에게 폭력을 남용하였다. 이를 계기로 제주도 남로당 세력은 1948년 4월 3일 남한만의 단독선거 반대, 반미·반경찰·반서북청년단 등의 구호를 외치며 민중봉기를 주도하고 유격전을 벌였다. 사태가 악화되자 미군정청은 군대를 제주도에 투입했는데, 군은 유격대가 은신한 산간지대를 대상으로 가혹한 진압작전을 펼쳤다. 그 과정에서 약 9만 명의 이재민과 대량의 인명 피해가 발생하였다. 이 사건은 1949년 5월에 일단 종결되었으나, 봉기의 여세는 6·25전쟁을 거쳐 1954년에야 완전히 진압되었다. 사진은 봉기에 가담한 혐의로 체포된 제주도 주민들

본문에 등장한 좌파 정치 세력의 중심인 남로당은 보충자료에서 제주도에 지하조직을 구축하고 제주인민해방군까지 조직한 것으로 서술되고 있다. 그리고 서북 출신의 경찰관, 곧 무장봉기 지원에 동원된 민병대[42]가 제주4·3 전후 도민에 대한 폭력 남용의 주체로, 미군정청

---

[42] 서북청년단 500명 파견 요청에 따라 제주에 파견된 200여 명은 제주서, 서귀포서, 그리고 각 지역 파출소로 파견되었는데, 이들은 경감 8명, 경위 4명, 경사 36명, 기타 순경으로 충원되었다. 하지만 김평선에 따르면, 이들은 경찰이라기보다는 준군사조직(paramilitary groups)또는 민병대(militia)으로 볼 수 있는데, 김대봉 경무부 공보실장이 1948년 4월 17일 발표한 입장문에서 "청년단체가 경찰에 협조하는

이 투입한 군대가 가혹한 진압작전의 주체로 서술되고 있다. 그런데 제주도 남로당 세력이 주도한 제주4·3을 민중봉기와 봉기, 그리고 유격전으로 규정하고, 목적을 남한만의 단독선거 반대, 반미·반경찰·반서북청년단 등으로 서술함으로써, 본문의 저항이나 무장반란, 그리고 반란이라는 성격 규정, 대한민국의 성립에 저항이라는 목적의 서술과는 일치하지 않는다. 그리고 무엇보다도 건국의 주체로 호명한 '대한민국'이 그 어디에도 등장하지 않는다.

보충자료에서는 이로써 제주4·3의 원인이 남로당의 지하조직 구축과 서북 출신의 경찰관의 제주도민에 대한 폭력 남용이며, "약 9만 명의 이재민과 대량의 인명 피해"라는 결과의 책임이 유격전을 벌인 남로당과 군대를 제주도에 투입한 미군청정, 가혹한 진압작전을 펼친 군, 그리고 봉기에 가담한 혐의가 있는 제주도 주민에게 있다는 논리를 펼치고 있다. 그런데 본문에서는 남한과 북한에 별개의 정부가 들어선 후라고 선을 그은 다음, 북한의 김일성이 이른바 국토완정론(國土完整論)을 주장하였다면서 "김일성의 '국토완정론'은 처음에는 남한 내부에서의 공작이나 무장봉기를 통해 이승만 정부를 무너뜨리려는 노력으로 나타났다."(144쪽)라고 서술하여 제주4·3과의 관련성을 오히려 강조한다.

본문에서는 국토완정론을 "북한에 먼저 민주적인 정권을 수립하고" 그것을 '민주기지'로 삼아 "남한을 미국의 지배에서 해방시켜 국토를 완정하겠다"(144쪽)라고 설명하고 있는데, 초기에는 "이승만 정부를 무

것은 좋으나 그 기회를 얻어서 무기를 갖고 테러, 폭행, 그 외의 경찰행위를 하는 것은 절대 용서할 수 없다."한 데서도 확인된다. 관련 내용은 김평선, 「서북청년단의 폭력 동기 분석: 제주4·3사건을 중심으로」, 『4·3과 역사』 제9·10호, 제주4·3연구소, 2010, 303~304쪽을 참조할 것.

너뜨리려는 노력으로 나타났다"라고 함으로써 "이승만 정부의 강력한 진압으로 무장반란이 실패로 돌아가자"(145쪽) "현실화된" "1950년 6월 25일에 터진 민족상잔(民族相殘)의 전쟁"과의 인과관계를 "이승만 정부"에 대한 "북한 김일성"의 "국토완정론" 구도로 설정하고자 하였다. 따라서 보충자료에서는 빠뜨리고 있는 이승만 정부가 본문에서는 정부 수립 이후 북한의 국토완정론에 강력한 진압으로 대응하였음에도 불구하고, 민족상잔을 겪게 된 피해자로 규정된 것이다.

이러한 규정은 자유민주주의 정치체제로서 민주공화국으로 성립하였다는 대한민국의 건국에 적극적으로 참여한 자유민주주의와 시장경제를 신봉하는 사람들만이 국민의 재산권과 경제활동의 자유를 보장하는 시장경제체제로 출발한 '대한민국의 국민'이라는 인식을 담고 있다. "건국의 방향을 둘러싸고 당시 한국인의 생각이 다 같지는 않았다."라면서, "계급독재와 공산주의가 옳다고 믿는 사람들은 북한 건국에 참여하였다."라고 서술하기 때문이다. 따라서 자유민주주의 정치체체로서 민주공화국으로 성립된 이승만 정부에 반대하고 노동자 계급의 이익을 중시하는 프로레탈리아독재(dictatorship of the proletariat) 노선이 우월한 정치체제라고 주장하는 사람은 대한민국 국민이 아닌 것이다.(148쪽)

이를 전제로 대한민국 국민이 아닌 이들에 대한 폭력 남용과 가혹한 진압의 정당성은 "건국 이후 60년의 역사가 흐른 오늘날 (…) 판정하기 어려운 일이 아니"라고 하면서, 그 이유를 "자유민주주의와 시장경제의 체제가, 인간의 물질적 복지와 정신적 행복을 증진하는 올바른 방향"이고 "모두가 골고루 잘산다는 공산주의 이상은 자유와 합리적 이기심이라는 인간의 본성에 맞지 않았다."라는 사실을 "1980년대 이후 소련·중국과 같은 주요 공산주의 국가들이 시장경제체제로 전환됨에 따라 해체"된 상황에서 확인할 수 있기 때문이라고 주장한다.(148쪽) 이러한 주장은 논리적 모순을 따져 물을 필요조차도 없을 정도로 자의적이며 '기괴'하기까지 하지만, 1948년 8월 국가 기원설과 관련한 중요한 단서를 제공한다.

1948년 8월 국가 기원설이 이승만 정부의 출범을 기점으로 삼는 이유는 이와 함께 '자유민주주의 정치체제와 시장경제체제'가 출범했기 때문이라고 볼 수 있다. 여기에 주목하는 한, 거칠게 말하면 근대국가 대한민국의 건국도, 그것을 대표하는 이승만 정부의 수립도 필요에 따라서는 앞서 살펴보았듯이 언제든 '누락'될 수 있다. 이러한 점으로 볼 때 힘의 공백 상태인 해방정국의 독법(讀法)에서 이들이 중요하게 여기는 것은 독립이나 해방, 또는 건국이 아니라, '자유민주주의 정치체제와 시장경제체제'의 출범이다. 개인의 자유로운 정신과 창의성의 억압, 곧 정치적 억압과 경제적 빈곤이 물질적, 정신적 발전의 성취, 곧 안정과 번영과 끊임없이 대비되는 것도 이 때문이다.

4. 근대국민/민족국가 대한민국 출범과 여수·순천10·19

1948년 8월 국가 기원설에 따른다면, 여수·순천10·19는 제주4·3 진압 명령과 그에 대한 '군의 항명'이 원인임에도 불구하고, 제주4·3 과는 성격이 달라야 한다. 『두산백과』에서는 "1948년 10월 19일 전라남도 여수에 주둔하고 있던 **국방경비대 제14연대 소속의 일부 군인들이 일으킨 사건**"으로 요약하고 있다. 이와 함께 "**제주도 4·3사건 진압출동을 거부**하고 대한민국 단독정부를 저지하려고"라고 그 이유를 서술하였고, "제주 4·3사건과 더불어 해방정국의 소용돌이 속에서 **단독정부의 수립을 둘러싸고 좌우의 대립으로 빚어진 대표적인 사건으**로 손꼽힌다."라고 평가하였다. 그런데 제주4·3처럼 남조선노동당이 반란을 주도했다고 하더라도, 단독정부 수립 공포로부터 이미 두 달여가 지난 뒤에 일어난 사건이므로 성격을 달리하여 서술해야 한다.

정부 수립과 군 창설 이후라는 점에서 보면, "1948. 10. 19. **여수 주둔 국방경비대 제14연대 소속 군인들의 반란을 시작**으로 1950. 9. 28. **수복 이전까지 약 2년 동안, 전라남도 및 전북·경남 일부 지역**에서 사건과 관련하여 **비무장 민간인이 집단희생되고 일부 군·경이 피해를 입은 사건**"(42쪽)이라는 『다시 쓰는 여순사건보고서』의 "나. 사건의 주요 요지"가 오히려 정확한 서술이다. 반란의 사전적 정의는 "정부나 지도자 따위에 반대하여 내란을 일으킴"이고, 「군형법」(법률 제18456호)에서는 제2편 각칙 제1장 반란의 죄 제5조(반란)에서 "작당(作黨)하여 병기를 휴대하고 반란을 일으킨 사람"으로 정의하고 있기 때문이다.

「군형법」에서 병기 휴대 여부에 주목하고 있다면, 「형법」(법률 제19582호) 제2편 각칙 제1장 내란의 죄 제87조(내란)에서는 "대한민국 영토의 전부 또는 일부에서 국가권력을 배제하거나 국헌을 문란하게 할 목적으로 폭동을 일으킨 자"로 목적에 주목하고 있다. 「형법」 제91조(국헌문란의 정의)에서는 "1. 헌법 또는 법률에 정한 절차에 의하지 아니하고 헌법 또는 법률의 기능을 소멸시키는 것, 2. 헌법에 의하여 설치된 국가기관을 강압에 의하여 전복 또는 그 권능행사를 불가능하게 하는 것"으로 국헌문란을 정의하고 있다. 따라서 여수·순천10·19는 1948년 8월 국가 기원설에 따르면, 당시 아직 제정되지는 않았지만 「군형법」

상 반란의 죄에 해당하는 것으로 볼 수 있다.[43]

앞서 살펴본 교과서포럼의 『대안 교과서 한국 근·현대사』「4부 해방과 국민국가의 건설」 '③ 건국 초기의 시련과 과제' 본문에서는 제주4·3에 대한 서술에 이어 다음과 같이 서술하고 있다.

> 10월에는 제주도 반란의 진압을 위해 출동명령을 받고 전남 여수와 순천에 주둔 중이던 국군 제14연대에서 남로당에서 포섭된 장교와 하사관들이 반란을 일으켰다. 이 반란은 곧바로 진압되었으나, 잔여 세력의 일부는 지리산으로 들어가 빨치산 활동을 계속하였다. 이같은 무장반란과 사회 각층에 광범히 침투한 좌파 정치 세력에 대처하고자 정부는 1948년 12월 국가보안법을 제정하였다.(144쪽)

인용문에서는 『두산백과』와 『다시 쓰는 여순사건보고서』에서 "국방경비대"라고 표기한 것에 비해, "국군"으로 표기하고 있다. 1948년 8월 15일 국군이 창설되었지만 「국군조직법」(법률 제9호)이 1948년 11월 30일 제정되기 전까지 미군정이 1946년 1월 15일 1개 연대 병력으로 창설한 남조선국방경비대(South Korean Constabulary of Police Reserve)가 존재하였다. 특히, 10·19를 일으킨 제14연대는 미군정이 1948년 5월 4일 "광주 제4연대 제1대대를 기간병력으로 하여 여수읍에서 4㎞ 떨어진 신

---

[43] 사전적 정의와 현행 「군형법」, 「형법」에도 불구하고, 「군형법」은 1962년 1월 20일 법률 제1003호로 제정되었고, 「형법」은 1953년 9월 18일 법률 제293호로 제정되었으므로 제주4·3과 여수·순천10·19 당시에는 법적 근거가 마련되지 않았다는 점에 유의하여야 한다. 여수·순천10·19를 계기로 1948년 12월 1일 제정되었다는 「국가보안법」(법률 제10호)이 기초하였다는 「국방경비법」은 "법률 호수가 미상이고 남조선과도입법의원이 해산된 후라 시간적으로 입법이 불가능하며 미법령집, 관보, 내부보고서, 당시신문, 미군정활동보고서에도 제정과 공포기록이 부재하여 제정과 공포가 되지 않았고 추후 입법되었을 가능성이 주장"되고 있다. 관련 내용은 ㈐여수지역사회연구소, 『다시 쓰는 여순사건보고서』, 한국학술정보, 2012, 80~82쪽을 참조할 것.

월리(전 일제의 특공기지)"[44]에 창설한 부대다. 따라서 "국방 경비대"로 쓸 수 있음에도 불구하고, "국군 일부", "국군 제14연대", "국방군대"라는 당시 언론의 표기를 따랐다.[45]

이러한 점을 고려할 때 교과서포럼의 『대안 교과서 한국 근·현대사』에서 "국군"이라고 표기한 것은 1948년 8월 국가 기원설에 초점을 맞춘 것으로 볼 수 있다. 그런데 국군 장교와 하사관들의 반란이라고 명시하고 있지만 이들이 "남로당에서 포섭"되었다고 제한하면서, 사건의 원인, 그리고 피해 대상과 규모 등에 대해서는 전혀 언급하지 않고 있다. 앞서 언급한 이른바 '국토완정론'에 대한 소개에 이어서 "제주 4·3사건, 여수·순천의 국군 제14연대 반란, 빨치산 활동 등은 이 노선에 따라 일어난 것이었다."라고 서술하고, 이어서 "김일성은 국토완정의 다른 방안으로 남진통일, 즉 무력에 의한 남침을 통해 공산주의 통일국가를 수립하려고 하였다."라고만 서술하였기 때문이다.(144~145쪽)

이러한 서술에서는 '남조선노동당'을 매개로 북한과 제주4·3, 여수·순천10·19, 빨치산을 연결시키려는 의도를 엿볼 수 있다. 1948년 8월 건국을 주장하면서도, 제주4·3과 여수·순천10·19, 빨치산을 해방정국에서 이루어진 국민/민족국가의 형태와 출범 방식에 대한 다양한 논의와 문제 제기의 맥락에서 설명하지 않고, 이렇게 1948년 출범한 이승만 정부나 '자유민주주의 정치체제와 시장경제체제'를 방해

---

44 손태희, 「여순사건 참가계층의 제유형」, 『남도문화연구』 제28권, 순천대학교 남도문화연구소, 2015, 39쪽.

45 당시 보도기사 자료는 김득중, 「여순사건과 이승만정권의 반공이데올로기 공세」, 『역사연구』 제14호, 역사학연구소, 2004, 16~17쪽과 김득중, 『'빨갱이'의 탄생 여순사건과 반공 국가의 형성』, 서울; 선인, 2023, 375쪽의 표를 참조할 것.

하고 교란하려고 했다는 점을 강조하면 좌파 세력의 반란이라는 동일
성을 가지게 된다. 공산주의 체제와 시장경제 체제의 대결구도로 단
순화되며, 결국은 "공산주의 세력의 도전을 물리치면서 나라의 기틀
을 자유민주주의 체제로 확고히 하는 건국의 제1단계"를 방해하는 좌
파 세력으로 표상되기 때문이다.(134쪽)

역설적이지만 이러한 표상 때문에 진보진영과는 전혀 다른 맥락에
서 뉴라이트 계열의 주장에서도 여수·순천10·19의 성격은 제주4·3
과 구분되지 않는다. 1948년 8월 국가 기원설에 따르면 건국 이전과
이후로 분명히 구분되는 제주4·3과 여수·순천10·19, 그리고 빨치산
을 "좌파 세력의 반란"으로 단순화시켜 호명함으로써, 그러한 호명
의 주체가 1948년 8월에 출범한 근대국민/민족국가라는 사실을 명료
화시키고 있기 때문이다. 따라서 "좌파 세력의 반란"인 제주4·3과 여
수·순천10·19의 규정은 '근대국민/민족국가의 대응'에 따라 달리 규
정되는 것이다. 서론에서 언급한 바 있는 「여순사건과 역사의 진실:
『'빨갱이'의 탄생: 여순사건과 반공 국가의 탄생』(김득중 저, 2009, 선인) 서
평」에서는 이를 다음과 같이 서술하고 있다.

> 반공체제로서의 대한민국의 형성이 1948년 10월 여순사건을 계
> 기로 이루어졌던 '빨갱이'의 탄생, 즉 "경멸적이고 죽어도 될 존재"
> 로서의 '빨갱이'의 탄생을 통해 이루어졌음을 보여주고 있다. 즉
> '빨갱이'의 탄생과 대한민국 반공체제의 강화는 동전의 양면이었던
> 것이다.[46]

인용문에서는 여수·순천10·19를 여수·순천의 '반란'이 아닌 "반공

---

[46] 정해구, 앞의 글, 226쪽.

체제로서의 대한민국의 형성"의 계기로 규정한다. 남한체제 외부에 위치한 북한체제는 한국전쟁 이전 남한 반공체제의 형성에 영향을 주었던 또 하나의 흐름을 형성했지만, 그 영향과 개입은 한국전쟁에 이르러서야 비로소 본격화되었다고 할 수 있기 때문이다. 따라서 남한 반공체제 형성은 비록 외부의 북한체제에 강한 영향을 받았지만, 기본적으로는 남한체제 내부의 갈등으로부터 비롯되었다고 할 수 있다고 주장한다. 이러한 주장은 1948년 8월 국가기원설과 이항대립(二項對立)하는 것처럼 보이지만, 1948년 8월 국가기원설의 주장과 근거를 전치(轉置)시킴으로써 근대국민/민족국가의 대응에 초점을 옮겨 갔다는 점에서 '폭력의 주체'를 드러낸다.

> 여순사건을 계기로 남한 반공체제는 부쩍 강화되었다. 그것은 이승만 정부가 여순사건 진압을 계기로 좌파세력 또는 공산주의자들을 비국민으로서 완전히 제거해야 될 대상으로 만들었고, 이에 뒤따르는 제반 조치들을 취했기 때문이다. 그 결과 대한민국은 이제 공산주의자들이 발붙이기 어려운 반공국가가 되었다. 공산주의자들은 산으로 올라가 게릴라가 되든지 아니면 제거되어야만 했다.[47]

인용문에 따르면, 여수·순천10·19는 남조선노동당원이 주도한 군사반란과 진압으로 이어지는 '건국 초기의 시련'에 국한되지 않는다. 제주4·3에서는 군대를 제주도에 투입한 미군정정, 가혹한 진압작전을 펼친 군의 뒤에 은폐되어 있던 이승만 정부가 전면에 나서기 때문이다. 이승만 정부는, 1948년 8월 국가기원설에 따르면 이미 근대국민/민족국가의 국민이 된 이들 가운데서, 여수·순천10·19를 계기로

---

[47] 위의 글, 233쪽.

비국민으로서 완전히 제거해야 할 대상인 공산주의자들, 곧 빨갱이를 탄생시켰다. 이 때문에 이승만 정부에 의해서 '비국민'이 된 빨갱이에게는 빨치산으로서 투쟁을 이어 가거나 제거되는 갈림길이 놓여 있었다. 이러한 사정은 다음과 같은 서술에서도 확인된다.

> '빨갱이'의 이미지를 가장 주도적으로 형성시킨 것은 주로 정부 측 발표와 견해에 의거하여 여순사건을 일방적으로 보도했던 언론들이었다. 그들은 국군이 위용과 봉기군의 만행만을 집중 보도함으로써 인간도 아닌, 따라서 죽어 마땅한 '빨갱이'의 이미지를 만들어 냈다. 또한 '빨갱이' 담론은 문인과 종교·사회단체들에 의해서도 만들어졌는데, 조사반을 구성하여 반란지역을 돌았던 그들은 봉기군의 만행을 일방적으로 고발함으로써 비인간으로서의 '빨갱이' 이미지의 창출에 기여했다.[48]

『다시 쓰는 여순사건보고서』와 『'빨갱이'의 탄생』 등에 따르면, 전남 여수시 신월동에 주재하고 있었던 국방경비대 제14연대 일부 군인들이 반란을 일으킨 것은 1948년 10월 19일 20시경이고, 이들이 여수 시내를 완전히 장악한 것은 새벽 06:00이다.[49] 이 소식이 서울 중앙청 기자들에게 알려진 것은 10월 20일 김지회가 이끄는 반란군 일부가 순천으로 진격하여 점령하고 있던 점심 때쯤이었다. "소문으로 전해 들었지만, 사건이 일어났다는 사실만을 알았지 더 자세한 내용을 파악할 수 없었던" 기자들에 대해서 정부는 기재유보(記載留保) 조치를 내렸고 전남 동부지역으로 확대된 10월 21일 이범석 당시 국무총

---

[48] 위의 글, 234쪽.

[49] (새)여수지역사회연구소, 앞의 책, 40쪽.

리가 기자회견 형식으로 여수 14연대 반란 사실을 발표했다.[50]

　10월 22일 중앙지와 지방지 신문들은 "국무총리의 기자회견 내용을 그대로 받아" 여수·순천10·19 사건을 1면 톱, 사회면 톱으로 크게 보도했다. 그 요지는 '전남 여수에서 14연대가 반란을 일으켜 순천을 점령하고 점차 북진하고 있는데, 이 사건은 극우와 극좌세력의 합작품이며, 반란세력이 살인과 방화를 일삼고 있다'는 것이었다. 국무총리가 발표할 당시에는 정부조차도 사건의 진상과 진행 방향을 정확하게 파악하지 못하고 있었는데도, 일부 언론에서는 '골육상잔'이나 '천인공노' 등의 감정적 표현을 활용하여 정부의 의도에 부합하는 특정한 의미를 부여하고 있었다. 정부 발표를 그대로 실어야 했기 때문에 정부의 의도와 오류를 그대로 반복하거나 확대하기도 했던 것으로 짐작된다.[51]

　이렇게 보도금지와 군검열, 그리고 언론사 폐간 및 언론인 구속에 따른 자기검열로 여수·순천10·19에 대한 언론의 반공 의제가 설정되면서 국내 언론의 보도는 봉기세력에 의한 피해와 국군의 위용 등에 초점을 맞추었다. 그래서 외신과는 달리, 정부의 진압과정에서 공포와 끝이 없어 보이는 무기력함에 시달려야 했던 여수·순천 주민의 상황을 외면했다. 이들은 "우익 경찰을 살해한 봉기군과 좌익세력의 만행을 선전"했는데, 이러한 "적에 대한 '비인간화'는 (…) 진압군이 민간인을 양심의 가책 없이 학살할 수 있게 만든 중요한 근거"였으며, "진압군과 언론인이 손에 든 칼과 펜이라는 연장만 달랐을 뿐, 양

50　김득중, 앞의 글, 16쪽; 김득중, 앞의 책, 374쪽.
51　위의 글, 17~18쪽; 위의 책, 374쪽.

자가 동일한 시각을 공유하고 봉기군에 대해 싸웠다"[52]고 할 수 있을 정도였다.

1948년 10월 21일 육군총사령부가 '반군토벌사령부'를 설치하고, 다음 날 계엄령을 선포하고 8개 연대에서 11개 대대를 차출하여 여수 순천지역에 투입한 이래, 기갑연대와 항공대·군함 등이 동원되면서 육·해·군 합동작전이 펼쳐졌으며, 10월 27일에는 여수를 탈환하였다. 진압군에 밀린 14연대 반란군과 지방좌익은 지리산 등지로 입산하여 빨치산 활동을 전개했다. 토벌대는 이들을 쫓아 광양, 구례, 하동 방면 으로 병력을 이동하여 빨치산 토벌에 나섰다. 육군본부는 1948년 10 월 30일 '반란군토벌사령부' 예하의 작전 부대를 주축으로 '호남방면 전투사령부'를 설치하고, 순천에는 '남부지구 전투사령부'를 설치하 여, 1950년 9월 29일 수복 이전까지 약 2년 동안 대대적인 빨치산 토 벌을 전개하였다.

여수와 순천을 탈환한 정부에서는 문교부를 중심으로 문인, 화가, 사진가를, 사회부를 중심으로 천주교·기독교·대종교·불교 등의 종교 단체 대표자들을 모아 현지에 파견했다. 문교부가 조직한 '반란실정 문인조사반'은 당시 문화단체총연합회 간부들과 문교부장관·문교부 문화국장과의 연석회의를 통해서 출범했다. 사회부와 종교단체 대표 들은 10월 29일과 30일에 걸쳐 연석회의를 열고 사건 지역을 위문하 는 한편 진상조사를 위한 합동조사단을 파견하기로 결정했다. 합동조 사단에는 미국 측 인사인 경제협조처(ECA) 소속의 스노우(Jack W. Snow)도 참가했다. 이렇게 조직된 문인조사단과 합동조사단은 현지답사를 통 해 발생 원인과 근원을 파악하는 한편, 위문·구호·사실 규명을 목적

52　위의 글, 30~31쪽; 위의 책, 392쪽.

으로 하였다.[53]

　하지만 종교단체 대표단도 지속적인 물질적 지원이 뒤따라야 하는 위문과 구호보다는 사실 규명에 초점을 맞출 수밖에 없었다. 그런데 이들이 사실 규명을 위해 만난 인물은 지방 관리와 유지 등으로, "여순사건이 군부 내 좌익분자의 소행에서 비롯되었기 때문에 공산분자를 전국적으로 총검거하는 것이 필요하며, 시민들이 휩쓸려 들어간 것은 반공노선이 투철하지 못했기 때문"이라는 전형적인 인식을 가지고 있었다. 따라서 순천에 있던 브랜든(Brandon) 신부의 증언이나, 여수와 순천의 미국인 선교사와 진압작전에 참가했던 미군을 만나 독자적으로 정보를 수집한 스노우의 보고서는 11월 6일에 종교대표단이 서울에 돌아온 뒤에 발표한 보고서에 반영되지 못했다.[54]

　출범 당시 문교부로부터 "다시는 이러한 불상사가 이 땅 이 나라에 일어나지 않도록 글과 그림으로 쓰고 그려 달라."고 부탁받은 문인조사반의 활동은 "정부나 신문 기사를 통해 어느 정도 굳어진 사실들을 문인들의 상상력과 문필로 더욱 공고히 하는 데" 맞추어졌다. 종교대표단(10월 31일 서울역 출발)보다 뒤늦은 11월 3일에 서울역을 출발한 문인조사반도 군인, 지방 공무원, 학교 교장 등을 가장 많이 접촉했다. 특히, "국가지상, 민족지상의 논리를 설파"하는 군인들과 가장 빈번하게 접촉했다. 그 결과 "현지 실정을 파악하고 대처 방법을 강구하러 내려간 문인들은 현지의 진압 군인들로부터 민족과 국가관에 대해 생생한 '민족정신'을 교육" 받았고, "폐허 속을 살아가는 시민에 대한 관심은

---

[53]　위의 글, 31~32, 41~42쪽; 위의 책, 393~395, 305~406쪽.

[54]　위의 글, 42~48쪽; 위의 책, 405~412쪽.

상대적으로 적었다.”[55]

문인조사반의 해악은 “현실 자체의 토대로 기능하는 환상”[56]을 “상상력과 문필로 더욱 공고히” 했다는 데 있다. 특히, 이 과정에서 일제강점기의 “적(赤-敵) 만들기”, 곧 ‘아카(アカ)’의 탄생이 재활용되었다는 점에 주목할 수 있다. 일제강점기의 「치안유지법」은 “무정부주의, 공산주의, 사회주의 사상” 등 “기존 지배질서를 위협하는 내용을 포함한” 사상을 적용 대상으로 하였고, “결사의 목적을 수행하기 위해 행위한 자”를 처벌할 수 있는 조항을 신설한 부분 개정(1928년)을 통해서 “외부의 적(소련과 코민테른의 공산주의)과 연계된 내부의 적(일본과 조선의 공산주의자 사회주의자, 독립운동가)”, 곧 “사상범(思想犯)”을 만들어 내었기 때문이다. 이 사상범이 ‘아카(赤)’라는 ‘적(敵)’이다.[57]

문인조사반은 방정환(方定煥)이 이미 1921년에 일본 작가의 작품 일부를 소개하면서 우리 문학계에 등장한 ‘빨갱이’라는 용어의 의미를 “송두리째 바꿔” 놓았다.[58] 군의 반란과 진압과정에서 폐허가 된 참상을 목도하고 “오직 암흑감”만 느꼈던 문인조사반은 그 참상의 원인을 “약소한 민족을 분열시키고 살육과 파괴로 유인하여 자기의 세력권을 확장할라는 거대한 철의 장막”, 곧 ‘빨갱이’에 대한 적개심을 표출함으로써 해소하려고 했다. 현실 부정 단계를 넘어선 이러한 분노는 “봉기군의 잔혹한 행위를 묘사하는 데서 소설가와 시인들의 상상력과 표현력”이 최고조에 이르게 하는 원동력이 되었는데, “절대

---

55   위의 글, 33~36쪽; 위의 책, 396~405쪽.

56   박찬모, 「‘빨갱이’와 이데올로기적 환상: 여순사건 ‘반란실정조사반’의 기록과 『수치』를 중심으로」, 『감성연구』 12권, 전남대학교 호남학연구원, 2016, 66쪽.

57   강성현, 「아카(アカ)와 “빨갱이”의 탄생: 적(赤-敵) 만들기”와 “비국민”의 계보학」, 『사회와 역사』 100권, 한국사회사학회, 2013, 240~247쪽.

58   박찬모, 앞의 글, 65쪽.

적인 선악의 기준으로 접근하면서 종교적인 언어로 봉기군의 만행을 표현"하기도 했다.[59]

이렇게 해서 문인조사반은 "치마 속에 총을 감췄다 군경을 유인 혹은 유혹한 후 발포했다는 '여학생 부대의 신화'"를 비롯한 다양한 이데올로기적 왜상(歪像)을 만들어냈다. 이렇게 본다면 문인조사반은 "'빨갱이'가 민족과 국가의 보편적인 가치와 원칙들을 훼손하고 있는 것이 아니라 그러한 가치와 원칙들을 구성하는 계기로 작용"하도록 함으로써 "반공주의적 이데올로기의 의미장을 총체화하는 기능을 수행"한 것으로 볼 수 있다.[60] 이렇게 해서 근대국민/민족국가 대한민국 출범 직후 벌어진 여수·순천10·19는 나라의 기틀을 자유민주주의 체제로 확고히 하는 건국의 제1단계를 방해하는 좌파 세력의 반란이 아니라, 이데올로기적 왜상을 통해서 반공 민족과 국가를 확고히 하는 계기가 되었다.

5. 맺음말

2024년 1월 2일 새해 벽두에 "여수·순천 진상보고서 작성기획단 재구성하라"는 제하의 기사가 보도되었다. 이 기사에서는, "여순사건 진상조사보고서를 작성하는 '여수·순천 10·19사건 진상조사보고서 작성기획단' 민간단원들이 극우·보수 성향 인사들로 구성됐다"라는 지적과 함께 "시민단체와 정치권에서는 '편향적'이라며 재구성을 촉

---

[59] 김득중, 앞의 글, 37~41쪽; 김득중, 앞의 책, 404쪽.

[60] 박찬모, 앞의 글, 73~79쪽.

구하고 나섰다.”라고 전한다. 전남 여수시의회는 12월 12일에 발표된 정부의 기획단 위촉직 대부분이 “여순사건의 역사·시대적 인과관계를 잘 알지 못하는 비전문가들이며 뉴라이트 활동 등 극우·보수적 이념을 가지고 대중들에게 공공연히 역사왜곡을 앞장선 인사들”이라는 점을 지적하면서, “여순사건법이 규정하고 국민 누구나 공감할 수 있는 객관성 있는 인물들로 재구성하라”고 촉구했다.[61]

2021년 6월 25일 법사위 전체회의를 통과한 「여수·순천 10·19사건 진상규명 및 희생자 명예회복에 관한 특별법」이 7월 20일 법률 제18303호로 제정되고, 전북특별자치도 출범에 따라 일부 개정되었다가(법률 제19839호, 2023.12.26.타법개정), 제9조의 2(위원회의 희생자 직권 결정)을 신설하면서 일부 개정(법률 제19630호, 2023.8.16.)된 만큼 진상조사보고서는 희생자 직권 결정의 주요 자료가 될 것이다. 따라서 진상조사보고서 계획 단계에서부터 보고서에 담을 내용과 목차, 구성 작성 등 주요 사항을 결정하고, 진상규명의 틀을 마련하는 역할을 담당하는 진상조사보고서 작성기획단의 역할에 이목이 쏠릴 수밖에 없다. 게다가 오는 10월 조사만료를 앞두고 있으므로, 이러한 문제제기는 당연하다고 할 수 있다.

이렇게 2023년 12월 12일 정부의 기획단 발표 직후부터 문제 제기가 이어져, 2024년 2월 28일 여순항쟁서울유족회 회원들의 여순사건진상조사보고서 작성기획단 재구성 촉구에까지 이르렀지만 정부에서는 이렇다 할 움직임을 보이지 않고 있다. 유족회 회원들의 주장에 따르면, 학계 단원으로 위촉된 인사 중에는 뉴라이트 계열 학술대회에 참여하거나, 최근 독립운동가 5명의 흉상 철거를 주도했던 육사 ‘기념물 재배

---

[61] 장봉현, 「“여수·순천 진상조사보고서 작성기획단 재구성하라”: 정치권·시민단체 “15명 9명이 역사 왜곡 앞장선 극우 인사”」, 『빅터뉴스』 2024.01.02. 기사 https://www.bigtanews.co.kr/article/view/big202401020025 (2024.02.13. 검색)

치 위원회'의 실무를 총괄한 인물 등이 포함되어 있다. 더구나 이들이 기획단 회의에서 "여순사건 진상규명은 반란군과 이에 찬동하는 민간인들이 합동해서 반란을 일으킨 것이기에 진상보고서는 반란이라는 원칙 속에서 작성해야 한다"라고 이야기했다는 전언(傳言)도 나왔다.[62]

한편, 2024년 3월 1일, 105주년을 맞이한 삼일절 행사 기념사에서 지난해에 이어 "세계 평화·번영 파트너"인 "한일관계의 더 밝고 새로운 미래"를 강조함으로써 논란[63]을 불러일으킨 다음 날인 3월 2일에는 이승만 전 대통령의 생애와 정치를 조명한 다큐멘터리 영화 '건국전쟁'이 개봉 한 달만에 100만을 넘어섰다는 기사가 앞다투어 보도되었다. 이 가운데 「'건국전쟁'이 쏘아 올린 공…챗GPT "독재 긍정평가 어려워"[AI 문답]」에서는 서울시의 기념관 건립 추진과 함께 이승만 재평가가 재점화되고 있는 상황에서 엇갈리는 반응과 함께 "평가에서 독재 빼면 안 된다"라는 학계와 챗GPT의 답변을 실었다.[64] 이쯤 되면 뉴라이트가 '불러일으킨'[65] 논란의 의도가 무엇인지 궁금해하지 않을 수 없다.

---

[62] 임철휘, 「여순사건 유족 "진상보고기획단에 극우 인사…재구성해야"」, 『NEWSIS』 2024.02.28. 기사 https://www.newsis.com/view/?id=NISX20240228_0002642 545&cID=10201&pID=10200 (2024.03.02. 검색)

[63] 조하준, 「[조하준의 직설] 뉴라이트 사관 갖고 있단 의혹 받는 대통령: 3·1절 기념사에 왜 북한 얘기만 줄창 들어가 있나?」, 『굿모닝충청』 2024.03.02. 기사 https://www.goodmorningcc.com/news/articleView.html?idxno=305620 (2024.03.02. 검색) 해당 기사 외 많은 기사에서 2023년에 이어 극우 친일의 면모를 이어갔다는 비판이 쏟아졌다.

[64] 윤준호, 「'건국전쟁'이 쏘아 올린 공…챗GPT "독재 긍정평가 어려워" [AI문답]」, 『세계일보』 2024.03.02. 기사 https://www.segye.com/newsView/2024030150 9117?OutUrl=naver (2024.03.02. 검색)

[65] 윤준호의 기사를 비롯한 많은 기사에서 1975년에 발표된 작품을 시작으로 1978년의 작품까지 12편으로 구성된 조세희의 『난장이가 쏘아올린 작은 공』을 연상시키는 "쏘아 올린"이라는 용어를 활용하고 있다. 이 작품은 1970년대 대한민국 도시 빈민층 삶의 좌절과 애환을 다루었으며, 소시민이 쏘아 올린 공이 떨어질 수밖에 없다는 절망과 좌절을 암시한다는 점에서 '쏘아 올린'이라고 표현했다.

이 글의 문제의식은 뉴라이트가 불러일으킨 논란의 핵심인 대한민국의 기원 담론을 제주4·3과 여수·순천10·19에 적용할 경우, 오히려 근대국민/민족국가 대한민국 출범 당시의 문제점이 명확해진다는 데 있다. 뉴라이트는 이승만 정부를 호명하여 건국절 제정 논란을 일으켰지만, 1948년 7월 제정된 제헌헌법에서는 단기(檀紀)를 사용함으로써 국가 기원을 상상의 조국인 '조선'에 두었다. 물론, 단기로 변경하기 전에는 임시정부의 연호를 사용하기도 했는데, 이렇게 볼 때 근대국민/민족국가 대한민국의 기원은 독립을 선언한 1919년 3월 1일과 제헌헌법이 공포된 1948년 7월 17일, 광복을 이룬 1945년 8월 15일, 상상의 조국인 '조선'이 건국된 서력기원전 2333년 등에 모두 둘 수 있다. 그런데도 1948년 8월 기원설을 주장하는 까닭은 '자유민주주의 체제와 시장경제 체제'의 출범이 되기 때문이다.

이러한 관점에서 본다면 이승만 정부의 호명은 양날의 검이 되는 셈이다. 이른바 근대국민/민족국가 대한민국의 제1공화국을 출범시킨 이승만 정부는 자유와 민족을 부르짖었다고 하지만 빨갱이의 탄생을 통해 반공주의를 공고히 한 것 외에는 체계적이고 일관된 철학적·이념적 체계를 갖추지 못했기 때문이다. 1987년 이전까지 한국의 헌법과 역대 정권이 자유민주주의를 표방했음에도 불구하고, 실상은 그와 반대되는 권위주의 정권으로서, 민주화 이전 한국 보수주의의 주요 특징을 역설적이게도 '무이념성'으로 규정할 수밖에 없다는 문제는 '보수를 근대화 및 서구 자유민주주의를 표방하는 적극적 개념으로 전환시키려는' 뉴라이트를 중심으로 한 보수세력의 반격을 낳았다.[66]

---

[66] 이지윤, 「2000년대 이후 한국 보수주의의 변화: 에드먼드 버크와 뉴라이트의 역사적 서사를 중심으로」, 『정치사상연구』 제25집 1호, 한국정치사상학회, 2019, 95~96쪽.

이 지점에서 "모든 역사는 있는 그대로의 역사가 아니라 특정 관점에서 해석된 역사"로서, "역사의 진실은 계급, 민족, 민중과 같은 역사의 주체에 따라서, 또 그런 역사의 주체가 미래를 이끌게 될 근거에 의해서 확정된다."라는 주장을 되새겨볼 필요가 있다.[67] "애써 숨기고 싶은 한국현대사의 컴플렉스"에서 비롯된 근대국민/민족국가 대한민국 보수세력의 건국절 쟁점화에 부단히 맞서야 하는 이유를 찾을 수 있기 때문이다. 그러므로 뉴라이트 대안교과서의 주장을 되짚어 본 본론에서 확인하였듯이, 1948년 8월 국가 기원설에 따르더라도 제주4·3과 여수·순천10·19는 '좌파 세력의 반란'이 아니라, '무이념성'을 특징으로 하는 '반공국가와 국민'의 탄생과정에서 '국가권력'이 행사한 제노사이드라는 공통점을 가진다. 아울러 이를 부정하는 근대국가 기원 담론은 내부적 모순을 담고 있는 '논란', 그 이상도 그 이하도 아니다.

---

67   위의 글, 97쪽.

참고
문헌

1. 자료(온라인)

곽은산·구현모, 「'건국절 논란'에 마침표 찍은 尹 [尹대통령 광복절 경축사]」, 『세계일보』 2023.08.15. 기사 https://m.segye.com/view/20230814516300 (2024.02.14. 검색).

광복회, 「건국절 제정에 대한 광복회·독립운동 유관단체 입장」, 『광복회보』 제373호, 2014.10.31. https://www.kla815.or.kr/sub_5/5_1_view.php?articleid=MZQNQ0000111&r_order=3 (2024.02.14. 검색).

김윤덕, 「建國 부정 세력의 왜곡에 맞서 '진짜 이승만' 보여주니 국민이 울었다」, 『朝鮮日報』 2023.11.13. 기사 https://www.chosun.com/ZJJB6UPROZCXHCEKYOJZHJMAJ4/ (2024.02.13. 검색).

김종성, 「윤 대통령의 '묘한 뉘앙스'…대한민국 근간 흔들고 있다[김종성의 '히, 스토리']」, 『오마이뉴스』 2023.8.17. 기사 https://www.ohmynews.com/NWS_Web/Series/series_premium_pg.aspx?CNTN_CD=A0002953358&CMPT_CD=SEARCH (2024.02.14. 검색).

김종래, 「역사 바로세우기 작업」, 『朝鮮日報』 1995.12.26. 기사 https://archive.chosun.com/pdf/i_service/pdf_ReadBody_s.jsp?Y=1995&M=12&D=26&ID=9512260202 (2024.02.13. 검색).

김지훈·음성원, 「'이승만·박정희 독재 미화' 뉴라이트, 역사흔들기 본격화」, 『한겨레신문』 2013.05.31. 기사 https://www.hani.co.kr/arti/society/schooling/589975.html (2024.02.14. 검색).

문일석, 「태극기부대 반정부 시위는 허상을 쫓는 정신질환의 일종?」, 『Break News』 2019.02.06. 기사 https://www.breaknews.com/631979 (2024.02.13. 검색).

법제처 국가법령정보센터, 「대한민국헌법」(헌법 제1호, 1948.7.17.제정) https://www.law.go.kr/lsSc.do?menuId=1&subMenuId=17&tabMenuId=93&query=%ED%97%8C%EB%B2%95#undefined (2024.02.13. 검색).

서울의 소리, 「'광복절-건국절 변경 시도' 나경원, 윤상현, 심재철 등 새누리 62명 입법서명」, 『서울의 소리』 2014.12.4. 기사 https://www.amn.kr/17396 (2024.02.14. 검색).

선대식, 「황우여 "하나의 교과서 만들어서 가르쳐야"」, 『오마이뉴스』 2015.9.10. 기사 https://www.ohmynews.com/NWS_Web/View/at_pg.aspx?CNTN_CD=A0002142832 (2024.02.14. 검색).

성일권, 「윤석열의 '자유민주주의 수호'가 의미하는 것」, 『르몽드 디플로마티크』 2021.03.31. 기사 https://www.ilemonde.com/news/articleView.html?idxno=14388 (2024.02.14. 검색).

신은희, 「MB정권에서 '역사교육죽이기' 3종 세트란?」, 『오마이뉴스』 2012.02.11. 기사 https://www.ohmynews.com/NWS_Web/view/at_pg.aspx?CNTN_CD=A0001696309 (2024.02.14. 검색).

안수찬, 「보수세력 주도로 이승만 영웅화 '일방통행'」, 『한겨레신문』 2008.7.17. 기사 https://www.hani.co.kr/arti/culture/book/299109.html (2024.02.13. 검색).

윤준호, 「'건국전쟁'이 쏘아 올린 공…챗GPT "독재 긍정평가 어려워" [AI묻답]」, 『세계일보』 2024.03.02. 기사 https://www.segye.com/newsView/20240301509117?OutUrl=naver (2024.03.02. 검색).

이관후, 「'반국가세력' 한마디에 본색 드러낸 尹정부 '자유민주주의'」, 『프레시안』 2023.6.30. 기사 https://www.pressian.com/pages/articles/2023063008140945742 (2024.02.14. 검색).

이덕영, 「윤 대통령 면전에서 멘토의 일침 "정부는 없어도 나라는 있다"」, MBC 뉴스데스크 2023.08.15. 기사 https://imnews.imbc.com/replay/2023/nwdesk/article/6514660_36199.html (2024.02.14. 검색).

이동건, 「첫 국가기념일 앞둔 4·3에 찬물 끼얹은 보수단체」, 『제주의소리』 2014.03.20. 기사 https://www.jejusori.net/news/articleView.html?idxno=142502 (2024.02.14. 검색).

이승훈, 「태영호 '4·3 지령설' 발언, 연일 논란인데… 조용한 국민의 힘 지도부」, 『민중의소리』 2023.02.16. 기사 https://vop.co.kr/A00001628256.html (2024.02.14. 검색).

이영훈, 「우리도 건국절을 만들자」, 『동아일보』 2006.7.31. 기사 https://www.donga.com/news/article/all/20060731/8335196/1 (2024.02.13. 검색).

이태훈, 「윤석열 사퇴 "어떤 위치에 있든 자유민주주의-국민 지키겠다"」, 『동아일보』 2021.03.04. 기사 https://www.donga.com/news/article/all/20210304/105719268/1 (2024.02.14. 검색).

이한우, 「현대사(現代史) 재발견 「한국대통령」 시리즈 거대한 생애 이승만(李承晚) 90년 65. 하와이생활 鄕愁: 病馬 62개월 '언제 우리땅 가나'」, 『朝鮮日報』 1995.12.26. 기사 https://archive.chosun.com/pdf/i_service/pdf_ReadBody_s.jsp?Y=1995&M=12&D=26&ID=9512261601 (2024.02.13. 검색).

이한우, 「가까이서 느꼈던 '거대한 삶'」, 『朝鮮日報』 1995.12.26. 기사 https://archive.chosun.com/pdf/i_service/pdf_ReadBody_s.jsp?Y=1995&M=12&D=28&ID=9512282203 (2024.02.13. 검색).

임철휘, 「여순사건 유족 "진상보고기획단에 극우 인사…재구성해야"」, 『NEWSIS』 2024.02.28. 기사 https://www.newsis.com/view/?id=NISX20240228_0002642545&cID=10201&pID=10200 (2024.03.02. 검색).

장봉현, 「"여수·순천 진상조사보고서 작성기획단 재구성하라": 정치권·시민단체 "15명 9명이 역사 왜곡 앞장선 극우 인사"」, 『빅터뉴스』 2024.01.02. 기사 https://www.bigtanews.co.kr/article/view/big202401020025 (2024.02.13. 검색).

정진형, 「"건국절 추진하면 훈장 반납, 기념식 불참": 180여 개 독립운동단체 결집, "건국절 추진세력은 반민족행위자"」, 『뷰스앤뉴스』 2016.9.6. 기사 https://www.viewsnnews.com/article?q=135671 (2024.02.14. 검색)

조하준, 「[조하준의 직설] 뉴라이트 사관 갖고 있단 의혹 받는 대통령: 3·1절 기념사에 왜 북한 애기만 줄창 들어가 있나?」, 『굿모닝충청』 2024.03.02. 기사 https://www.goodmorningcc.com/news/articleView.html?idxno=305620 (2024.03.02. 검색).

최지현, 「"사람에 충성하지 않는 건 너무 당연" 소신 보여준 윤석열」, 『민중의 소리』 2019.07.08. 기사 https://www.vop.co.kr/A00001419694.html (2024.02.13. 검색).

황희진, 「[계산동기획] 문재인 대통령 광복절 연설문 수위 "과거 어땠나?"」, 『每日新聞』 2019.8.8. 기사 https://www.imaeil.com/Politics/2019080816492928637 (2024.02.14. 검색).

2. 단행본

김득중, 『'빨갱이'의 탄생 여순사건과 반공 국가의 형성』, 서울; 선인, 2023.

(사)여수지역사회연구소, 『다시 쓰는 여순사건보고서』, 한국학술정보, 2012.

제주4·3사건진상조사보고서작성기획단, 『제주4·3사건 진상조사보고서』, 제주4·3사건진상규명및희생자명예회복위원회, 2003.

3. 논문

강성현, 「아카(アカ)와 "빨갱이"의 탄생: "적(赤-敵) 만들기"와 "비국민"의 계보학」, 『사회와 역사』 100권, 한국사회사학회, 2013.

김득중, 「여순사건과 이승만정권의 반공이데올로기 공세」, 『역사연구』 제14호, 역사학연구소, 2004.

김주호, 「민주주의의 자유편향적 발전과 그 결과: 민주주의의 이름으로 추진된 신자유주의적 개혁」, 『사회이론』 제52호, 한국사회이론학회, 2017.

김주환, 「역대 정부의 보훈정책 공과와 박근혜 정부의 보훈 Agenda: 보훈이념이 가치를 중심으로」, 『한국보훈논총』 제12권 제3호, 한국보훈학회, 2013.

김평선, 「서북청년단의 폭력 동기 분석: 제주4·3사건을 중심으로」, 『4·3과 역사』 제9·10호, 제주4·3연구소, 2010.

박찬모, 「'빨갱이'와 이데올로기적 환상: 여순사건 '반란실정조사반'의 기록과 『수치』를 중심으로」, 『감성연구』 12권, 전남대학교 호남학연구원, 2016.

손태희, 「여순사건 참가계층의 제유형」, 『남도문화연구』 제28권, 순천대학교 남도문화연구소, 2015.

辛珠柏, 「정부수립과 한국근현대사 속에서 광복·건국의 연속과 단절」, 『한국 근현대사 연구』 48, 한국근현대사학회, 2009.

안현효, 「『해방전후사의 재인식』에 대한 징후적 독해」, 『경제와 사회』 86, 비판적 사회학회, 2010.

염돈재·박상희·최동훈, 「정보왜곡에 대한 조직구조적 접근: 1997년 외환위기 인식 과정을 중심으로」, 『한국행정연구』 17권 1호, 한국행정연구원, 2008.

유영옥, 「건국절 제정의 상징성과 국민통합」, 『한국보훈논총』 제10권 제4호, 한국보훈학회, 2011.

이성우, 「국가폭력에 대한 기억투쟁: 5·18과 4·3 비교연구」, 『OUGHTOPIA』 26-1, 경희대학교 인류사회재건연구원, 2011.

이지윤, 「2000년대 이후 한국 보수주의의 변화: 에드먼드 버크와 뉴라이트의 역사적 서사를 중심으로」, 『정치사상연구』 제25집 1호, 한국정치사상학회, 2019.

이춘구, 「자유민주주의의 공법적 고찰: 민주주의 논쟁을 중심으로」, 『법학연구』 제34집, 전북대학교 법학연구소, 2011.

정해구, 「여순사건과 역사의 진실: 『'빨갱이'의 탄생: 여순사건과 반공 국가의 탄생』(김득중 저, 2009, 선인) 서평」, 『史學研究』 95, 한국사학회, 2009.

지수걸, 「역사논쟁은 '배틀(battle)'이 아니다: 건국절 논쟁의 주요 쟁점과 교육적 활용방안」, 『역사와 역사교육』 제32호, 웅진사학회, 2016.

8장

'망각(忘却)'과 '비등(沸騰)'의 공존*
'여순 10·19사건' 이후 전남 동부 지역민들의 '기억투쟁' 고찰

예대열(순천대학교)

1. 머리말

'제주 4·3사건 특별법'은 1999년, '여수·순천 10·19사건 특별법'은 2021년 제정되었다. 이 시간의 격차는 제주와 전남 동부 지역민들의 '기억투쟁' 역사를 고스란히 반영한다. 두 사건의 진상규명을 향한 대장정은 민주화운동과 궤를 같이하지만, 그 계기는 1960년 4·19와 1980년 5·18의 시간만큼 20여 년의 차이가 존재한다.

제주에서는 4·3 진상규명에 관한 움직임이 4·19혁명 직후 처음으로 등장했다. 제주대 학생 7명으로 구성된 '4·3사건 진상규명 동지회'는 1960년 5월 26일자 『제주신보』에 진상규명을 요구하는 호소문을

---

* 이 글은 필자의 「'망각(忘却)'과 '비등(沸騰)'의 공존: '여순 10·19사건' 이후 전남 동부 지역민들의 '기억투쟁' 고찰」, 『탐라문화』 72, 2023을 일부 수정·보완한 것이다.

발표하였다. 그들은 "과도정부가 4·3사건 시 양민학살, 방화 등 모든 야만적 행위를 규명하여 도민의 한을 풀어줄 것"을 호소하는 광고를 실었다. 이것이 제주 4·3 진상규명 운동의 첫 시작이었다.[1]

여순사건 관련 진상규명의 목소리가 언론에 처음 등장한 것은 1980년대 민주화운동의 분위기하에서였다. 1988년 11월 24일 지리산 기슭 구례군 산동면 달전부락 주민들은 38년 만에 함께 모여 제사를 지내며 세상에 자신들을 처음으로 드러냈다. 1948년 11월 이 마을에 살고 있던 18~35살 젊은이들은 14연대 군인들에게 밥을 해주었다는 이유로 모두 학살당했다. 그 가족들은 "언젠가는 억울한 죽음의 진상이 밝혀지기를 바랬지만 말조차 꺼내지 못하고 살았다"며 명예가 회복될 날을 고대하고 있다는 염원을 드러냈다.[2]

이 시기 여수에서는 여수문화원을 중심으로 한 시민·사회단체들이 '여순반란'이라는 명칭을 변경하는 운동을 시작하였다. 순천에서도 '전남동부지역사회연구소(동사연)'가 중심이 되어 관련자들의 증언을 채록하는 작업을 시작하였다. 본격적인 진상규명 운동은 '여수지역사회연구소(여사연)'가 피학살자 실태를 조사하면서 착수되었다. '여사연'은 여순사건이 지역 내에서만 벌어진 개별적인 사건이 아니라, 해방과 전쟁을 거치며 자행된 국가폭력이라는 관점하에 이슈를 전국화하였다.[3] 이와 같은 운동과 헌신에 힘입어 2022년 '여순사건특별법'이 발효되었고 현재 '여순사건위원회'가 활동 중이다.

본 논문은 여순사건 이후부터 1980년대 지역에서 진상규명 운동이

---

[1]　양정심, 『제주 4·3항쟁: 저항과 아픔의 역사』, 선인, 2008, 215쪽.

[2]　「"6·25 때 학살된 양민 명예 회복을"」, 『한겨레』 1988.11.30.

[3]　이영일, 「지역운동과 여순사건」, 9쪽[여수지역사회연구소 홈페이지(yosuicc.com) 자료실].

벌어지기 이전까지의 시기를 대상으로 전남 동부 지역민들의 '기억투쟁'을 고찰한다. '제주 4·3'과 '여순 10·19'는 쌍둥이 사건임에도 불구하고 진상규명 과정을 비롯하여 학계의 연구 성과 등 객관적인 조건에서 차이가 난다. 이런 상황에서 마치 '여순 10·19'가 '제주 4·3'과 같은 과정을 밟을 수 있을 것이라는 생각은 지나친 낙관일 수 있다. 물론 '제주 4·3' 또한 무장대의 희생자 배제, 봉기 참여 대중들의 '비주체화' 등 여전히 해결해야 할 과제들이 존재한다.[4] 그럼에도 그 선례를 반면교사 삼아 사건의 진상규명과 피해자들의 명예 회복을 비롯하여 국가로부터 사과를 받아야 할 이유는 명백하다.

전남 동부 지역민들은 한편에서는 여순사건을 자의건 타의건 '망각(忘却)'하며 살아갈 수밖에 없었지만, 다른 한편에서는 수면 아래에서 끓는 점을 향해 항시 '비등(沸騰)'해 왔다. 그것에 대한 검출을 통해 '특별법'이 제정되고 '위원회'가 활동을 시작한 지금, "무엇을 할 것인가?"에 대한 방향성을 구해보고자 하는 것이 본 논문의 목적이다.

2. '비국민'에서 '국민'이 되기 위한 진입로의 부재

1948년은 대한민국이 일제와 미군정에서 벗어나 명실상부한 국민

---

[4] '제주 4·3' 과거사 청산이 갖고 있는 한계들에 대해서는 고성만, 「4·3위원회의 기념 사업에서 선택되고 제외되는 것들」, 『역사비평』 82, 2008; 고성만, 「4·3 과거청산과 '희생자': 재구성되는 죽음에 대한 재고」, 『탐라문화』 38, 2011; 고성만, 「4·3 '희생자'의 변용과 활용: 무장대 출신자의 과거청산 경험을 사례로」, 『사회와역사』 129, 2021; 김민환, 「전장(戰場)이 된 제주 4·3평화공원: 폭동론의 '아른거림(absent presence)'과 분열된 연대」, 『경제와 사회』 102, 2014; 이재승, 「묘지의 정치: 명예회복과 인정투쟁을 둘러싸고」, 『통일인문학』 68, 2016 등 참조.

국가를 만들어가는 첫 해였다. 이승만 정권은 미군정 하에서 정치적 대립을 겪은 '인민'들을 하나의 '국민'으로 통합시키는 과제에 직면했다. 그 과정에서 정부는 통합의 이데올로기로서 자유주의나 민주주의가 아닌 반공주의를 내세우며 국민국가 건설에 나섰다. 이승만 정부는 남북의 대치와 인민의 지지가 미약한 조건에서 외부의 적대적인 타자를 '적'으로 설정하며 대중들을 하나의 '국민'으로 통합시켜 나가고자 했다.

그런데 내부 통합을 위한 외부의 '적' 만들기는 38선 너머 북한만을 의미하는 것은 아니었다. 냉전체제의 하위구조인 분단국가로 출발한 대한민국은 외부와의 경계뿐만 아니라 내부의 타자를 구분하는 경계선을 설정하였다. 외부의 '적' 만들기는 내부로 연결되어 한편으로는 '국민'이라는 집단적인 동일성을 만들어 내면서도, 다른 한편으로는 차별과 배제에 의한 '비국민'을 양산해 냈다. 대한민국의 '국민 만들기'는 내부의 일상 속에 내재한 불온한 것들을 타자화시키면서 시작되었다.

이러한 상황 속에서 이승만 정부는 '제주 4·3'과 '여순 10·19'를 내부의 '적'을 폭로하는 계기로 활용하였다. 이승만 정권은 공식적으로 설정한 '적'인 북한 대신 봉기한 지역주민 전체를 '적'으로 돌리며, 누가 '국민'으로 인정받을 수 있는지 '심사'했다. 반란의 주체들과 협력자들은 '국민'으로 인정받지 못하는 대신 학살을 통해 절멸되었다. 이들이 사라진 연후에야 대한민국은 온전한 '반공국가'가 될 수 있었고, 대중들은 비로소 '반공국민'이 될 수 있었다.[5]

이처럼 대한민국의 정체(政體)가 아직 확고하게 자리매김하지 못한

---

[5]   김득중, 『'빨갱이'의 탄생: 여순사건과 반공 국가의 형성』, 선인, 2009, 577쪽.

상황에서, 제주와 여순에 가해진 국가폭력은 국가의 수립과 국민형성 과정에서 결정적인 역할을 수행하였다. 하지만 '제주 4·3'과 '여순 10·19'는 사건 이후 진상규명 운동 과정이 사뭇 달랐다. '제주 4·3'은 섬 전체에 걸친 장기간의 집단 경험이었다면, '여순 10·19'는 단기간에 전남 동부지역을 휩쓸고 지나간 단절된 경험이었다. 그래서인지 제주도민은 4·3사건 문제를 지역 전체의 공동체적 해결과제로 인식해 왔다. 4·3 문제의 해결은 4·19 이후 또는 1980년대 민주항쟁의 한복판에서 매번 수면 위로 떠올랐고, 독재 청산 못지않은 현안으로 부각 되었다.[6]

반면 여순사건의 해결 과정은 '반란'이라는 굴레와 지역민들의 의식적 '망각'으로 인해 원만하게 진행되지 못했다. 여순사건은 지역민들에게 가슴 속에 묻어버리거나 지워버리고 싶은 상처였고 콤플렉스였다. 1980년대 말 여수문화원이 사건을 처음으로 공론화하며 제기했던 것은 '여순반란' 대신 '14연대 반란'으로 명칭을 바꿔 쓰자는 운동이었다.[7] 진상규명 운동의 첫 시작이 14연대와 지역명의 분리였다는 점은 주민들이 갖고 있던 피해의식의 정도를 헤아릴 수 있게 한다.

그렇다면 '제주 4·3'과 '여순 10·19'가 사건의 성격상 함께 연결되어 있고 국가폭력에 의한 '비국민'화 전략의 피해자(지역)라는 공통점에서 불구하고 진상규명 운동 과정에서 차이가 났던 이유는 무엇이었을까? 물론 그 이유는 시기적으로 두 사건 사이에 대한민국 정부의 수립이 존재했고, 공간적으로 고립된 섬과 육지라는 차이점도 있었고,

---

[6] 박찬식, 「제주4·3사건과 여순사건의 비교」, 『여순사건과 대한민국의 형성』, 여순사건 60주년 기념 학술심포지움, 2008, 106~107쪽.

[7] 홍영기, 「여순사건 당시 발생한 민간인 피해 현황: 전남 동부지역을 중심으로」, 『시선 10·19』 5, 순천대학교 10·19연구소, 2022, 72쪽.

무엇보다도 내용적으로 봉기의 주체가 민간인과 군인이라는 점 때문이었다.

하지만 이승만 정권의 입장에서 봤을 때 과연 두 사건이 본질적인 차이가 나는 것이었을까? 신생 대한민국 정부는 여순사건이 발발하자 전남 동부지역은 물론 진압 중인 제주도에 대해서도 '반란'의 연장으로 규정하기 시작했다. 실제 국방부는 "제주도에는 의연히 반도가 지역적으로 출몰하고 있는데, 이것은 전남 여수사건과 일맥상통하는 것으로 추측되고 있다"고 판단하고 있었다.[8] 그렇다면 양 사건 사이 진상규명 운동의 차이는 어디에서부터 비롯된 것일까? 다음은 제주 4·3사건의 진실을 세상에 알린 현기영의 소설『순이삼촌』의 한 단락이다.

> 때마침 6·25가 터져 해병대 모병이 있자 이 귀순자들은 너도나도 입대를 자원했다. 그야말로 누명을 벗을 수 있는 더없이 좋은 기회였다. 그래서 그들은 그대로 눌러있다간 언제 개죽음당할지도 모르는 이 지긋지긋한 고향을 빠져나갈 수 있었던 것이다. 그러니까 현모 형은 인천상륙작전을 참가한 해병대 3기였다. '귀신 잡는 해병'이라는 용맹을 떨쳤던 초창기 해병대는 이렇게 이 섬 출신 청년 3만 명을 주축으로 이룩된 것이었다. 그러나 그 용맹이란 과연 무엇일까? 그건 따지고 보면 결국 반대급부적인 행위가 아니었을까? 빨갱이란 누명을 뒤집어쓰고 몇 번씩이나 죽을 고비를 넘긴 그들인지라 한번 여봐라는 듯이 용맹을 떨쳐 누명을 벗어 보이고 싶었으리라.[9]

위의 소설처럼 한국전쟁이 발발하자 제주도에서는 입대 선풍이 불

---

8 「濟州島依然騷亂, 軍當局近日掃蕩作戰開始乎」, 『國際新聞』 1948.10.28.
9 현기영, 『순이삼촌』, 창작과비평사, 1979, 69~70쪽.

었다. 마침 해병대사령부가 4·3 진압을 위해 제주도에 주둔해 있었고, 그 와중에 전쟁이 발발하자 도내 청년들이 대거 입대를 자원했다. 해병대에 들어간 청년들은 유격대의 가족이거나 보복 학살을 피하기 위해 스스로 입대한 경우가 대부분이었다.[10] 그들 중에는 진압 과정에서 박힌 총알을 제거하지도 못한 채 해병대에 자원한 청년도 있었다.[11] 제주도민들은 생존을 위해 '빨갱이' 폭도가 아닌 대한민국의 순수한 '국민'임을 스스로 입증하고자 한 것이다.

제주도 청년들은 해병대 3기와 4기로 입대해 인천상륙작전의 주역이 되었고, 9·28 서울 수복을 비롯하여 도솔산 전투와 펀치볼 전투 등에서 혁혁한 공을 세웠다. 해병대의 '전설'이 된 제주 청년들은 더 이상 정부 수립을 방해하는 '반란'의 주역이 아니라, 전쟁의 참화에서 나라를 구한 '영웅'이 되어 돌아왔다.[12] 제주도 해병대원들은 그것을 기념하기 위해 1960년 4월 15일 동문 로터리에 "海兵魂"이라고 새겨진 기념탑을 세웠다.

그로부터 며칠 후 4·19가 벌어졌다. 1960년 5월 26일 제주대 학생들이 『제주신보』에 4·3 진상규명을 요구하는 호소문을 발표하였다. 해병대 기념탑 제막식과 제주대 학생들의 진상규명 요구 사이의 간격은 불과 한 달 남짓에 불과했다. 이념의 극단에 서 있을 것만 같은 해병대원과 운동권 학생들은 사실 '제주 4·3'이라는 같은 뿌리에서 파생된 집단이었다. 비슷한 나이였을 두 청년집단은 4·3 당시 한라산 기슭 어디에선가 토벌대를 피해 함께 숨어지내던 친구였을지도 모른

---

10   양정심, 앞의 책, 197쪽.

11   제주4·3사건 진상규명 및 희생자 명예회복 위원회, 『제주4·3사건 진상조사 보고서』, 2003, 386~387쪽.

12   「4·3 광풍 2년 뒤 해병대 입대한 도민 3,000명의 전설」, 『제주일보』 2022.8.27.

다. 이와 같은 경험 때문일까, 제주도 지역사회에서는 4·3사건 해결을 위한 이념적 갈등이 다른 지역에 비해 상대적으로 미약했다.

반면 전남 동부지역은 한국전쟁 발발 직후 곧바로 인민군 점령하에 놓였다. 인민군은 개전 직후 파죽지세로 남하해 1950년 7월 23일 광주, 25일 순천, 26일 여수를 각각 점령했다. 그러자 여순사건을 일으킨 후 지리산 등지에 숨어있던 14연대 봉기군과 지방 좌익들이 인민군과 결합했다. 전라도 지역은 9월 말~10월 초 수복이 될 때까지 약 2개월 간 인민군의 치하에 놓였고, 이후 북한으로 복귀하지 못한 인민군과 좌익들은 다시 산악지대로 입산해 빨치산 활동을 전개하였다.

보통 대 게릴라전의 경우 '비민분리(匪民分離)' 정책이 작전의 중심을 이룬다. 하지만 당시 국군의 토벌과정을 보면 작전대상에 빨치산뿐만 아니라 민간인들도 포함되어 있었다. 지역민들은 빨치산 토벌과정과 정부 시책에 협조하며 스스로 '반공국민'임을 증명하고자 노력했지만, 그곳에 살고 있다는 이유만으로 끊임없이 '국민'으로서의 자질을 의심받았다.[13] 물론 여순사건 관련 지역에서도 제주도 출신 해병대원들처럼 '국민'이 되기 위해 다른 선택을 하는 경우가 더러 있었다.[14] 하지만 제주도는 그 선택이 집단적이었고 전투가 섬 밖에서 이루어졌다면, 여순은 그 선택이 개별적이었고 전투의 참여가 같은 지역에서 벌어졌다는 점에서 차이가 있었다.

즉 제주도의 경우 한국전쟁이 육지에서 벌어지면서 일부나마 '비국

---

[13]　임송자, 「전향의 반공주체 형성과 동원」, 『韓國史研究』 185, 2019, 229쪽.

[14]　정지아의 소설 『아버지의 해방일지』를 보면 '박선생'이라는 인물이 나온다. 빨치산 출신 아버지는 형과 누이가 모두 산에서 죽은 '박선생'이 군인이 되고 제대 후 평생 교련 선생으로 산 것을 이해하지 못했다. '박선생'의 선택은 제주도 해병대원들과 별반 다르지 않은 것이었다. 정지아, 『아버지의 해방일지』, 창비, 2022, 48~49쪽.

민'에서 '국민'이 되기 위한 진입로가 열려 있었다면, 전남 동부지역은 여순사건 이후 ㈜전시 상황을 거치며 '비국민'에서 '국민'이 되기 위한 진입로가 봉쇄되어 있었다. 그로 인해 전남 동부 지역민들은 여순사건을 의식적이건 무의식적이건 '망각'하며 살아갈 수밖에 없었다.

3. 반역과 통곡의 세월, 잠들지 않았던 남도

1) 투표를 통한 민심의 표출과 심판

여순사건을 겪은 지역민들은 1980~1990년대 진상규명 운동이 벌어지기 이전까지 과거를 망각하거나 침묵을 강요받으며 살아왔다. 그렇지만 지역민들의 여순사건에 대한 '기억투쟁'은 겉으로 전면적으로 드러나지는 않았지만, 물 밑에서 도도한 흐름을 이어갔다.

전남 동부 지역민들의 여순사건에 대한 집단적 '의지'가 처음 드러난 사건은 1963년 대선이었다. 박정희는 5·16 군사쿠데타 이후 민정 이양 약속을 저버리고 1963년 대선에 나섰다. 이 선거에서 민정당의 윤보선 후보는 박정희가 여순사건과 관련이 있다며 사상논쟁을 제기했다. 윤보선은 1963년 9월 25일 여수 유세 이후 "나는 여수에서 여수반란사건의 관계자가 지금 정부에 있는 것을 상기했다"며 사상논쟁을 점화시켰다.[15]

실제 여순사건 당시 박정희가 '군사 총책'으로서 남로당에 가입해 있던 것은 사실이었다. 하지만 그가 반란군에 가담한 것은 아니었고,

---

[15] 「麗水叛亂事件 關係者 現政府에 있는 걸 想起」, 『朝鮮日報』 1963.9.25.

사건 당시에는 광주 반군토벌사령부에서 호남지구 작전참모 직을 수행하고 있었다. 이후 박정희는 숙군과정에서 사형을 구형받은 후 무기징역과 파면을 선고받았지만, 징역 10년으로 감형된 후 최종적으로 형 집행 정지를 받았다. 박정희가 이러한 '특혜'를 받을 수 있었던 것은 조사 과정에서 군대 내 남로당 조직체계를 수사당국에 제공했기 때문이었다.[16]

윤보선은 대선 과정에서 박정희의 좌익 전력과 사상 문제를 집요하게 공격했다.[17] 그러나 선거 결과 박정희는 윤보선의 집요한 색깔 공세에도 불구하고 근소한 차이로 승리했다. 박정희는 470만 2,640표(46.6%)를 얻었고, 윤보선은 454만 6,614표(45.1%)를 획득했다. 표 차이는 불과 156,026표밖에 되지 않았다. 박정희가 승리할 수 있었던 요인은 기본적으로 군정(軍政)과 공화당의 막강한 조직력과 자금 때문이었다.

하지만 그 이면에는 야당의 텃밭이었던 호남에서 거둔 30만 표 차이의 대승과 해방 직후 좌익세력이 강했거나 1956년 대선에서 조봉암 표가 많이 나왔던 지역에서의 승리가 중요한 역할을 했다.[18] 실제 당시 『경향신문』은 "윤씨의 보루인 호남 표가 예상외로 박씨에게 압도적으로 기울어진 것은 윤씨가 박씨를 '빨갱이'로 몰아친 데 기인한 것 같다. 과거 수많은 사람이 아무런 이유 없이 '빨갱이'로 몰려 희생당했던 기억이 생생하게 살아난 것으로 보인다"고 분석했다.[19]

중앙정보부장 김형욱도 자신의 회고록을 통해 과거 좌익 세가 강했

---

16   김득중, 앞의 책, 448~449쪽.

17   「"中立路線은 亡國, 나세르 讚揚하다니 안될 말"」, 『朝鮮日報』 1963.9.29; 「朴正熙候補 引責 등 主張」, 『朝鮮日報』 1963.10.1; 「말의 激流 … 입의 砲火」, 『朝鮮日報』 1963.10.6.

18   민주화운동기념사업회 엮음, 『한국민주화운동사』 1, 돌베개, 2008, 385쪽.

19   「勝因과 敗因, 共和黨의 경우」, 『京鄕新聞』 1963.10.17.

거나 조봉암 표가 많이 나왔던 지역에서 박정희의 지지가 상승할 것이라는 사실을 알고 있었다고 밝혔다. 당시 중앙정보부 3국장 김영민은 그 원인을 박정희가 제기한 연좌제 폐지 공약 때문이라고 김형욱에게 보고했다.[20] 또한 당시 공화당 총재였던 정구영과 야당총재 시절 김대중도 박정희의 승리가 사상논쟁으로 인한 호남 민심의 지지 때문이라고 밝힌 바 있다.

> 그런 근소한 표 차로 당선될 수 있었던 것은 사상논쟁 탓이 아닌가 해 ⑴ 윤보선 씨 쪽의 민정당에서는 박정희 씨의 여순반란사건 관련설을 내세워 사상적으로 몰아붙였지 ⑴ 박정희 씨가 대구에서 ⑴ 연좌제 폐지를 공약했어 ⑴ 혁신계 사람들을 석방하겠다 ⑴ 그러니까 윤보선 씨 쪽은 박정희 씨와 공화당까지 사상적으로 의심된다는 유세를 해서 국민의 마음을 샀고, 공화당이 이걸 역이용할 수 있었지. 근소한 차이 나마 국민들이 윤보선 씨보다는 박정희 씨에게 표를 더 준 것은 이것 때문이 아니었나 해.[21]

> 윤보선 씨가 그때 실수한 것은 박정희 씨를 빨갱이로 몬 것입니다. 미군정 3년 동안 무고하게 빨갱이로 몰린 사람들. 특히 전라도 사람들이 반발해서 박 대통령을 밀어주었어요. 윤보선 후보는 서울, 경기, 강원, 충북, 충남에서 이겼어요. 남쪽에서만 졌지요. 경상도는 박 대통령 고향이라고 하지만 전라도에서 35만 표나 나왔어요. 그때 윤보선 씨에게 15만 표 차로 이겼는데 산술적으로 보면 전라도 표가 박 대통령을 만들어준 거죠. 그러나 대통령 되자마자 전라도를 차별해서 우리나라를 이 꼴로 만들었어요.[22]

---

[20] 김경재, 『김형욱 회고록: 혁명과 우상』 2, 전예원, 1991, 76~81쪽.
[21] 李英石 編, 『鄭求瑛 回顧錄 실패한 도전』, 中央日報社, 1987, 59쪽.
[22] 趙甲濟, 「특별인터뷰 金大中 아태재단 이사장」, 『月刊朝鮮』 178, 월간조선사, 1995.1, 119~120쪽.

실제 1956년 대선에서 진보당 조봉암 후보가 앞섰던 지역은 1963
년 대선에서 박정희 후보를 지지하는 경향이 강했다.[23] 아울러 여순사
건 관련 지역에서도 박정희 후보가 윤보선 후보를 대부분 앞섰다. 그
결과를 정리하면 다음의 〈표 1〉과 같다.

〈표 1〉 여순사건 관련 지역 1963년 대선 개표 결과

시·군명	박정희		윤보선	
	득표수	득표율(%)	득표수	득표율(%)
여수시	13,263	39.8	18,469	55.4
순천시	14,615	52.7	11,860	42.8
구례군	16,930	58.8	9,584	33.3
광양군	21,211	59.5	11,996	33.7
여천군	39,782	71.5	12,423	22.3
승주군	32,537	59.8	17,433	32.0
고흥군	51,112	60.7	27,153	32.2
보성군	36,330	58.3	22,199	35.6

출처: 중앙선거관리위원회 선거통계시스템 홈페이지(info.nec.go.kr).

앞의 〈표 1〉에서 보듯 1963년 대선 당시 여수시를 제외한 전남 동
부 전 지역에서 박정희 후보가 윤보선 후보를 대략 2 : 1 정도로 앞섰
다. 당시 대중들은 여순사건과 관련해 직접적으로 말하거나 행동하지
는 않았지만 가슴에 품은 응어리를 투표로 표현했다. 아울러 호남 기
반의 야당이었지만 자신들의 상처를 보듬어 주지 않은 민정당과 윤보
선에 대해서는 표로써 심판했다. 마음 한편에는 '빨갱이'로 몰린 박정
희의 모습에 자신들을 투영하며 그가 구제하여 줄지도 모른다는 기대

23　손호철, 「1956년과 63년 대선: 조봉암, 박정희 득표는 잔존 좌익의 지지였나?」, 『현
　　대한국정치』, 사회평론, 1995, 215쪽.

감도 다분히 있었을 것이다.

실제 앞서 서술했듯이 박정희는 선거 과정에서 과거 혁신계에 가담했던 정치범들을 석방하고 연좌제를 폐지하겠다는 의사를 밝혔다. 선거 승리 이후에는 최고회의 의장 「지시각서」 제9호를 통해 내각 수반, 대법원장, 중앙정보부장에게 연좌제를 폐지할 것을 직접 지시하기도 했다.

> 5·16 직후에 검거된 혁신 세력이나 4·19 후 어물어물 말려 들어간 사람들 가운데 애매하게 걸린 사람들이 있음 (…) 혁신계 정치범 중에서도 우파에 속하는 사람은 석방 대상에 둘 것 (…) 가족 중에 월북한 사람이나 사상범이 있다는 이유만으로 공무원 채용이 안 되거나 출세의 길이 막혀서는 안 될 일.[24]

> "공무원의 임면 결정에 있어서 본인 자신의 행위 이외에 친족 그 밖의 사람의 행위로 인하여 본인에게 영향을 주게 하는 종래의 연좌주의를 지양하라(「지시각서」제9호)" (…) 연좌제 신원조사 지양은 공무원에만 한한 것이 아니고 모든 민간인에도 적용되는 것.[25]

사상논쟁의 여진은 1963년 11월 국회의원 선거에서도 재연되었다. 11월 11일 윤보선은 기자회견을 갖고 "박(정희) 씨의 형 한 분이 대구 10·1폭동의 주모자의 한 사람으로 총살을 당했고 (…) 다른 형 하나는 현재 북한 괴뢰정권 밑에서 정보 관계 책임자로 활약하고 있다"고 주장했다.[26] 총살을 당했다고 한 형은 익히 알려져 있듯이 '대구 10·1사건'의 주동자 박상희였다.

---

[24]　「"右派革新系 석방" 共和黨 朴正熙 후보 言明」, 『東亞日報』 1963.10.12.

[25]　「朴議長, 連坐主義 止揚 지시」, 『京鄕新聞』 1963.12.11.

[26]　「"朴正熙氏의 親兄 한 분 北傀情報責으로 있다" 尹氏 主張」, 『朝鮮日報』 1963.11.12.

그런데 대선에서의 색깔론의 여진 때문일까, 1963년 총선에서 여순사건과 관련이 있는 전남지역은 다음의 〈표 2〉와 같이 보성군을 제외하고 박정희의 공화당이 모두 승리를 거두었다. 같은 호남지역인 광주 갑, 목포, 화순·곡성, 영암·강진, 해남, 나주 등에서 야당이 당선된 것과 비교하면 이례적인 결과였다.

물론 공화당의 여순지역 승리 이면에는 1962년 여름 수해와 흉작 피해로 인한 군사정부의 복구사업이 큰 영향을 미쳤다. 공화당은 이 지역에서 수해복구 사업 당시 보여준 군사정부의 업적을 과시하는 전략으로 선거운동에 임했다.[27] 그런데 공화당이 선거 직전 미국과 일본에서 들여온 밀가루를 호남지역 전체에 살포했다는 사실을 감안한다면,[28] 같은 전남권에서 선거 결과가 갈린 것은 사상논쟁 이면에 흐르고 있던 지역 내 정서가 영향을 미쳤던 것으로 보인다.

〈표 2〉 여순사건 관련 지역 1963년 총선 개표 결과

시·군명	정당	이름	득표수	득표율(%)	비고
여수시·여천군	민주공화당	이우현	34,641	44.4	당선
	자유민주당	이은태	22,933	29.4	
순천시·승주군	민주공화당	조경한	26,898	36.4	당선
	민주당	조연하	18,221	24.7	
광양군·구례군	민주공화당	김선주	18,523	32.6	당선
	국민의당	이갑식	16,242	28.6	
고흥군	민주공화당	신형식	32,778	42.8	당선
	국민의당	송경섭	17,006	22.2	

---

[27] 강성호, 「1950~60년대 순천의 지역정치와 6·8부정선거 규탄운동」, 『남도문화연구』 40, 2020, 243쪽; 곽경상, 「근현대 시기 순천의 성장과 도시계획의 전환」, 『學林』 48, 2021, 610쪽.

[28] 「흐려지는 總選終盤戰, 돈 權力 不正 등 亂舞」, 『東亞日報』 1963.11.22.

시·군명	정당	이름	득표수	득표율(%)	비고
보성군	민주공화당	이백래	16,597	34.6	
	민정당	이정래	22,135	46.1	당선

출처: 중앙선거관리위원회 선거통계시스템 홈페이지(info.nec.go.kr).

결국 공화당은 1963년 11월 총선을 통해 재적의원 2/3에 육박하는 의석을 획득했다. 이로써 박정희는 민정 이양 이후에도 정부를 안정적으로 운영할 수 있는 기반을 마련하였다. 그런데 민간정부로 새롭게 탄생한 박정희 정권은 선거 당시 내세웠던 약속들을 저버리고 정치적 자유와 대중의 참여를 억압하는 통치 방식으로 나아갔다. 박정희를 정점으로 한 군부는 본격적으로 개발독재와 권위주의의 모습을 드러내기 시작한 것이다.

그러자 호남의 박정희에 대한 평가는 실망감으로 변해갔다. 민심이 극적으로 변화하는 데는 다음 대선인 1967년까지 많은 시간을 필요로 하지 않았다. 1967년 5월 실시된 대선에서 박정희와 윤보선이 다시 맞붙었다. 선거 결과 박정희 후보가 51.4%, 윤보선 후보가 40.9%를 획득하여 116만 표 차이로 박정희의 압승으로 끝이 났다.[29] 하지만 호남에서는 윤보선 후보가 박정희 후보보다 3만 표를 더 얻었다. 당시 선거에서 부정 시비가 있었다는 점을 감안한다면,[30] 윤보선의 호남 승리는 이전 대선과 비교하여 극적인 반전이었다.

이 선거에서 여순사건 관련 지역에서도 의미 있는 변화들이 감지되었다. 공화당은 전남 동부의 거점 도시인 순천에서 자신들이 승리

---

[29] 「朴正熙 候補의 壓倒的 勝利」, 『京鄕新聞』 1967.5.4.

[30] 「大統領選擧 때도 2百萬票 부정」, 『東亞日報』 1967.6.23.

할 수 있을 것이라 확신했지만,[31] 다음의 〈표 3〉에서 보듯 순천과 인접 지역인 승주군에서 모두 패배하였다. 아울러 상대적으로 빨치산 활동이 활발했고 그만큼 학살이 많이 벌어졌던 구례군[32]과 보성군에서도 윤보선이 큰 표 차로 승리했다. 이러한 현상은 박정희 정권의 정당성이 호남에서 점차 균열되기 시작했다는 것을 의미했다. 박정희는 1963년 대선에서 내세웠던 연좌제 폐지 등 지역민들의 한을 풀어주기는커녕 각종 경제정책에서 호남을 차별하는 모습을 보였다.[33] 그 결과 호남이 '저항 투표' 양상을 보이기 시작한 것이다.[34]

〈표 3〉 여순사건 관련 지역 1963년/1967년 대선 개표 결과 비교

시·군명	대선	박정희		윤보선	
		득표수	득표율(%)	득표수	득표율(%)
전라남도	1963	765,712	57.2	480,800	36.0
	1967	652,847	44.6	682,622	46.6
여수시	1963	13,263	39.8	18,469	55.4
	1967	17,802	48.8	16,616	45.6
순천시	1963	14,615	52.7	11,860	42.8
	1967	13,158	44.7	14,723	50.0
구례군	1963	16,930	58.8	9,584	33.3
	1967	13,381	44.7	14,540	48.5
광양군	1963	21,211	59.5	11,996	33.7
	1967	18,679	51.0	14,847	40.6
여천군	1963	39,782	71.5	12,423	22.3
	1967	32,536	55.0	21,202	35.8

---

[31] 「總選熱戰 現地報告(中) 湖南」, 『東亞日報』 1967.5.19.

[32] 노영기, 「여순 사건과 구례: 여순사건 직후 군대의 주둔과 진압을 중심으로」, 『사회와역사』 68, 2005, 54쪽.

[33] 「도사린 痼疾 '地域偏重', 한 道에 50% 集中」, 『東亞日報』 1966.3.26.

[34] 강성호, 앞의 논문, 244쪽.

시·군명	대선	박정희		윤보선	
		득표수	득표율(%)	득표수	득표율(%)
승주군	1963	32,537	59.8	17,433	32.0
	1967	23,534	41.4	29,014	51.0
고흥군	1963	51,112	60.7	27,153	32.2
	1967	48,972	52.8	36,517	39.4
보성군	1963	36,330	58.3	22,199	35.6
	1967	27,543	42.0	33,149	50.6

이 시기를 전후하여 순천을 중심으로 한 전남 동부지역에서는 의식이 각성된 고등학생들을 중심으로 1965년 한일회담 반대운동, 1967년 '6·8 부정선거' 규탄운동을 비롯하여 박정희 정부에 대항하는 민주화운동이 시작되었다.[35] 지역민들은 여순사건이 가져온 침묵과 망각의 강요에도 불구하고 점차 민주적·민족적 의식에 대한 자각을 통해 진정한 시민으로 성장하고 있었다. 전남 동부지역에서 여순사건이 공론화되기까지 많은 시간이 걸린 것은 사실이지만, 그렇다고 시민들이 독재 권력에 침묵하고 지낸 것만은 아니었다. 비등점 아래에서는 여순사건 또한 수면 위로 떠오를 수 있는 씨앗이 잉태되고 있었던 것이다.

2) 대항 기억의 창출과 입으로 전해진 이야기의 힘

전남 동부 지역민들이 1960년대 박정희에게 자신을 투영하고 투표로써 지지 혹은 심판한 것은 심연에 자리 잡고 있던 여순사건에 대한 작은 대항 기억들과 속삭임 속에 전해진 이야기의 힘 때문이었다. 이

---

[35] 같은 논문, 254쪽.

승만 정권은 여순사건 직후부터 전남 동부지역을 '반란지구'로 설정하고 지역민에게 '빨갱이' 이미지를 덧씌우기 위해 '문인조사반'과 종교·사회단체 대표들을 파견하는 등 형상화 작업을 진행하였다.[36] 이에 대해 지역 내 향토사학자들은 국가의 일방적 선전과 매도에 맞서 기존 인식을 비틀고 작으나마 균열을 내기 위한 대항 기억들을 만들어 왔다.

지역에서 여순사건과 관련해 처음으로 언급한 책은 1952년 여수교육청에서 발간한 『여수향토사』였다. 이 책의 집필자인 김낙원(金洛原)은 여순사건에 관해 '혈루사(血淚史)'라고 칭하며 '여순반란사건'이라는 명칭과 함께 '무자시월사변(戊子十月事變)'이라는 이름을 병기했다.[37] 이를 두고 지역에서 오랜 기간 여순사건의 진실을 파헤쳐 온 주철희는 여수와 순천을 사건명에서 뺌으로써 "지역으로 고착된 이미지를 탈피"하고자 한 첫 시도라고 평가하였다.[38]

김낙원은 1962년 『여수향토사』를 개정판 형태로 다시 출간하였다. 그는 1952년 초판을 내면서 이미 「서문」에 "수정보증(修正補增)" 하겠다는 의지를 피력한 바 있었다. 초판의 출간 시점이 한국전쟁 중이었음을 감안한다면, 새로운 자료의 발굴 외에도 "역사적 근거에 의빙(依憑)"[39]해 서술하겠다는 사명감도 있었던 것으로 보인다. 그는 초판과 달리 개정판을 내면서 몇 가지 점에서 기존 국가가 공식화한 여순사건과 다른 입장을 제기하였다.

---

[36] 김득중, 앞의 책, 402~405쪽; 주철희, 「여순항쟁의 왜곡과 반공문화: '반란실정 문인조사반'을 중심으로」, 『남도문화연구』 33, 2017, 193쪽.

[37] 金洛原, 『麗水鄉土史』, 麗水敎育廳, 1952, 44쪽.

[38] 주철희, 「여순사건과 지역의 기억」, 『歷史學硏究』 56, 2014, 217쪽.

[39] 金洛原, 앞의 책, 9~10쪽.

첫째, 김낙원은 국군의 무차별적인 진압에 관해 문제를 제기하였다.

> 국군의 진압전이 있으리라는 새로운 위험성에 대한 공포를 다시
> 금 느끼지 않을 수 없었다. (…) 25일에는 시내에 잔류한 시민의 수효
> 도 격감 되었으려니와 반도들도 극소수의 군인과 민간 협력자 및
> 명사 모르고 부화뇌동한 학생들만이 무질서하게 우왕좌왕하고 있
> 었을 뿐이다. 올 것은 기어코 오고야 말았다. (…) 이 나라의 백성 쳐
> 놓고 이 무슨 오욕이며 뼈저리는 참변이랴! (…) 전시를 포위한 진압
> 군은 기관총을 난사하며 공격 망을 압축하는 동시에 시민을 닥치는
> 대로 몰아내고 민가를 샅샅이 수색하는 것이었다. (…) 27일이다. 시
> 내를 완전 포위한 육군 부대는 시중(市中)을 향하여 총공격의 총불을
> 터뜨려 놓고 앞바다에 정박하였던 함정으로부터도 원호 포탄을 퍼
> 붓는 통에 전시(全市)는 바로 수라장 화 되었다. (…) 이것이 총포격과
> 화공 전쟁의 본연의 모습이다.[40]

당시 호남전투지구사령부는 1948년 10월 27일 공식 발표를 통해
여수에 반란군 200명, 무장 폭도 1,000여 명, 동조 세력 12,000여 명
이 대항하고 있다고 밝혔다.[41] 그러나 후일 연구에서 밝혀졌듯이 당시
여수에 있던 지창수 휘하 14연대 봉기군은 본격적인 진압을 예감하고
이미 백운산과 벌교 방면으로 이동한 상태였다.[42] 즉 진압군이 육군과
해군을 동원해 여수에 대한 공격을 감행했을 당시에는 시내에 극소수
의 군인과 지방 좌익 및 일부 동조 세력밖에 남아 있지 않았다. 김낙
원은 국군이 이 사실을 알고도 무차별적 진압을 감행했다면 비판받아
마땅하다는 점을 지적한 것이다.

---

[40] 金洛原, 『麗水鄉土史』, 鄉土文化社, 1962, 68~71쪽.

[41] 「叛軍 主力은 男女學生, 靑少年 思想善導 時急」, 『東光新聞』 1948.10.29.

[42] 김득중, 앞의 책, 262쪽; 전남일보 광주전남현대사 기획위원회, 『광주전남현대사』
2, 실천문학사, 1991, 153쪽.

실제 미국 임시군사고문단을 비롯한 군 지휘부와 이승만 대통령은 이미 봉기군이 섬진강을 거쳐 지리산으로 잠입한 사실을 알고 있었다. 이에 대해 현장에서 작전을 지휘한 하우스만(James H. Hausman)과 백선엽은 봉기군을 추격해 혹여 북한과 호응할 수 있는 가능성을 미연에 방지해야 한다고 주장하였다.[43] 반면 임시군사고문단장이었던 로버츠(William L. Roberts)는 군에서 반란이 일어난 만큼 여수를 진압해 이승만 정부의 건재함을 확인시켜 줄 필요가 있다고 생각하였다.[44] 결국 로버츠의 뜻대로 여수 진압이 결정되었다.

둘째, 김낙원은 당시 정부가 여수 전체를 반란지역으로 몰아 무고한 시민들을 학살했다는 문제를 제기하였다.

> 죽음과 삶의 양극이 갈라지는 어마어마한 순간이다. (…) 반란군은 진압되고 이로부터 가담자의 적발과 처단 단계로 들어갔다. (…) 소위 백두산 호랑이로 위명이 높은 김종원 사령관이 추상같은 일본도를 휘두르며 중앙 교정의 버드나무 밑에서 참수 즉결처분을 단행하던 것도 바로 이때이다. (…) 교정 북쪽의 교사(校舍) 뒤에서는 즉결처분의 총성이 무자비하게 들려오고 교정 안에서는 뼈가 부러지도록 두들기는 고문에 못 견디어 비명을 지르다 못해 신음하는 아우성 소리! (…) 이 같은 참변 속에서도 시민의 가슴을 더욱 태우게 한 이변이 있었으니 (…) 만성리 터널 넘에서 수다한 적발자를 총살시킨 일이 그 하나다.[45]

진압군은 여수에 진입하자 전 시민을 봉기군에 협력한 혐의가 있는 적으로 설정했다. 시민들은 무슨 영문인지도 모른 채 끌려와 삶과

---

[43] 하우스만·정일화, 『한국 대통령을 움직인 美軍 대위』, 한국문원, 1995, 185쪽.
[44] 김득중, 앞의 책, 261쪽.
[45] 金洛原, 앞의 책, 1962, 74쪽.

죽음의 경계 앞에서 '심사'를 받았다. 협력자를 지목하는 일은 지역의 경찰과 우인 인사들이 맡았고, 이들이 가리킨 손가락 끝은 총으로 변해 한 사람의 생을 갈랐다. 색출의 과정은 기준도 없었고 자세한 조사도 이루어지지 않은 채 운이 나쁘거나 개인감정이 앞선 상태에서 지목되기 일쑤였다. 그 과정에서 '백두산 호랑이' 김종원이 일본도를 휘둘렀고, 현재 '형제묘'가 자리 잡고 있는 만성리 언덕에서는 집단학살이 벌어졌다. 김낙원은 이 참상을 있는 그대로 기록하며 "여수를 온통 빨갱이 고장"으로 몰고, 시민 대다수를 향해 "최대의 증오와 적개심"으로 대했던 국가를 '고발'한 것이다.

셋째, 김낙원은 군 반란의 책임을 국가가 지지 않고 시민들에게 전가한 점을 비판하였다.

> 군인이 봉기하여 총칼로 민간인을 위협하고 이들을 강제시킨 줄을 알았다면 군인 자체의 과오를 반성하고 이 반역을 미연 방지 못한 책임을 느낌으로써 민간인에 대하여서는 친절과 동정심으로 접하여야 할 것이며, 그들이 입은 피해와 희생을 애긍(哀矜)히 여겨야 할 것이거늘 진압군이나 수도 경찰대의 행동은 동족에 대한 아량이나 인민의 정은 고사하고 사랑과 인정을 찾아볼 수 없었 (…) 다는 것은 깊이 유감스러운 일이 아닐 수 없다.[46]

김낙원이 앞과 같은 문제점을 제기한 이유는 당시 이승만 정부가 군대 반란의 책임을 모면하기 위해 전남 좌익이 '우선' 봉기하고 일부 군인들이 합류했다는 식으로 사건을 호도해서 선전했기 때문이었다. 이승만 정권은 이제 막 정부가 수립된 상황에서 군내 내 반란이 자신들에게 치명타가 될 수 있다는 점을 알고, 봉기의 핵심 주체를 군대가

---

46   같은 책, 74~75쪽.

아닌 전남 지역민에게 전가한 것이다.[47] 실제 당시 김형원 공보처장은 여순사건에 대해 다음과 같이 언급했다.

여수 14연대에서 반란을 일으켰다고 해서 군대의 반란을 일반은 알고 있으나, 실지 조사한 결과 오랜 시일을 두고 적색분자들이 계획적 조직적 음모를 해왔고, 10월 혁명을 계기로 일으키려 할 때 일부 군대가 민중에 호응한 것이다.[48]

이승만 정부가 군대 반란의 책임을 면하기 위해 그 성격을 지역민에게 전가한 것은 결과적으로 '성공'을 거둬 사건 명칭이 '여순반란사건'으로 고착화되는 데 일조하였다. 1980년대 여수지역 시민·사회단체들이 진상규명 운동을 시작하며 '여순반란사건' 대신 '14연대 반란사건'으로 바꿔 부르자고 했던 것은 지금 와서 보면 한계가 있는 것이 사실이다. 그러나 뒤집어 생각해 보면 진상규명 운동의 첫 시작이 지역 이름 삭제였다는 것은 그만큼 여순 사람들이 갖고 있던 아픔과 상처를 반증하는 것이기도 하다. 김낙원은 일찍이 이 점을 간파하고 날카롭게 문제를 제기한 것이다.

김낙원이 1962년 시점에서 앞과 같은 문제점을 지적할 수 있었던 것은 그 자신도 "(심사가 진행된) 중앙교까지 끌려온 무기력한 시민의 한 사람"이었기 때문이다.[49] 그는 봉기군 선전부장 김상렬과 인상착의가 비슷하다는 이유로 아슬아슬한 고비를 넘겼다. 김낙원은 "이 고장 여수의 시민 쳐놓고 귀중한 형제 자매나 혹은 자녀 친척 친구들 한 사람이

---

[47] 주철희, 『불량 국민들: 여순사건 왜곡된 19가지 시선』, bool Lab, 2013, 127쪽.
[48] 「軍隊가 亂民에 呼應, 事件 性格에 公報處長 談」, 『京鄉新聞』 1948.10.29.
[49] 金洛原, 앞의 책, 1962, 73쪽.

라도 죽지 않은 사람이 거의 없을 것"이라며, 자신 또한 "그러한 입장에 서서 광풍에 쓰러진 수많은 원혼 앞에 명복을 빌며" 기록을 남겼다고 했다.[50]

이러한 정신은 1980년대 민주화 공간이 차츰 열리면서 여수지역에서 발간된 『여수·여천 향토지』(1982), 『여수·여천 발전사』(1988)에 서술된 대항 기억으로 이어졌다.[51] 특히 『여수·여천 발전사』를 집필한 김계유(金鷄有)는 당시 지역 내 '명칭개정운동'에 발맞춰 여순사건을 '14연대 반란사건'으로 규정짓고 봉기의 주체에서 지역사회를 분리하는 전략을 채택하였다. 이후 그는 진보적 역사잡지인 『역사비평』에 논문[52]을 실어 여순사건을 학계를 비롯한 대중적으로 확산시키는 데 일조하였다.

그렇다면 김낙원으로 대표되는 지역 내 대항 기억이 민주화 공간에서 진상규명 운동으로 이어지게 된 힘은 무엇이었을까? 박정희는 1967년 대선에서 승리를 거둔 이후 1969년 3선개헌을 통해 영구집권의 기틀을 마련하였고, 1970년대 들어 유신체제라는 파시즘적 전체주의를 만들어 냈다. 그 과정에서 민주화운동이 학생층 외에도 지식인, 종교인, 언론인 등으로 확대되어 가기는 했지만, 극도의 탄압으로 인한 공포 분위기하에서 여순사건에 대한 목소리는 침잠될 수밖에 없었다.

실제 1972년 '10월 유신'이 단행되었을 때 여순사건 관련 유가족들

---

⁵⁰ 같은 책, 76쪽.

⁵¹ 여수·여천 향토지 편집위원회, 『여수 여천 향토지』, 1982; 金鷄有, 『麗水麗川發展史』, 반도문화사, 1988.

⁵² 김계유, 「현장증언 1948년 여순봉기: 당시 일기를 토대로 재구성한 여수인민위원회의 활동상과 '좌익협력자'에 대한 대량학살의 진상」, 『역사비평』 17, 1991.

은 경찰로부터 일제히 조사를 받았다. 당시 경찰은 조사 과정에서 "옛날 포로수용소처럼 거제도에 수용을 한다"고 겁을 주었다.[53] 한 유가족은 유신을 전후해 공포 분위기가 확산되자 그때까지 미뤄뒀던 아버지의 사망신고를 하고, 경기도 모처로 본적을 바꾼 후 독립 분가해 호적을 정리했다. 그는 어쩔 수 없이 "아버지한테 부끄러운 아들"이 될 수밖에 없었다.[54]

이러한 분위기는 비단 유신 시기에만 한정된 것은 아니었다. 남편을 잃은 어머니는 평생 자식들 앞에서 아버지 얘기를 하지 않으셨다. "아버지가 어떻게 돌아가셨냐?" 물어도 "명이 짧은께 죽었지 뭐"라고 답하시기 일쑤였다.[55] 하루는 어머니께 편지를 써서 "왜 나한테는 아버지가 없어요?"라고 묻자, 어머니는 편지를 들고 산 밭에 가서 하루종일 우시다가 해가 져서야 돌아오셨다.[56] 어머니는 괴로우실 때면 "하늘과 땅이 다 닿아버리면 좋겠다"[57]고 말씀하시면서도, "자식들한테 피해가 갈까 싶어 깊은 이야기를 안 해 주셨다."[58]

유가족들은 집에서 얘기를 듣지 않더라도 어릴 적부터 또래 집단

---

53 한용희 구술, 「차마 말하지 못한 두 죽음」, 『70여 년, 하루하루가 목숨 같은 시간이여(증언집 4)』, 순천대학교 10·19연구소, 2022, 316쪽. 이하 『증언집』이 반복될 경우 권수만 표기하고 발행 기관과 출간 연도는 생략.

54 김규찬 구술, 「단지 철도원으로서의 임무를 다했을 뿐인데」, 『한 번도 불러보지 못한 이름, 그리운 아버지(증언집 2)』, 순천대학교 10·19연구소, 2020, 220쪽.

55 이상호 구술, 「하소연조차 할 수 없었던 세월이구면」, 『한 풀고 눈 감으면 좋으련만(증언집 5)』, 순천대학교 10·19연구소, 2022, 147쪽.

56 김계수 구술, 「꿈에서라도 꼭 한 번 만나보고 싶은 아버지」, 『증언집』 2, 146쪽.

57 이수영 구술, 「하늘과 땅이 다 닿아버렸으면 좋겠다던, 어머니의 넋두리」, 『증언집』 5, 166쪽.

58 박무길 구술, 「젊은 며느리 못 가게 헐라고 밤에는 시어머니하고 허리끈을 쨈매고 잤다요」, 『몸서리 나는 세상이라 참말로(증언집 3)』, 순천대학교 10·19연구소, 2021, 87쪽.

이나 학교에서 크고 작은 상처를 받으며 직간접적으로 여순사건에 대해 알게 되었다. 친구들과 함께 놀려고 하면 친구 부모들이 '빨갱이 자식'과 어울리면 안 된다고 해서 놀지 못하는 경우도 많았다.[59] 친구들과 어울리다가도 "지들이 불리하면 빨갱이 자식"이라고 해서 싸우는 일도 종종 벌어졌다.[60] 하루는 경찰이 초등학교로 찾아와 '빨갱이 자식'은 교육을 받으면 안 된다고 해서 견디다 못해 상급학교 진학을 포기하는 경우도 있었다.[61] 중학생 시절에는 사찰계 형사가 전쟁 이후 사라진 할아버지 소식이 없냐며 경찰서로 데려가 "무작허니" 때리기도 했다.[62]

어릴 적 겪은 상처가 내면의 생채기였다면 여순사건을 보다 직접적으로 인식하게 된 계기는 진학, 군대, 취업 등을 앞두고 인생의 진로를 가로막은 연좌제였다. 한 유가족은 돈은 없지만 공부가 하고 싶어 사관학교에 입학하려고 했지만, 필기시험 합격 후 신체검사 당일 귀가조치를 당해야 했다. 당시 방첩대가 주변 친척들을 찾아와 아버지의 활동을 캐묻고 다녔다는 사실을 나중에서야 알게 되었다.[63] 선생님이 되고 싶었던 유가족은 사범대학을 지원하려고 했지만 "의식교육을 한다"는 이유로 입학을 거부당했다.[64] 그나마 초등학교 선생님은 신원조회가 심하지 않다는 말을 듣고서야 교대를 선택하는 경우도 있

---

[59] 이숙자 구술, 「맷돌 속 좀도 갈린, 그 세월을 굴러온 생명력」, 『나 죄 없응께 괜찮을 거네(증언집 1)』, 순천대학교 10·19연구소, 2019, 32쪽.

[60] 양시태 구술, 「씻겼어도 입술에서 피가 흘러내려」, 『증언집』 4, 162쪽.

[61] 이기남 구술, 「다, 안고 살아야지」, 『증언집』 1, 72쪽.

[62] 김연수 구술, 「할아버지가 독립운동을 해서」, 『증언집』 2, 25~26쪽.

[63] 김규찬 구술, 앞의 글, 215~216쪽.

[64] 이자훈 구술, 「생동백 몽둥이에 붉은 눈물 뚝뚝」, 『증언집』 5, 202쪽.

었다.[65]

연좌제는 소설가 정지아의 표현대로 부모님의 '잘못된' 선택으로 인해 "내 미래를 차압" 당한 것이나 마찬가지였다.[66] 군인 혹은 경찰이 되고 싶었던 어릴 적 꿈은 언감생심 말 그대로의 꿈일 수밖에 없었고,[67] 공무원이 되기 위해 책을 들고 다니면 주변으로부터 "너는 해당이 안 된다"는 말을 들어야 했다.[68] 공무원 시험에는 합격했지만 신원조회 때문에 발령이 나지 않아 마음을 졸여야 했고,[69] 공무원이 되어서도 보안감사에서 "아버지가 빨치산 해갖고 총살당했다"는 내용이 나와 결국에는 사직해야 했다.[70] 연좌제의 굴레는 비단 공적인 영역에만 영향을 미친 것은 아니었다. 중매로 만난 부인은 결혼 후 한참 시간이 지나서야 사실은 자신의 집에서 "빨갱이 집안"이라 반대했었다는 말을 해줬다.[71]

여순사건 유가족들은 이러한 경험을 거치며 자신의 부모 혹은 가족들의 '비밀'을 알게 되었다. 그 과정에서 "공부해 봐야 소용없다"[72]거나 "뭔 시험을 봐 쌌냐?"[73]라는 말을 들어야 했다. 그리고 삶의 태도로서 "오른뺨을 때리면 왼뺨도 대라"[74]거나 "나서지 말고 가만히 빠져

---

65 한용희 구술, 앞의 글, 334쪽.

66 정지아 구술, 「느그 아부지가 빨갱이람서」, 『증언집』 1, 301쪽.

67 서장수 구술, 「하루 빨리 지역의 아픔이 치유되길」, 『증언집』 1, 111쪽.

68 박병찬 구술, 「1948년 동짓달 스무날의 총성」, 『증언집』 1, 147쪽.

69 김연수 구술, 앞의 글, 22쪽.

70 한준희 구술, 「천석꾼 아들의 억울한 죽음」, 『증언집』 3, 269쪽.

71 김계수 구술, 앞의 글, 148쪽.

72 권종국 구술, 「세상이 좋아질 때까지 우리가 바라보고 기도허고」, 『증언집』 1, 192쪽.

73 이찬식 구술, 「사진 속 아버지를 간절히 그리워하다」, 『증언집』 2, 187쪽.

74 이기남 구술, 앞의 글, 87쪽.

있어라"[75]며 순응하며 살 것을 '강요' 받았다. 어머니는 유언으로 "몸 서리가 난께 절대 천하 없는 일이 있어도 입 달아라"라는 말씀을 남기고 떠나셨다.[76] 어릴 적부터 "저 새끼는 반란군 새끼라 틀려야"라는 말을 들으면서 자라야 했고,[77] 그래서 "거꾸로 극우처럼 행동"하기도 했다.[78]

하지만 입에서 입으로 전해진 작은 속삭임 속에서 사건의 진상이 전해지고 '저항'의 싹이 움트기 시작했다. 아버지 기일이 되면 "사람들이 많이 오셔"서 "너희 아버지는 이랬다"며 옛날 이야기를 해주셨다. 친척들은 자세한 얘기를 나누지는 않았지만, 은연중에 돌아가신 날의 모습과 "(아버지를) 찾으러 댕기"던 일을 회상했다.[79] 어느 날은 아버지와 함께 입산했던 동료가 찾아와 빨치산 애기를 전해 주기도 했다. 당시 아버지는 그 동료에게 "나하고 이 산에서 굴을 파서 조국 해방이 될 때까지 살자"고 하셨다고 했다.[80] 한 소년은 담임 선생님으로부터 너희 아버지는 전쟁 때 돌아가신 것이 아니라는 말을 듣고, 그날 밤 할머니로부터 다락방에 숨겨 둔 아버지의 유품을 받아 보았다. 할아버지의 물건인 줄 알았던 철도원 모자와 가방은 사실 14연대 군인들을 태웠다는 이유로 학살을 당한 기관사 아버지의 유품이었다.[81]

유가족들이 아픈 과거를 기억하고 주변에 그 사실을 말하는 것은 쉬운 일이 아니었다. 하지만 그들은 주변에 조금씩 말을 하면서 아픔

---

75 윤정근 구술, 「여순사건의 성격이 제대로 정립되었으면」, 『증언집』 5, 119쪽.
76 백용송 구술, 「살아남아 살아내기, 그 이후」, 『증언집』 5, 96쪽.
77 이영모 구술, 「사랑은 삶의 질곡에서도 사람꽃을 피운다」, 『증언집』 4, 243쪽.
78 윤정근 구술, 앞의 글, 117쪽.
79 장순자 구술, 「그렇게도 불러보고 싶었던 이름, 아버지!」, 『증언집』 4, 283~284쪽.
80 한용희 구술, 앞의 글, 322쪽.
81 김규찬 구술, 앞의 글, 217쪽.

을 치유하고 연대와 공감의 틀을 마련해 가기 시작했다. 그 이야기들은 군사정부 하 '망각'을 강요당했던 세월 속에서 잠시 침잠하기도 했지만, 사람들의 입에서 입으로 전해지며 1980년대 민주화가 되었을 때 조금씩 세상 밖으로 나오기 시작했다.

> 국민학교 다니면서 느낌으로 '아 우리가 이렇게 됐고. 뭐 좀 이상한 것이구나. 떳떳하게 돌아가신 게 아니구나'라고 생각했죠. (…) 그래도 약간 나이가 들면서부터는 '우리 아버지가 나쁜 짓으로 돌아가신 것은 아닌 것 같구나' 느꼈어요. (…) 이제 돌아가는 말도 그렇고 일이 흘러들어오는 말도 그렇고 '우리 아버지가 나쁜 일을 하다가 돌아가신 건 아니구나. 떳떳하면서도 나라에서 인정을 안 해주니까 우리가 이렇게 말을 못 하고 있었구나' 하는 걸 이제 철들면서는 느꼈어요.[82]

4. 맺음말

지금까지 1948년 여순사건 발발 이후부터 진상규명 운동이 시작된 1980년대 이전까지의 시기를 대상으로 전남 동부 지역민들의 '기억투쟁'을 살펴보았다.

분단국가로 출발한 대한민국은 38선 너머 북한뿐만 아니라 내부의 경계선을 설정하여 '국민'이라는 집단적 동일성을 추구하면서도 차별과 배제에 의한 '비국민'을 양산해 냈다. 그 과정에서 이승만 정부는 '제주 4·3'과 '여순 10·19'를 내부에 존재하는 '적'을 세상에 폭로

---

[82] 김명자 구술, 「외로움에 사무친 그 세월을 어떻게 말할까」, 『증언집』 4, 72~73쪽.

하는 계기로 활용하였다. 국가는 두 지역 전체를 '반란지구'로 설정하고, 그중에서 누가 '국민'이 될 수 있는지 '심사'했다. 그 과정에서 '국민'이 되지 못한 사람들은 학살을 통해 절멸되거나 인신의 구속을 통해 대중으로부터 분리되었다.

하지만 '제주 4·3'과 '여순 10·19'는 사건의 성격상 연결되어 있고 같은 '반란지역'으로 규정되었음에도 불구하고 진상규명 운동의 과정이 사뭇 달랐다. 양 사건 사이에는 정부 수립이라는 시간적 차이, 육지와 섬이라는 공간적 차이, 정식 군대와 민간인이라는 내용적 차이가 있었다. 하지만 보다 근본적으로 제주는 한국전쟁을 거치며 그나마 '국민'이 되기 위한 진입로가 열려 있었다면, 여순 지역은 인민군이 점령함으로써 그 길이 봉쇄되어 버렸다. 그로 인해 여순사건을 가슴 속에 묻어두거나 의식적이건 무의식적이건 '망각'해 오면서 살아갈 수밖에 없었다.

그러나 전남 동부 지역민들은 침묵을 강요당했다고 해서 그 기억을 잊고 살지만은 않았다. 박정희가 군사쿠데타를 일으키기는 했지만, 1963년 대선 과정에서 '빨갱이'로 몰리는 모습을 보며 그에게 지지를 보내줬다. 그 이면에는 박정희의 모습에 자신들을 투영하며 그동안 가슴에 품었던 응어리를 혹여 풀어주지 않을까 하는 기대감의 표현이 자리잡고 있었다. 하지만 박정희가 연좌제 폐지 등 선거 때의 약속을 저버리고 개발독재와 권위주의의 모습을 드러내자 1967년 대선에서는 투표로써 심판했다.

여순사건을 겪은 지역민들이 박정희를 지지 혹은 심판한 것은 심연에 자리 잡고 있던 여순사건에 대한 기억들과 속삭임 속에서 전해진 이야기의 힘 때문이었다. 지역 내 향토사학자들은 국가의 일방적 선전과 매도에 맞서 작으나마 대항 기억들을 만들어 왔다. 그들이 남긴 균열의 편린들은 1980년대 이후 학계에서 본격적인 여순사건 연구가 진행될 때 징검다리 역할을 해주었다. 아울러 유가족들의 입에서 입으로 전해진 이야기들은 지역 내 공감과 연대의 틀을 만들어 내며 민주화의 공간이 열렸을 때 여순사건을 공론화시키는 토대가 되었다.

그런 점에서 현재 '여순 10·19'의 진상규명을 둘러싼 객관적 '현실'과 주관적 '의지'를 모두 확인하는 것은 중요하다. '제주 4·3'은 특별법이 통과되기 이전부터 많은 조사와 연구가 이루어져 왔지만, '여순 10·19'는 조사나 연구의 양적·질적 성과는 물론 전문 연구기관이나 연구자도 턱없이 부족한 상황이다. 그럼에도 지역 내 여순사건에 대한 논의가 너무 큰 그림 그리기에 익숙한 것은 아닌가 자문해 본다.

'제주 4·3'은 지금까지 진상규명, 명예회복, 국가의 사과가 이루어졌고 현재 피해 회복을 목적으로 배상의 문제가 논의되고 있다. 그리고 제주 4·3 평화공원에 누워 있는 백비에서 보듯 '정명'의 문제를 마지막 과제로 남겨두고 있다. 그런데 여순사건은 '항쟁'으로의 성격 규정이나 '정명'의 문제가 먼저 선언되거나 논의되고 있다. 기초가 없는 상태에서 쌓은 성은 쉽게 무너져 내리듯 선입견을 배제하고 아래에서부터 하나씩 성과를 쌓아 올릴 필요가 있다.

역사는 짐이자 힘이다. '망각'을 강요당했던 세월이 있었지만, 그 안에서 끓는 점을 향해 나아가는 사람들이 있었다. 그것을 '비등점'까지 끌어 올리는 것은 이제 우리들의 몫이다.

참고문헌

1. 자료

『京鄕新聞』, 『國際新聞』, 『東光新聞』, 『東亞日報』, 『제주일보』, 『朝鮮日報』, 『한겨레』.

『月刊朝鮮』.

『국무회의록』.

순천대학교 10·19연구소, 『나 죄 없응께 괜찮을거네(증언집 1)』, 2019.

순천대학교 10·19연구소, 『한 번도 불러보지 못한 이름, 그리운 아버지(증언집 2)』, 2020.

순천대학교 10·19연구소, 『몸서리 나는 세상이라 참말로(증언집 3)』, 2021.

순천대학교 10·19연구소, 『70여 년, 하루하루가 목숨 같은 시간이여(증언집 4)』, 2022.

순천대학교 10·19연구소, 『한 풀고 눈 감으면 좋으련만(증언집 5)』, 2022.

여수지역사회연구소 홈페이지(yosuicc.com).

중앙선거관리위원회 선거통계시스템 홈페이지(info.nec.go.kr).

2. 단행본

김경재, 『김형욱 회고록: 혁명과 우상』 2, 전예원, 1991.

金鷄有, 『麗水麗川發展史』, 반도문화사, 1988.

金洛原, 『麗水鄕土史』, 麗水敎育廳, 1952.

金洛原, 『麗水鄕土史』, 鄕土文化社, 1962.

김득중, 『'빨갱이'의 탄생: 여순사건과 반공 국가의 형성』, 선인, 2009.

민주화운동기념사업회 엮음, 『한국민주화운동사』 1, 돌베개, 2008.

양정심, 『제주 4·3항쟁: 저항과 아픔의 역사』, 선인, 2008.

여수·여천 향토지 편집위원회, 『여수 여천 향토지』, 1982.

李英石 編, 『鄭求瑛 回顧錄 실패한 도전』, 中央日報社, 1987.

전남일보 광주전남현대사 기획위원회, 『광주전남현대사』 2, 실천문학사, 1991.

정지아, 『아버지의 해방일지』, 창비, 2022.

제주4·3사건 진상규명 및 희생자 명예회복 위원회, 『제주4·3사건 진상조사 보고
　　　서』, 2003.

주철희, 『불량 국민들: 여순사건 왜곡된 19가지 시선』, bool Lab, 2013.

하우스만·정일화, 『한국 대통령을 움직인 美軍 대위』, 한국문원, 1995.

현기영, 『순이삼촌』, 창작과비평사, 1979.

3. 논문

강성호, 「1950~60년대 순천의 지역정치와 6·8부정선거 규탄운동」, 『남도문화연
　　　구』 40, 2020.

고성만, 「4·3위원회의 기념 사업에서 선택되고 제외되는 것들」, 『역사비평』 82,
　　　2008.

고성만, 「4·3 과거청산과 ‘희생자’: 재구성되는 죽음에 대한 재고」, 『탐라문화』
　　　38, 2011.

고성만, 「4·3 ‘희생자’의 변용과 활용: 무장대 출신자의 과거청산 경험을 사례
　　　로」, 『사회와 역사』 129, 2021.

곽경상, 「근현대 시기 순천의 성장과 도시계획의 전환」, 『學林』 48, 2021.

김계유, 「현장증언 1948년 여순봉기: 당시 일기를 토대로 재구성한 여수인민위
　　　원회의 활동상과 ‘좌익협력자’에 대한 대량학살의 진상」, 『역사비평』 17,
　　　1991.

김민환, 「전장(戰場)이 된 제주 4·3평화공원: 폭동론의 ‘아른거림(absent presence)’
　　　과 분열된 연대」, 『경제와 사회』 102, 2014.

노영기, 「여순 사건과 구례: 여순사건 직후 군대의 주둔과 진압을 중심으로」, 『사
　　　회와역사』 68, 2005.

박찬식, 「제주4·3사건과 여순사건의 비교」, 『여순사건과 대한민국의 형성』, 여순사건 60주년 기념 학술심포지움, 2008.

손호철, 「1956년과 63년 대선: 조봉암, 박정희 득표는 잔존 좌익의 지지였나?」, 『현대한국정치』, 사회평론, 1995.

이재승, 「묘지의 정치: 명예회복과 인정투쟁을 둘러싸고」, 『통일인문학』 68, 2016.

이창현, 『1960년대 초 피학살자유족회 연구』, 성균관대학교 사학과 박사학위논문, 2018.

임송자, 「전향의 반공주체 형성과 동원」, 『韓國史硏究』 185, 2019.

주철희, 「여순사건과 지역의 기억」, 『歷史學硏究』 56, 2014.

주철희, 「여순항쟁의 왜곡과 반공문화: '반란실정 문인조사반'을 중심으로」, 『남도문화연구』 33, 2017.

홍영기, 「여순사건 당시 발생한 민간인 피해 현황: 전남 동부지역을 중심으로」, 『시선 10·19』 5, 순천대학교 10·19연구소, 2022.

9장

여순사건 관련 미국 자료의
국내 수집 현황과 과제*

권오수(순천대학교)

1. 머리말

"…, 그 사건들 중 어떠한 것도 범위나 결과 면에서 1948년 10월
에 발생한 여수-순천 사건과 비교할 수 없다. (…) "[1]

1949년 6월 11일, 주한 미국 대사 존 무초(John J. Muccio)는 미국 국무
장관 딘 애치슨(Dean Acheson)에게 8연대 2개 대대의 이탈, 개성·옹진 사
건 등 당시 한국에서 발생한 여러 사건들에 관한 내용의 전문을 보내

---

* 이 글은 필자의 「여순사건 관련 미국 자료 수집 현황과 과제: 주한미군사고문단 자
료를 중심으로」, 『탐라문화』 72호, 2023을 일부 수정·보완한 것이다.

[1] "The Ambassador in Korea(Muccio) to the Secretary of State," June 11, 1949,
Foreign Relations of the United States(hereinafter *FRUS*) 1949, Vol. Ⅶ, Part. 2,
doc. 262.

며 여순사건을 앞과 같이 평가하였다. 당시 미국 정부가 여순사건을 어느 정도로 중대하게 인식하고 있었는지 확인할 수 대목이다.

무초의 전문은 미국 국무부에서 간행한 미국외교문서집인 *Foreign Relations of the United States(FRUS)*에 수록되어 있다. *FRUS*는 미국 국무부가 작성한 미국 대외 관계 관련 문서 중 중요한 자료를 선별하여 발행한 것으로 한미 관계사를 연구하는 데 있어 가장 기본이 될 뿐만 아니라 가장 쉽게 접근할 수 있는 자료집이기도 하다.[2] *FRUS*에는 여순사건 당시 미군이 직접 개입했음을 확인할 수 있는 대목도 있다. 1949년 5월 3일 무초는 애치슨에게 추가 항공기를 한국에 제공할 것을 제안하며, "지난 10월 미군 수송기가 여수-순천 지역에 한국군, 탄약, 통신 장비를 급히 수송했다."라고 진술하였다.[3] 이처럼 한국 관련 미국 자료 중 가장 쉽게 접근할 수 있는 자료집에서 미군이 여순사건에 직간접적으로 개입한 정황을 확인할 수 있다.

지금까지 여순사건과 관련된 자료집은 여수지역사회연구소, 전남동부지역사회연구소, 순천대학교 지리산권문화연구원 여순기획센터 등에서 발간되었다. 이상의 기관에서는 국회속기록, 잡지, 신문 등 주로 국내에서 생산된 여순사건 관련 자료를 조사, 수집하여 집대성

---

[2] *FRUS*에 관해서는 William B. McAllister, Joshua Botts, Peter Cozzens, Aaron W. Marrs, *Toward "Thorough, Accurate, and Reliable": A History of the Foreign Relations of the United States Series*, Washington D.C.: U.S. Department of State, Office of the Historian, Bureau of Public Affairs, 2015 참조. *FRUS*에 수록된 자료는 미국 정부에서 공식적으로 제공하고 있는 웹서비스를 통해 확인할 수 있다. https://history.state.gov/historicaldocuments. 한편, 국사편찬위원회에서는 1945년부터 1976년까지 FRUS에 수록된 한국 관련 자료들만 별도로 발췌, 일부 번역하여 웹서비스를 하고 있다. https://db.history.go.kr/item/level.do?itemId=frus.

[3] "The Ambassador in Korea(Muccio) to the Secretary of State," 3 May, 1949, *FRUS* 1949, Vol. Ⅶ, Part. 2, doc. 231.

함으로써 이 사건의 해명을 위한 기초 자료를 제공하고 연구를 활성화할 수 있는 단초를 마련하였다.[4] 또한 구례문화원, 국사편찬위원회, 순천대학교 10·19연구소(구 여순연구소) 등에서는 여순사건 구술 자료집 등을 간행하여 문헌 자료에서 밝혀지지 않은 사실들을 규명하였다.[5] 그러나 기존 자료집은 순천대학교 지리산권문화연구원 여순기획센터에서 발간한 『여순사건 자료집』 Ⅱ를 제외하면 대부분 국내에서 생산된 자료에 국한되어 있다. 『여순사건 자료집』 Ⅱ 또한 여순사건과 관련해 당시 미국, 일본 등에서 발간된 신문 자료 정도만 일부 수록되었을 뿐이다.[6] 가장 최근 여순사건 연구 현황 및 자료 현황을 조사한 임송자도 여순사건의 "보다 엄밀한 연구를 위해서는 (…) 미국 자료를 발굴, 수집할 필요가 있다."라고 하며 기존 자료집의 한계와 향후 과제를 밝혔다.[7]

---

[4] 여수지역사회연구소, 『여순사건 자료집(여순사건 연구총서 제2집)』, 여수지역사회연구소, 1999; 홍영기 책임편집, 『여순사건자료집 Ⅰ: 국회속기록·잡지편(전남동부지역사회연구소 자료총서 1)』, 선인, 2001; 국립순천대학교 지리산권문화연구원 여순연구센터 기획, 김득중 외 엮음, 『여순사건 자료집』 Ⅰ~Ⅳ, 선인, 2015. 지리산권문화연구원에서는 여순사건 연구의 연장선에서 지리산 빨치산 관련 자료집도 발간하였다. 지리산권문화연구단 편, 『지리산권 저항자료 선집』, 선인, 2016. 여순사건 관련 자료집 발간 현황에 관해서는 임송자, 「여순 사건과 지리산 빨치산 활동 연구의 기초자료: 김득중 외 엮음, 『여순사건 자료집』 Ⅰ~Ⅳ, 선인, 2015.7」, 『남도문화연구』 32, 2017 참조.

[5] 선휘성 채록, 이계유 외 구술, 『지역민이 체험한 여순사건』 녹취록 1~2, 국사편찬위원회, 2006; 구례문화원, 『구례군 마을조사자료』, 2005. 순천대학교 10·19연구소에서는 『여순 10·19 증언록: 나 죄 없응께 괜찮을거네』, 심미안, 2019를 시작으로 『한 번도 불러보지 못한 이름 그리운 아버지』, 심미안, 2020; 『몸서리나는 세상이라 참말로』, 심미안, 2021; 『한 풀고 눈 감으면 좋으련만』, 심미안, 2022; 『70여년, 하루하루가 목숨 같은 시간이여』, 심미안, 2022 등 구술 자료집을 현재도 지속적으로 발간하고 있다. 한편 여수지역사회연구소, 여순사건 구술 사업 현황과 관련해서는 박병섭, 「'여순 10·19' 관련 구술 사업의 현황과 과제」, 『역사학연구』 73, 2019 참조.

[6] 국립순천대학교 지리산권문화연구원 여순연구센터, 『여순사건 자료집』 Ⅳ.

[7] 임송자, 「여순 사건과 지리산 빨치산 활동 연구의 기초자료」, 464쪽.

여순사건과 관련된 미국 자료 발간 현황은 제주4·3사건과 비교해 보아도 극명한 차이가 난다. 제주4·3사건진상규명및희생자명예회복위원회(이하 제주4·3위원회)에서는 2000년부터 2003년까지 사건 진상조사의 일환으로 약 2년 6개월 동안 제주 4·3 사건과 관련된 국내외 자료를 조사하고 수집하였다. 그 결과물로 모두 12권의 『제주4·3사건 자료집』이 발간되었고, 이 중 7권부터 11권까지가 미국 국립문서기록관리청(National Archives and Records Administration, NARA), 맥아더문서관(Macarthur Memorial), 육군역사연구소(United States Army Military History Institute) 등에서 수집한 자료이다. 제주4·3사건 관련 자료 조사 및 수집 사업은 2008년 설립된 제주4·3평화재단으로 이어져 추가 진상조사의 일환으로 지속적인 미국 자료 사업을 진행하였다. 2019년부터 제주4·3평화재단에서는 미국 현지 조사를 실시하는 등 미국 자료에 대한 추가 조사사업을 본격적으로 실시하였고, 그 결과물로 2021년 총 5권의 『제주4·3사건 추가진상조사자료집』(미국자료 1~5)이 추가로 발간하였다. 이러한 지속적인 해외자료 조사사업을 통해 제주에서는 제주4·3사건의 진상규명을 위한 증거자료를 확보함과 동시에, 연구의 토대를 구축함으로써 연구를 심화하고 저변을 확대하고 있다.[8]

2022년 1월 「여수·순천 10·19사건 진상규명 및 희생자 명예회복에 관한 특별법」(여순사건법)이 시행된 이후 여순사건에 대한 사회적 관심이 높아지며 각계각층에서 이 사건과 관련된 다양한 활동들이 활발히 전개되고 있다. 제주4·3사건의 선례를 통해 알 수 있듯이 과거사 문제에 대한 역사적 사실을 규명하고 연구의 토대를 마련하기 위해서는

---

[8] 제주4·3사건진상규명및희생자명예회복위원회, 『제주4·3사건 자료집』 7~11(미국자료편 1~5), 제주4·3사건진상규명및희생자명예회복위원회, 2003; 제주4·3평화재단, 『제주4·3사건추가진상조사자료집』(미국자료 1~5), 제주4·3평화재단, 2021.

충분한 자료가 뒷받침되어야 한다. 여순사건 당시 한국과 미국 간의 관계, 미군의 정보력 및 한국군에 대한 영향력 등을 고려할 때 여순사건과 관련된 미국 정부 및 주한 미군 자료(이하 미국 자료)는 진상규명을 위한 증거자료로 활용될 수 있을 뿐만 아니라 이 사건에 대한 이해의 폭을 확대하는 데 중요한 역할을 할 수 있다. 가장 대표적인 여순사건 연구자라 할 수 있는 김득중이 그의 저서에서 "여순사건의 새로운 사실을 규명하고 미군의 역할을 밝히는 데는 주로 미군 보고서를 이용했다."라고 서술한 것처럼 미국 자료는 여순사건과 관련된 연구를 심화하고 새롭게 규명할 수 있는 토대를 제공해 줄 수 있다.[9]

이 글에서는 그간 국내에 수집된 미국 자료 중 여순사건 관련 자료 현황을 조사하고, 이를 토대로 수집 방향을 제기하고자 한다. 이를 위해 필자는 이미 공간된 *FRUS*, 일월서각과 한남대 아시아문화연구

---

[9] 김득중, 『'빨갱이'의 탄생: 여순사건과 반공 국가의 형성』, 선인, 2009. 노영기 또한 한국군이 형성되는 과정에서 여순사건이 끼친 영향을 미국 자료를 활용하며 중요하게 논의하였다. 노영기, 「1945~50년 한국군의 형성과 성격」, 성균관대학교 대학원 사학과 박사학위논문, 2008. 한편, 여순사건 연구 현황에 관해서는 정청주, 「여순사건 연구의 현황과 과제」, 『여수대학교 논문집』 13-1, 1998; 홍영기, 「여순사건에 관한 자료의 성격과 연구현황」, 『지역과 전망』 11, 일월서각, 1999; 임송자, 「여순사건 연구의 현황과 쟁점, 그리고 과제」, 『남도문화연구』 42, 2021 등 참조. 여순사건은 Robert K. Sawyer, John Merrill, Bruce Cumings, Allan R. Millett, Bryan Robert Gibby 등의 연구에서도 중요하게 다루어졌다. Robert K. Sawyer, *Military Advisors in Korea: KMAG in Peace and War*, Washington D.C.: Center of Military History, United States Army, 1988(로버트 소이어 저, 이상호·윤시원·이동원·박영실 역, 『주한미군사고문단사』, 선인, 2018);John Merrill, *Korea: The Peninsular Origins of the War*, Newark: University of Delaware Press, 1989; Bruce Cumings, *Origins of the Korean War, Vol. 2: The Roaring of the Cataract, 1947-1950*, Princeton: Princeton University Press, 1992; Allan R. Millett, *The War for Korea, 1945-1950: A House Burning*, Lawrence: University Press of Kansas, 2005; Bryan Robert Gibby, *Fighting in a Korean war: the American advisory missions from 1946-1953*, PhD Diss, Ohio State University, 2004.

소에서 각각 간행한 주한미군 정보참모부(G-2) 보고서를 비롯해,[10] 국사편찬위원회, 국립중앙도서관, 국회전자도서관, 국가기록원 등에서 NARA, 맥아더문서관, 육군역사연구소로부터 수집한 미국 자료를 조사하였다.[11] 다만 현재 국내 각 기관에서 수집한 미국 자료가 방대하고 여순사건과 관계된 자료는 파편화되어 있어 개인이 모두 조사하는 것은 사실상 불가능하다. 따라서 이 글에서는 상기 필자가 언급한 자료들을 중심으로 수집 현황을 분석하되, 국사편찬위원회에서 수집한 임시주한미군사고문단(Provisional Military Advisory Group, PMAG)과 주한미군사고문단(U.S. Military Advisory Group to the Republic of Korea, KMAG) 자료 중 여순사건이 발생한 1948년 10월 19일부터 지리산 빨치산 활동으로 이어진 1949년까지 기간의 문서를 중점적으로 분석하였다.

2. 미국 자료 국내 수집 현황

1) 공간 자료

여순사건이 발생한 시기 *FRUS* 한국 관련 문서는 *FRUS*, 1948, The Far East and Australasia, Vol. Ⅵ 중 문서번호(doc.) 706~931과

---

[10] 주한미육군사령부 정보참모부 편, 『미군정정보보고서』 전15권, 일월서각, 1986; 한림대 아시아문화연구소 엮음, 『주한미군정보일지』 전7권, 한림대 아시아문화연구소, 1988, 1989; 한림대 아시아문화연구소 엮음, 『주한미군 주간정보요약』 전5권, 한림대 아시아문화연구소, 1990.

[11] 이들 기관의 웹페이지는 다음과 같다. 국사편찬위원회 전자자료관(http://archive.history.go.kr), 국립중앙도서관 해외 한국 관련 자료(https://www.nl.go.kr/NL/contents/N20401010000.do), 국회전자도서관(https://dl.nanet.go.kr/), 국가기록원(https://www.archives.go.kr/next/viewMain.do).

FRUS, 1949, The Far East and Australasia, Vol. Ⅶ, Part 2 중 doc. 189~306에 수록되어 있다. 이 중 여순사건과 관련된 내용이 포함된 문서는 13건 정도가 확인된다. 상기 문서의 목록은 다음과 같다.

<표 1> 여순사건 관련 *FRUS* 문서

문서명	날짜	권호	문서번호 (Doc. No.)
The Special Representative in Korea (Muccio) to the Secretary of State	1948.10.28	1948, The Far East and Australasia, Vol. Ⅵ	905
The Special Representative in Korea (Muccio) to the Secretary of State	1948.11.09	1948, The Far East and Australasia, Vol. Ⅵ	910
The Acting Secretary of State to the Embassy in France	1948.11.11	1948, The Far East and Australasia, Vol. Ⅵ	912
The Special Representative in Korea (Muccio) to the Secretary of State	1948.11.12	1948, The Far East and Australasia, Vol. Ⅵ	913
The Special Representative in Korea (Muccio) to the Secretary of State	1948.11.19	1948, The Far East and Australasia, Vol. Ⅵ	917
The Special Representative in Korea (Muccio) to the Secretary of State	1948.12.03	1948, The Far East and Australasia, Vol. Ⅵ	921
The Special Representative in Korea (Muccio) to the Secretary of State	1949.01.27	1949, The Far East and Australasia, Vol. Ⅶ, Part 2	196
Memorandum of Conversation, by the First Secretary of the American Mission in Korea (Gardiner)	1949.02.07	1949, The Far East and Australasia, Vol. Ⅶ, Part 2	198
The Chargé of the American Mission in Korea (Drumright) to the Secretary of State	1949.03.28	1949, The Far East and Australasia, Vol. Ⅶ, Part 2	210
The Ambassador in Korea (Muccio) to the Secretary of State	1949.04.29	1949, The Far East and Australasia, Vol. Ⅶ, Part 2	227
The Ambassador in Korea (Muccio) to the Secretary of State	1949.05.03	1949, The Far East and Australasia, Vol. Ⅶ, Part 2	231
The Ambassador in Korea (Muccio) to the Secretary of State	1949.06.11	1949, The Far East and Australasia, Vol. Ⅶ, Part 2	262
The Ambassador in Korea (Muccio) to the Secretary of State	1949.10.13	1949, The Far East and Australasia, Vol. Ⅶ, Part 2	286

*FRUS*에 수록된 여순사건 관련 문서는 서론에서 소개한 문서(1949, Vol. Ⅶ, doc. 231, 262)와 여순사건에 대한 이범석 국무총리의 언론 성명번역(1948, Vol. Ⅵ, doc. 905)를 제외하면, 대부분 무초가 애치슨에게 한국 정세를 보고하면서 여순사건을 언급한 것이 주를 이루고 있다. 이 문서들에서는 여순사건의 구체적인 전개 과정을 언급하고 있지는 않으나, 여순사건을 빌미로 주한미군의 철수를 보류시키고자 하는 이승만 대통령의 의지(1948, Vol. Ⅵ, doc. 910, 917), 여순사건 이후 국내 정세 변화와 이에 대한 무초와 한국 주재 미 대표단 참사관 에버렛 드럼라이트(Everett F. Drumright)의 인식 등을 파악해 볼 수 있다. 특히 1949년 1월과 2월 문서에서 무초가 여순사건을 진압하는 과정에서 한국인들의 미국에 대한 태도는 매우 우호적으로 바뀌었다고 평가한 내용 등이 인상적이다 (1949, Vol. Ⅶ, doc. 196, 198).

주한미육군사령부(Headquarters, United States Army Forces in Korea) 정보참모부(G-2)의 "일일보고서(G-2 Periodic Report)"와 "주간정보요약(G-2 Weekly Summary)"은 해방 후 한국의 정치적, 사회적 동향을 파악하고 분석하는 데 가장 기초적인 자료로 활용되고 있다. 정보참모부 보고서에는 1948년 10월 19일 여순사건이 발생한 시점부터 확산, 진압되는 과정이 상세히 다루어져 있어, 기존 연구에서도 이 보고서를 가장 많이 활용하고 있다.[12]

우선 G-2 일일보고서에는 사건 당일인 10월 19일(No. 967)부터 그 전개 과정이 거의 매일 기록되어 있다. 10월 27일 이후부터는 남원, 구례, 백운산, 지리산 지역 빨치산 활동과 진압 관련 내용이 지속적으로

---

[12]　　G-2 Periodic Report와 G-2 Weekly Summary는 국립중앙도서관 해외 관련 자료에서 원문 스캔본을 확인할 수 있다.

기록되어 있다. 11월 5일자 일지에는 11월 2일 주한미육군사령관이 여순사건과 관련해 발표한 성명서가 수록되어 있다. 이 성명서에서는 주한미육군사령관이 미군의 노고를 직접 치하하며 여순사건을 통해 "미국인과 한국인 모두 교훈을 얻었다."라고 결론을 짓고 있는 내용이 인상적이다(No. 981). 한편, G-2 일일보고서에는 대한민국 정부 수립을 전후한 시기 전남 동부 지역의 정치적, 사회적 동향에 관한 추이도 확인할 수 있다. 추후 여순사건에 대한 폭넓은 이해를 위해서는 이 내용도 함께 검토할 필요가 있다.

G-2 주간정보요약은 정보참모부에서 수집한 각종 정보들을 주간 단위로 정리한 것이다. G-2 일일보고서가 주로 정치, 사회 동향을 중심으로 작성된 것이라면 G-2 주간정보요약은 경제적 동향에 관한 내용도 포함하고 있어 당시 시대적 상황을 포괄적으로 이해하는 데 도움이 된다. 여순사건에 관해서는 "G-2 Weekly Summary, for the period 15 October 1948-22 October 1948," No. 162부터 기록되어 있다. 내용은 해당 기간 G-2 일일보고서의 내용이 요약되어 있다.

한편 주한미육군 제6보병사단(6th Infantry Division)과 제7보병사단(7th Infantry Division) 정보참모부에서 생산한 일일보고서에도 여순사건과 관련한 내용이 있다. 제6보병사단 일일보고서에는 여순사건 진압 후 구례, 남창리, 원촌리, 백이산, 지리산 등 전남지역에 산재해 있는 빨치산 활동과 진압 관련 내용이 소수 확인된다.[13] 제7보병사단 일일보고서에는 10월 21일부터 27일까지의 기간 동안 여순사건과 관련된 내용이 일지마다 기록되어 있고, 이후 시기부터는 전남 지역 빨치산 활

---

[13] "G-2 Periodic Report, HQ, 6th Inf Div," November 19, 1948, No. 1102; "G-2 Periodic Report, HQ, 6th Inf Div," December 7, 1948, No. 1107; "G-2 Periodic Report, HQ, 6th Inf Div," December 21, 1948, No. 1111.

동과 관련된 내용이 간간이 등장한다.[14]

2) 임시주한미군사고문단 및 주한미군사고문단 관련 자료

임시주한미군사고문단(이하 임시군사고문단)은 1948년 8월 24일 「한·미잠
정군사협정」에 의거하여 1948년 8월 26일 설립된 조직으로, 미군정
당시 국방경비대, 해안경비대, 경찰대의 조직과 훈련을 담당했던 미
군사고문단의 업무를 계승하기 위해 설립된 조직이다. 주한미군의 철
수가 완료된 직후인 1949년 7월 1일 임시군사고문단은 주한미군사고
문단(Korea Military Advisory Group, KMAG)으로 변경되었다. 주한미군사고문단은
1971년 4월 1일 주한미합동군사원조단(Joint U.S. Military Assistance Goup-Korea:
JUSMAG-K)에 통합될 때까지 한국의 군사자문기구로 활동하였다.[15]

우선 임시군사고문단 자료는 여순사건 발생 당시 임시군사고문단
이 한국군과 가장 밀접한 관계를 맺고 있었다는 점에서 주목된다. 김
득중도 그의 저서에서 여순사건 진압 작전에 참가한 군사고문원단인
제임스 하우스만 대위(Capt. James H. Hausman), 존 리드 대위(Capt. John P. Reed)
등이 작성한 보고서를 여순사건 연구의 필수 자료로 소개하였다. 더
나아가 그는 "이 보고서들은 사건의 추이를 서술하고 군사적 관점에
서 작전의 성과와 한계를 짚어나가고 있"고 "여순 진압 작전을 재구

---

[14] "G-2 Periodic Report, HQ, 7th Inf Div," October 21, 1948, No. 247-October,
27, 1948, No. 252; "G-2 Periodic Report, HQ, 7th Inf Div," Novemeber 4,
1948, No. 259; "G-2 Periodic Report, HQ, 7th Inf Div," Novemeber 20, 1948,
No. 272.

[15] 임시군사고문단 및 주한미군사고문단에 관해서는 로버트 소이어 저, 『주한미군사
고문단사』; 박동찬, 『주한미군사고문단 KMAG』, 한양대학교 출판부, 2016; 안정애,
「주한미군사고문단에 관한 연구: 한국군 창군과정(1945~1950)에서의 역할 및 기능
을 중심으로」, 인하대학교 정치외교학과 박사학위논문, 1996 등 참조.

성하는데 필수적"이라 하며 임시군사고문단 자료의 중요성을 역설하였다.[16]

국사편찬위원회가 미국 국립문서기록관리청, 미국 육군역사연구소, 트루만도서관 등에서 수집한 미국 자료에는 임시군사고문단 관련 자료가 다수 자료가 있다. 특히 국사편찬위원회가 미국 국립문서기록관리청에서 수집한 자료 중 임시군사고문단과 관련해 가장 주목되는 자료는 미 육군의 단위부대 기록 자료가 소장된 Record Group 338: Records of U.S. Army Operational, Tactical, and Support Organizations(World War II and Thereafter), 1917-1993(이하 RG 338) 사료계열(Series) 중 임시군사고문단 자료인 Advisory Group to the Republic of Korea(KMAG), Provisional Military Advisory Group, 1948-1949 and Korean Military Advisory Group, 1949-1953(국사편찬위원회 사료번호: AUS004_68, 이하 RG 338 PMAG 시리즈)와 Advisory Group to the Republic of Korea(KMAG), Adjutant General, Decimal File, 1948-1953(국사편찬위원회 사료번호: AUS004_36, 이하 RG 338 KMAG 시리즈)이다.[17]

RG 338 PMAG 시리즈는 임시군사고문단에서 접수했거나 발송했던 각종 문서들로 구성되어 있다. 현재 국사편찬위원회에서는 이 자

---

[16]   김득중, 『'빨갱이'의 탄생』, 64쪽.

[17]   NARA에서는 2001년부터 2003년 사이에 RG 338 문서들 중 한국 관련 문서 대부분을 극동군사령부, 연합군총사령부, 유엔군사령부에서 생산된 문서가 수록된 Record Group 554: Records of General Headquarters, Far East Command, Supreme Commander Allied Powers, and United Nations Command, 1945-1960(이하 RG 554)로 이관하였다. 그간 RG 338 PMAG 시리즈와 KMAG 시리즈는 NARA의 Fingding Aid나 MLR에 확인되지 않아 그 행방이 묘연하였다. 순천대 인문학술원에서는 2023년 5월 NARA 현지 자료 조사를 통해 상기 자료들이 Entry No.가 부여되지 않은 채 RG 554, KMAG, Box 1~61로 분류되어 있음을 확인하였다. 한편 상기 자료들은 RG 338 문서가 RG 554로 이관되면서 RG 554 KMAG 시리즈로 통합된 것으로 보인다.

료 중 Box 1, 4, 6, 7~12, 17~20, 23~24 등 모두 15 box를 수집하였고, 이를 18개의 사료철(File)로 분류하였다. 수집된 개별 문서(Document)는 총 754건에 이른다. 이 자료에서 여순사건과 관련된 문서는 Box 4, 8, 9 등에서 확인된다.

우선 RG 338 PMAG 시리즈 중 Box 4는 모두 128건의 문서가 있으며, 주로 1950년도 예산안, 1948년 제주도 작전 상황, 임시군사고문단 관련 문서로 구성되어 있다. 이 중 여순사건과 관련된 문서는 다음과 같이 23건 정도가 확인된다.

〈표 2〉 RG 338, Provisional Military Advisory Group, 1948-49 and
Korean Military Advisory Group, 1949-53, Box 4

자료 종류	문서명	날짜	수량	국사편찬위원회 사료번호
비망록	Memorandum from Chae Byong Dock to Roberts	1949.01.31	1	AUS004_68_00C0002_038
비망록	Memorandum from Roberts to Chae Byong Dock	1949.01.28	1	AUS004_68_00C0002_039
비망록	Memorandum from Chae Byong Dock to Roberts	1949.01.26	1	AUS004_68_00C0002_040
보고서	Resume of Operation 24 Hours Ending 0800, 3 November 1948	1948.12.03	1	AUS004_68_00C0002_046
비망록	Summary of Events	1948.10.20	7	AUS004_68_00C0002_049
비망록	Verbal Account by Lt. Kelso and Lt. Caldwell	1948.10.21	1	AUS004_68_00C0002_050
비망록	Letter of Instruction	1948.10.21	2	AUS004_68_00C0002_051
비망록	Report from CG, USAFIK to Chief, PMAG	1948.12.01	2	AUS004_68_00C0002_065
비망록	Memorandum from Roberts to Chae Byong Dock	1948.10.23	1	AUS004_68_00C0002_066
보고서	Weekly Activities of PMAG	1948.10.25	2	AUS004_68_00C0002_090
보고서	Weekly Activities of PMAG	1948.11.01	2	AUS004_68_00C0002_091
보고서	Weekly Activities of PMAG	1948.11.08	3	AUS004_68_00C0002_092
보고서	Weekly Activities of PMAG	1948.11.15	4	AUS004_68_00C0002_093

자료 종류	문서명	날짜	수량	국사편찬위원회 사료번호
보고서	Weekly Activities of PMAG	1948.11.22	3	AUS004_68_00C0002_094
보고서	Weekly Activities of PMAG	1948.11.29	3	AUS004_68_00C0002_095
보고서	Weekly Activities of PMAG	1948.12.06	2	AUS004_68_00C0002_096
보고서	Weekly Activities of PMAG	1948.12.20	2	AUS004_68_00C0002_097
보고서	Weekly Activities of PMAG	1949.01.04	1	AUS004_68_00C0002_098
보고서	Activities PMAG, KC, KCG Week Ending 27 November 1948	1948.11.29	4	AUS004_68_00C0002_109
보고서	Weekly Activities of PMAG	1948.12.13	2	AUS004_68_00C0002_110
보고서	Weekly Activities of PMAG	1948.12.27	2	AUS004_68_00C0002_111
비망록	Memorandum from Roberts to Lee Bum Suk	1948.10.22	1	AUS004_68_00C0002_118
비망록	Memorandum from Roberts to Chai Byong Dock	1948.11.12	1	AUS004_68_00C0002_127

RG 338 PMAG 시리즈, Box 4는 사건 발생 직후인 1948년 10월 20일부터 49년 1월 30일까지 문서로 구성되어 있고, 전라남도 지역 계엄령 해제와 관련된 내용으로부터 전라남도 빨치산 활동 정화 사업(clean-up), 구례 지역 교전 결과 보고, 여순사건 발생 직후 작전 상황, 임시군사고문단 주간활동보고(Weekly Activities of PMAG), 임사군사고문단장인 윌리엄 로버츠(William L. Roberts)가 여순사건 발생 직후 진압군 사령관이었던 송호성을 평가하는 내용의 문서 등이 있다. 특히 주목되는 문서는 "Summary of Event"와 "Weekly Activities of PMAG"이다. "Summary of Events"는 여순사건 당시 5여단에서 작성한 사건요약보고로, 1948년 10월 20일 오전 7시부터 21일 오후 2시 40분까지 이 사건과 관계된 작전 상황이 시간과 분 단위로 요약되어 있다. "Weekly Activities of PMAG"는 임시군사고문단장이 주한미군사령부 사령관에게 보내는 주간활동보고로 임시군사고문단의 주 단위 활동 사항이 간략하게 서술되어 있다. Box 4에는 1948년 10월 25일부

터 1949년 1월 4일까지의 주간활동보고가 있다.[18]

다음으로 RG 338 PMAG 시리즈 중 Box 8은 모두 95건의 문서가 있으며, 한국군에 대한 자문 보고, 임시군사고문단의 주간활동보고, 게릴라 활동, 미국 군사학교 한국인 군인들 등의 문서로 구성되어 있다. 이 중 여순사건과 관련된 문서는 13건 정도가 확인된다.

〈표 3〉 RG 338, Provisional Military Advisory Group, 1948–49 and
Korean Military Advisory Group, 1949–53, Box 8

자료 종류	문서명	날짜	수량	국사편찬위원회 사료번호
보고서	Report of Advisor to Judge Advocate General, K. A.	1949.02.03	1	AUS004_68_00C0016_001
보고서	Report of Result of Trial	1949.01.31	1	AUS004_68_00C0016_002
보고서	Weekly Activities of KMAG	1949.02.11	2	AUS004_68_00C0016_012
비망록	Memorandum for the Record: Report on the Internal Insurrection after April, 1949, Made by Minister of National Defense, Lee Bum Suk	1948.12.14	12	AUS004_68_00C0016_015
비망록	Memorandum from Roberts to Hausman	1948.10.25	1	AUS004_68_00C0016_016
편지	Letter from Roberts to W. J. Alexander	1949.09.03	1	AUS004_68_00C0016_017
편지	Letter from Roberts to Syngman Rhee	1949.03.19	1	AUS004_68_00C0016_018
비망록	Elimination of Guerrilla Activities	1949.09.29	3	AUS004_68_00C0016_020
비망록	Defense of Seoul	1949.12.29	1	AUS004_68_00C0016_023
편지	Letter from Roberts to E. M. Almond	1949.10.06	2	AUS004_68_00C0016_069
편지	Letter from Roberts to C. L. Bolte	1949.08.19	10	AUS004_68_00C0016_083

[18] 후술하겠지만 RG 338 PMAG 자료, Box 4, 여순사건 관련 자료는 RG 338, KMAG, Adjutant General, Decimal File, 1948-53, Box 4, Files: Brig. General W. L. Roberts(Personnel Correspondence); Brig. General W. L. Roberts(Recurring Reports, 1948)와 거의 동일한 문서로 구성되어 있다.

RG 338 PMAG 시리즈, Box 8은 전 14연대 연대장 오동기에 대한 재판 결과, 1949년 2월 11일 임시군사고문단 주간활동보고, 이범석 국방부 장관이 작성한 1948년 이후 국내 "반란" 사건에 관한 보고서의 영문 번역, 1948년 10월 25일 로버츠가 하우스만에게 한 질문, 1949년 후반기 지리산을 포함한 국내 각 지역 빨치산 활동 및 토벌과 관련된 문서 등이 있다.

마지막으로 RG 338 PMAG 시리즈, Box 9는 모두 31건의 문서가 있고, 대부분이 임시군사고문단의 주간활동보고로 구성되어 있다. 여순사건과 관련해서는 주로 지리산 빨치산과 관련된 내용이 각 도별 "반란" 사건과 관련된 보고 항목 중 하나로 간략하게 서술되어 있다. 그 목록은 다음과 같다.

〈표 4〉 RG 338, Provisional Military Advisory Group, 1948-49 and
Korean Military Advisory Group, 1949-53, Box 9

자료 종류	문서명	날짜	수량	국사편찬위원회 사료번호
보고서	Weekly Activities of KMAG	1949.02.21	2	AUS004_68_00C0004_001
보고서	Weekly Activities of KMAG	1949.02.28	2	AUS004_68_00C0004_002
보고서	Weekly Activities of KMAG	1949.03.07	3	AUS004_68_00C0004_003
보고서	Weekly Activities of KMAG	1949.03.14	3	AUS004_68_00C0004_004
보고서	Weekly Activities of KMAG	1949.03.21	3	AUS004_68_00C0004_005
보고서	Weekly Activities of KMAG	1949.04.12	3	AUS004_68_00C0004_008
보고서	Weekly Activities of KMAG	1949.04.19	5	AUS004_68_00C0004_009
보고서	Weekly Activities of KMAG	1949.04.26	3	AUS004_68_00C0004_010
보고서	Weekly Activities of KMAG	1949.05.03	3	AUS004_68_00C0004_011
보고서	Weekly Activities of KMAG	1949.05.17	2	AUS004_68_00C0004_012
보고서	Weekly Activities of KMAG: 7 Feb.-13 Feb. 1949	1949.02.14	2	AUS004_68_00C0004_018
보고서	Weekly Activities of KMAG: 31 Jan.-6 Feb. 1949	1949.02.11	2	AUS004_68_00C0004_019
보고서	Weekly Activities of KMAG	1949.01.31	2	AUS004_68_00C0004_020

자료 종류	문서명	날짜	수량	국사편찬위원회 사료번호
보고서	Weekly Activities of KMAG	1949.01.24	2	AUS004_68_00C0004_021
보고서	Weekly Activities of KMAG	1949.01.19	2	AUS004_68_00C0004_022
보고서	Weekly Activities of KMAG	1949.01.10	3	AUS004_68_00C0004_023
보고서	Weekly Activities of KMAG	1949.04.16	2	AUS004_68_00C0004_024

RG 338 KMAG 시리즈는 모두 61박스로, 전체 사료철 316건, 문서 27,453건에 달한다. 이 시리즈는 1948년부터 1953년까지 임시군사고문단 및 주한미군사고문단에서 생산한 문서들로 구성되어 있고 앞선 임시군사고문단 시리즈보다 더 포괄적이다. 그러나 현재 수집된 자료에서 여순사건과 관련된 문서는 그다지 확인되지 않고, 문서 발행 날짜도 주한미군사고문단이 설립된 1949년 중후반부터 한국전쟁 시기까지의 자료가 주를 이룬다. RG 338 KMAG 시리즈 중 여순사건과 관련된 자료는 Box 1, 4, 8, 10, 33 등에서 확인되나, RG 338 PMAG 자료와 동일한 문서도 다수 확인된다.

RG 338 KMAG 시리즈, Box 1은 모두 5개의 사료철로 나뉘어져 있다. 그중 Box 1, Laws & Legal Matters, 1948 thru Executive Dept. US Government에는 모두 112건의 문서가 있다. 이 사료철에는 임시군사고문단원들의 지위 변동, 이에 따른 준수 사항 등을 설명하는 문서가 주를 이루고, 교통법규와 관련된 한국 정부와 협조 사항, 해안경비대에서 임시군사고문단에 보낸 전문 등이 있다. 여순사건과 관련해서는 1948년 11월 15일과 22일 전국적으로 수감된 군인 및 민간인들의 숫자가 여수와 순천을 포함해 지역별로 보고된 문서가 확인된다. 그 목록은 다음과 같다.

〈표 5〉 RG 338, KMAG, Adjutant General, Decimal File, 1948-53, Box 1,
Laws & Legal Matters, 1948 thru Executive Dept. US Government

자료 종류	문서명	날짜	수량	국사편찬위원회 사료번호
비망록	Disposition Form: Report of Prisoners Confined	1948.11.22	1	AUS004_36_00C0002_028
비망록	Disposition Form: Report of Prisoners Confined	1948.11.15	1	AUS004_36_00C0002_029

RG 338 KMAG 시리즈, Box 4는 모두 6개의 사료철로 분류되어 있다. 이 중 Box 4, Public Press and Publicity; Weekly Activity Reports, Dept. of Internal Security, 1948; Box 4, Files: Brig. General W. L. Roberts(Personnel Correspondence); Brig. General W. L. Roberts(Recurring Reports, 1948); Box 4, Special Orders, 1948 thru Disarranged에서 여순사건 관련 문서가 발견된다.

우선 Box 4, Public Press and Publicity; Weekly Activity Reports, Dept. of Internal Security, 1948에는 모두 31건의 문서가 있다. 이 사료철에는 여순사건과 관련해 1948년 10월 18일부터 1948년 12월 20일까지의 임시군사고문단 주간활동보고 9건을 확인할 수 있다. 이 자료의 목록은 다음과 같다.

〈표 6〉 RG 338, KMAG, Adjutant General, Decimal File, 1948-53, Box 4, Public Press and Publicity; Weekly Activity Reports, Dept. of Internal Security, 1948

자료 종류	문서명	날짜	수량	국사편찬위원회 사료번호
비망록	Weekly Activities of PMAG	1948.10.18	2	AUS004_36_00C0018_023
비망록	Weekly Activities of PMAG	1948.10.25	2	AUS004_36_00C0018_024
비망록	Weekly Activities of PMAG	1948.11.01	2	AUS004_36_00C0018_025
비망록	Weekly Activities of PMAG	1948.11.08	3	AUS004_36_00C0018_026
비망록	Weekly Activities of PMAG	1948.11.15	4	AUS004_36_00C0018_027

자료 종류	문서명	날짜	수량	국사편찬위원회 사료번호
비망록	Weekly Activities of PMAG	1948.11.22	3	AUS004_36_00C0018_028
비망록	Memorandum from W. L. Roberts to the CG, USAFIK	1948.11.29	3	AUS004_36_00C0018_029
비망록	Weekly Activities of PMAG	1948.12.06	2	AUS004_36_00C0018_030
비망록	Weekly Activities of PMAG	1948.12.20	2	AUS004_36_00C0018_031

Box 4, Files: Brig. General W. L. Roberts(Personnel Correspondence); Brig. General W. L. Roberts(Recurring Reports, 1948)는 로버츠의 개인문서 (Personnel Correspondence) 파일로 모두 144건의 문서가 있다. 이 사료철에는 주로 한국군의 활동사항, 제주4·3사건 현황 보고, 임시군사고문단의 주간활동보고 등이 수록되어 있다. 여순사건과 관련해서는 23건 정도가 확인된다. 그 목록은 다음과 같다.

〈표 7〉 RG 338, KMAG, Adjutant General, Decimal File, 1948-53, Box 4, Files: Brig. General W. L. Roberts(Personnel Correspondence); Brig. General W. L. Roberts (Recurring Reports, 1948)

자료 종류	문서명	날짜	수량	국사편찬위원회 사료번호
비망록	Memorandum from CG USAFIK to PMAG: Resume of Operations 24 Hours Ending 0800, 3 Nov. 1948	1948.11.03	1	AUS004_36_00C0019_007
보고서	Summary of Events	1948.10	8	AUS004_36_00C0019_013
비망록	Memorandum from Roberts to Song Ho Seung: Letter of Instruction	1948.10.21	2	AUS004_36_00C0019_014
편지	Letter from Hausman to Roberts	1948.10.21	1	AUS004_36_00C0019_015
편지	Letter from Este to Jim	1948.10.22	1	AUS004_36_00C0019_016
비망록	Memorandum from Roberts	1948.12.01	2	AUS004_36_00C0019_028
비망록	Memorandum from Roberts	1948.10.22	1	AUS004_36_00C0019_029
비망록	Memorandum from Fuller: Weekly Activities of PMAG	1948.12.06	2	AUS004_36_00C0019_038

자료 종류	문서명	날짜	수량	국사편찬위원회 사료번호
비망록	Memorandum from Roberts: Weekly Activities of PMAG	1948.01.04	1	AUS004_36_00C0019_039
비망록	Memorandum from Roberts: Weekly Activities of PMAG	1948.10.18	2	AUS004_36_00C0019_059
비망록	Memorandum from Roberts: Weekly Activities of PMAG	1948.11.01	2	AUS004_36_00C0019_060
비망록	Memorandum from Roberts: Weekly Activities of PMAG	1948.11.08	3	AUS004_36_00C0019_061
비망록	Memorandum from Roberts: Weekly Activities of PMAG	1948.11.15	4	AUS004_36_00C0019_062
비망록	Memorandum from Roberts: Weekly Activities of PMAG	1948.11.22	3	AUS004_36_00C0019_063
비망록	Memorandum from Roberts: Information on Current Situation	1948.11.23	1	AUS004_36_00C0019_065
비망록	Memorandum from Roberts: Activities PMAG, KC, KCG and IND Week Ending 27 Nov. 1948	1948.11.29	3	AUS004_36_00C0019_066
비망록	Memorandum from Fuller: Weekly Activities of PMAG	1948.12.13	2	AUS004_36_00C0019_068
비망록	Memorandum from Roberts: Weekly Activities of PMAG	1948.12.20	2	AUS004_36_00C0019_069
비망록	Memorandum from Roberts: Weekly Activities of PMAG	1948.12.27	2	AUS004_36_00C0019_070
편지	Letter from Roberts	1948.11.12	1	AUS004_36_00C0019_089
비망록	Memorandum from C/S to KMAG	1949.01.31	1	AUS004_36_00C0019_142
비망록	Memorandum from C/S to KMAG	1949.01.26	1	AUS004_36_00C0019_144

이 사료철은 RG 338 PMAG 자료, Box 4에 있는 여순사건 관련 자료와 대부분 동일한 자료로 구례 지역 교전 결과 보고, 여순사건 발생 직후 작전 상황, 임시군사고문단 주간활동보고, 로버츠가 송호성을 평가하는 문서, 전라남도 지역 계엄령 해제와 관련된 내용 등이 있다.

Box 4, Special Orders, 1948 thru Disarranged는 임시군사고문단 개별 명령(Special Order) 1호부터 35호까지와 1948년 10월 22일부

터 12월 3일까지 주간참모회의 강조사항(Highlights of Weekly Staff Meeting)으
로 구성되어 있고, 모두 110건의 문서가 있다. 이 중 Highlights of
Weekly Staff Meeting에 여순사건 관련 내용이 간략하게 서술되어
있다. 여순사건과 관련해서는 다음과 같이 6건의 문서가 확인된다.

〈표 8〉 RG 338, KMAG, Adjutant General, Decimal File, 1948-53, Box 4,
Special Orders, 1948 thru Disarranged

자료 종류	문서명	날짜	수량	국사편찬위원회 사료번호
비망록	Highlights of Weekly Staff Meeting, Seoul	1948.12.03	3	AUS004_36_00C0022_041
비망록	Highlights of Weekly Staff Meeting, Seoul	1948.11.26	2	AUS004_36_00C0022_042
비망록	Highlights of Weekly Staff Meeting, Seoul	1948.11.19	3	AUS004_36_00C0022_043
비망록	Highlights of Weekly Staff Meeting, Seoul	1948.11.12	2	AUS004_36_00C0022_044
비망록	Highlights of Weekly Staff Meeting, Seoul	1948.10.29	2	AUS004_36_00C0022_049
비망록	Highlights of Weekly Staff Meeting, Seoul	1948.10.22	2	AUS004_36_00C0022_050

"Highlights of Weekly Staff Meeting"에는 여순사건과 관련된 내
용이 상세히 서술되어 있지 않으나, 이 자료를 통해 당시 임시군사고
문단에서 이 사건에서 어떤 점에 중점을 두었는지 파악해 볼 수 있다.
RG 338 KMAG 시리즈, Box 8은 모두 7개의 사료철로 분류되
어 있다. 이 중 Box 8, Fire Regulations & Procedures, 1949.1-
1950.12; Business Methods & Procedure, 1949.1-1949.6과 Box
8, Brig. General W. L. Roberts(Personal Correspondence), 1949; Brig.
General W. L. Roberts(Memorandum), 1949 사료철에서 여순사건 관련

문서를 확인할 수 있다.

Box 8, Fire Regulations & Procedures, 1949.1-1950.12; Business Methods & Procedure, 1949.1-1949.6는 모두 78건의 문서가 있다. 이 사료철에는 주로 임시군사고문단 운영과 관련된 문서가 대부분이나, 사료철 후반부에 1949년 2월부터 6월까지의 임시군사고문단 주간 활동보고가 부분적으로 있다. 여순사건과 관련해서는 전 14연대 연대장 오동기에 대한 재판 결과와 1949년 2월 11일과 1949년 3월 7일 주간활동보고가 확인된다. 그 목록은 다음과 같다.

〈표 9〉 RG 338, KMAG, Adjutant General, Decimal File, 1948-53, Box 8,
Fire Regulations & Procedures, 1949.1-1950.12; Business Methods & Procedure,
1949.1-1949.6

자료 종류	문서명	날짜	수량	국사편찬위원회 사료번호
비망록	Disposition Form from Advisor, JAGD to CG, KMAG: Report of Advisor to Judge Advocate General, K. A.	1949.02.03	1	AUS004_36_00C0047_064
보고서	Weekly Activities of KMAG	1949.03.07	3	AUS004_36_00C0047_076
보고서	Weekly Activities of KMAG-Period 31 Jan.-6 Feb. 49	1949.02.11	2	AUS004_36_00C0047_077

Box 8, Brig. General W. L. Roberts(Personal Correspondence), 1949; Brig. General W. L. Roberts(Memorandum), 1949도 로버츠의 개인문서 파일로 대체로 한국군 훈련 계획, 한국군 장교의 미국 파견 등 한국군 운영과 관련된 문서들로 구성되어 있으며, 모두 104건의 문서가 있다. 여순사건과 관련된 문서는 모두 11건의 문서가 확인되고, 이범석 국방부 장관이 작성한 1948년 이후 국내 "반란" 사건에 관한 보고서의 영문 번역 문서와 여순사건 상황에 대해 로버츠가 하우스만에게

한 질문 문서를 제외하면, 모두 1949년 4월 이후 빨치산 활동 및 토벌
에 관한 내용의 문서이다. 그 목록은 다음과 같다.

〈표 10〉 RG 338, KMAG, Adjutant General, Decimal File, 1948–53, Box 8, Brig.
General W. L. Roberts(Personal Correspondence), 1949;
Brig. General W. L. Roberts(Memorandum), 1949

자료 종류	문서명	날짜	수량	국사편찬위원회 사료번호
비망록	Memorandum for the Record: Report on the Internal Insurrections after April, 1948, Made by Minister of National Defensee, Lee Bum Suk	1948.12.04	12	AUS004_36_00C0048_002
편지	Letter from W. L. Roberts to Hausman	1949.10.25	1	AUS004_36_00C0048_003
편지	Letter from W. L. Roberts to Walden J. Alexander	1949.09.03	1	AUS004_36_00C0048_004
편지	Letter from W. L. Roberts to Syngman Rhee	1949.03.19	1	AUS004_36_00C0048_005
비망록	Memorandum from W. L. Roberts to Senior Advisor, 3rd Division, Taegu, Korea	1949.09.29	3	AUS004_36_00C0048_011
비망록	Memorandum to Minister of National Defensee: Defensee of Seoul	1949.12.29	1	AUS004_36_00C0048_014
비망록	Memorandum to Minister of National Defensee	1949.09.30	1	AUS004_36_00C0048_018
편지	Letter from W. L. Roberts to E. M. Almond	1949.10.06	1	AUS004_36_00C0048_070
편지	Letter from W. L. Roberts to Charles L. Bolte	1949.08.19	10	AUS004_36_00C0048_084
비망록	Memorandum from W. L. Roberts to Shin Sung Mo	1949.04.16	2	AUS004_36_00C0048_097
편지	Letter from W. L. Roberts to Albert C. Wedemeyer	1949.05.02	3	AUS004_36_00C0048_098

Box 33, File: Staff Memorandum for 1949는 모두 102건의 문서
가 있고, 대부분이 1949년 1월 1일 1호부터 1949년 10월 27일 86호까

지 매주 작성된 참모각서로 구성되어 있다. 이 중 여순사건과 관련된 내용은 Highlights of Weekly Staff Meeting에 간간이 등장하고, 대부분 지리산 빨치산과 관련된 것이다. 그 목록은 다음과 같다.

〈표 11〉 RG 338, KMAG, Adjutant General, Decimal File, 1948-53, Box 33, File: Staff Memorandum for 1949

자료 종류	문서명	날짜	수량	국사편찬위원회 사료번호
비망록	Staff Memorandum Number 6: Highlights of Weekly Staff Meeting, Seoul	1949.01.28	2	AUS004_36_00C0204_002
비망록	Staff Memorandum Number 3: Highlights of Weekly Staff Meeting, Seoul	1949.01.07	2	AUS004_36_00C0204_005
비망록	Staff Memorandum Number 74: Highlights of Weekly Staff Meeting	1949.09.26	2	AUS004_36_00C0204_056
비망록	Staff Memorandum Number 17: Highlights of Weekly Staff Meeting, Seoul	1949.04.15	2	AUS004_36_00C0204_069
비망록	Staff Memorandum Number 19: Highlights of Weekly Staff Meeting, Seoul	1949.04.22	2	AUS004_36_00C0204_072
비망록	Staff Memorandum Number 12: Highlights of Weekly Staff Meeting, Seoul	1949.03.11	2	AUS004_36_00C0204_092
비망록	Staff Memorandum Number 11: Highlights of Weekly Staff Meeting, Seoul	1949.03.04	2	AUS004_36_00C0204_093
비망록	Staff Memorandum Number 15	1949.04.01	2	AUS004_36_00C0204_094
비망록	Staff Memorandum Number 7	1949.02.04	2	AUS004_36_00C0204_100

RG 338 KMAG 시리즈에는 한국전쟁 당시 빨치산 활동에 대한 보고 및 토벌과 관련된 사료철도 다수 확인된다. 목록은 다음과 같다.

사료철 명	기간	국사편찬위원회 사료번호
RG 338, KMAG, Adjutant General, Decimal File, 1948-53, Box 29, Files: Special Orders; Record	1950~1950	AUS004_36_00C0106
RG 338, KMAG, Adjutant General, Decimal File, 1948-53, Box 42, AG No. 370.64, Files: National Police Force; ROK-Daily Operation Report 2095-2126	1951~1951	AUS004_36_00C0153
RG 338, KMAG, Adjutant General, Decimal File, 1948-53, Box 42, AG No. 370.64, Files: National Police Force; ROK-Daily Operation Report 2040-2065	1951~1951	AUS004_36_00C0155
RG 338, KMAG, Adjutant General, Decimal File, 1948-53, Box 42, AG No. 370.64, Files: National Police Force; ROK-Daily Operation Report 2244-2260	1951~1951	AUS004_36_00C0156
RG 338, KMAG, Adjutant General, Decimal File, 1948-53, Box 42, AG No. 370.64, Files: National Police Force; ROK-Daily Operation Report 2142-2160	1951~1951	AUS004_36_00C0157
RG 338, KMAG, Adjutant General, Decimal File, 1948-53, Box 38, AG No. 322, Files: Artillery; General; KSC; Organization & Tactical Units, 1951-52	1951~1951	AUS004_36_00C0241
RG 338, KMAG, Adjutant General, Decimal File, 1948-53, Box 46, AG No. 319.1, File: Weekly Intelligence Summaries KMAG 1 to 14	1951~1951	AUS004_36_00C0258
RG 338, KMAG, Adjutant General, Decimal File, 1948-53, Box 46, AG No. 319.1, File: Weekly Intelligence Summaries KMAG 15 to 27	1951~1951	AUS004_36_00C0259
RG 338, KMAG, Adjutant General, Decimal File, 1948-53, Box 46, File: Intelligence Summary, Task Force-Paik	1951~1951	AUS004_36_00C0260
RG 338, KMAG, Adjutant General, Decimal File, 1948-53, Box 49, Periodic Operations Reports, 1951. 11. 27-12.25	1951~1951	AUS004_36_00C0268
RG 338, KMAG, Adjutant General, Decimal File, 1948-53, Box 53, AG No. 370.64, File: National Police Force, R.O.K. Daily Operations Reports 2127-2141, 1951,	1951~1951	AUS004_36_00C0288
RG 338, KMAG, Adjutant General, Decimal File, 1948-53, Box 53, AG No. 370.64, File: National Police Force, R.O.K. Daily Operations Reports 2161-2191, 1951	1951~1951	AUS004_36_00C0289
RG 338, KMAG, Adjutant General, Decimal File, 1948-53, Box 53, AG No. 370.64, File: National Police Force, R.O.K. Daily Operations Reports, 2193-2222, 1951	1951~1951	AUS004_36_00C0290

사료철 명	기간	국사편찬위원회 사료번호
RG 338, KMAG, Adjutant General, Decimal File, 1948-53, Box 53, AG No. 319.1, File: National Police Force, R.O.K. Daily Operations Reports, 2223-2243, 1951	1951~1951	AUS004_36_00C0291
RG 338, KMAG, Adjutant General, Decimal File, 1948-53, Box 53, File: ROK National Police, 1951. 2.	1951~1951	AUS004_36_00C0292
RG 338, KMAG, Adjutant General, Decimal File, 1948-53, Box 53, File: ROK National Police, 1951. 3.	1951~1951	AUS004_36_00C0293
RG 338, KMAG, Adjutant General, Decimal File, 1948-53, Box 53, File: ROK National Police, 1951. 1.	1951~1951	AUS004_36_00C0294
RG 338, KMAG, Adjutant General, Decimal File, 1948-53, Box 54, File No's. 1-31, Files: National Police Force; ROK Periodic Operations Reports, 1951	1951~1951	AUS004_36_00C0302
RG 338, KMAG, Adjutant General, Decimal File, 1948-53, Box 54, File No's. 370.2, Binder 4, Files: National Police Force; ROK Periodic Operations Reports, 1951,	1951~1951	AUS004_36_00C0303
RG 338, KMAG, Adjutant General, Decimal File, 1948-53, Box 54, File No's. 370.2, Binder 5, File: Periodic Operations Report, 1951	1951~1951	AUS004_36_00C0304
RG 338, KMAG, Adjutant General, Decimal File, 1948-53, Box 54, Binder 3, National Police, Daily Operation Reports, 1951. 3-4.	1951~1951	AUS004_36_00C0305
RG 338, KMAG, Adjutant General, Decimal File, 1948-53, Box 54, Binder 3, National Police, Daily Operation Reports, 1951. 5.	1951~1951	AUS004_36_00C0306

RG 338 PMAG 시리즈와 RG 338 KMAG 시리즈 외 RG 338 하지 (John R. Hodge) 장군 문서철에는 여순사건 발생부터 진압될 때까지 사건의 추이와 미군의 작전 과정을 상세히 파악할 수 있는 자료가 있다. 이 자료는 국사편찬위원회 전자사료관에서 다음과 같은 사료철에서 확인할 수 있다.[19]

---

[19] 이 문서철은 현재 RG 554, Entry A-1 1370-1405에 재분류되어 있다.

스 하우스만(James H. Hausman) 회고록과 인터뷰 녹취록을(국사편찬위원회 사료
번호: AUS120, AUS131), 육군역사연구소에서 아르노 모위츠(Arno P. Mowitz)와
존 페어차일드(John Fairchild) 문서를 수집하였다(국사편찬위원회 사료번호: AUS216,
AUS235).[22] 하우스만 회고록과 녹취록에는 여순사건 당시 여순지역으로
이동한 미군 병력 규모와 진압 작전을 간단히 소개하고 있으나, 모위
츠와 페어차일드 문서에서는 여순사건과 관련된 내용을 확인할 수 없
었다.

3. 향후 과제

　여순사건의 진상규명과 학술적 토대 마련을 위해서는 충분한 자료
가 필요하다. 여순사건과 관련된 미국 자료의 중요성에 대해서는 대
체로 인식하고 있으나, 이를 조사하고 수집하여 집대성하는 작업은
아직 구체화되지 않고 있다. 이 글에서는 피상적이나마 *FRUS*, 주한미
군 정보참모부 보고서를 비롯해 임시군사고문단과, 주한미군사고문
단을 중심으로 국내 각 관련 기관에서 수집한 미국 자료 중 여순사건
자료를 조사하고 그 현황을 파악하였다. 이를 토대로 다음과 같은 과
제를 제시해 본다.

---

[22]　하우스만의 회고록은 한국에서 출판되기도 하였다. 짐 하우스만 저, 정일화 역, 『한
국 대통령을 움직인 미군대위』, 한국문원, 1995. 하우스만에 대한 연구 또한 상당히
진행되었다. Peter Ethan Clemens, "The Intelligent Man on the Spot, Captain
James H. Hausman in South Korea, 1946-1948," A Masters Thesis, Kansas
State University, 1988; Allan R. Millet, "Captain James H. Hausman and the
Formation of the Korean Army, 1945-1950," *Armed Forces & Society*, Vol. 23,
No. 4, 1997; 김득중, 「여순사건과 제임스 하우스만」, 『여순사건 53주년 기념 학술
세미나: 여순사건의 진상과 국가 테러리즘』, 2001.

우선 국내에 수집된 여순사건 관련 미국 자료를 체계적으로 조사하고 집적하는 사업이 신속히 시작되어야 한다. 현재 국사편찬위원회, 국립중앙도서관, 국회도서관, 국가기록원 등에서는 NARA, 미 육군역사연구소, 맥아더문서관 등 미국 내 자료 소장처에서 방대한 양의 자료를 수집하였다. 이 자료 중 특히, 앞서 언급한 RG 554를 비롯해 미 육군 참모부에서 생산된 문서로 구성된 Record Group 319: Records of the Army Staff, 1903-2009, 미 육군 부관부실 및 주한미군사령부 예하 부대 자료로 구성된 Record Group 407: Records of the Adjutant General's Office, 1905-1981 등에는 여순사건과 관련된 주한미군 자료가 상당히 존재하고 있다. 또한 RG 59와 미 국무부 재외공관 문서인 Record Group 84: Records of the Foreign Service Posts of the Department of State, 1788-1964에도 여순사건과 관련된 자료를 자세히 조사해야 한다. 다만 이상의 문서군들은 자료가 방대하고 파편화되어 있어 개인의 역량으로 조사 및 수집하기에는 한계가 있다. 이에 여순사건위원회, 전남도청, 전남동부권 및 경남서부권 지방자치단체를 비롯해, 국사편찬위원회, 군사편찬연구소, 제주4·3평화재단 등 이 사건과 관련된 기관 및 전문가가 서로 협력하여 신속하고 체계적인 자료 조사가 시행되어야 한다.

다음으로 국내에 이미 수집된 자료라 하더라도 반드시 미국 원 소장처에서 해당 자료를 재조사하고 수집해야 한다. 여순사건 관련 미국 자료가 진상규명을 위한 증거자료로 가치를 얻기 위해서는 정확한 원 소장 출처가 필요하기 때문이다. 특히 NARA에서는 기왕에 분류된 자료라도 지속적으로 그 자료에 대한 정리 작업을 진행하고 있다. 따라서 이미 한국에 수집된 자료라 하더라도 해당 자료를 이용하기 위해서는 원 소장처 소장 정보를 확인해야 한다. 또한 국내에 수집

된 미국 자료 중에는 복사할 당시 기술력으로 인해 해독하기 어려울
정도로 복사 상태가 좋지 못한 문서들이 많이 있다. 앞서 언급한 RG
338 PMAG 시리즈와 KMAG 시리즈가 대표적인 예라 할 수 있다. 따
라서 국내에 이미 수집된 자료라 하더라도 자료의 활용도를 높이기
위해 고해상도의 자료를 다시 수집해야 할 필요가 있다.

한편 여순사건과 관련해 아직 국내에 수집되지 않은 미국 자료
도 많이 있다. 대표적으로 하버드 대학교 하버드-옌칭 도서관(Harvard-
Yenching Library)에 소장된 하우스만 자료, RG 319에 있는 로버트 소이어
(Robert K. Sawyer)가 수집하고 정리한 군사고문단원 37명의 증언과 감수
내용, 앨런 밀렛(Allan R. Millett)이 그의 저서를 집필하면서 로버츠의 가족
들로부터 수집한 기록 등을 들 수 있다.[23] 이상의 자료 외에도 여순사
건 관련 자료는 해외 각 기관 및 개인이 상당수 소장하고 있다. 이러
한 자료 조사 및 수집 작업은 여순사건의 진상규명과 학문적 토대를
구축하는 데 기여할 수 있을 것이다.

지속적인 미국 자료 조사 및 수집 사업 또한 필요하다. 『제주4·3사
건 추가진상조사자료집』 서문에는 "RG 554에는 70년이 더 지난 현
재까지도 비밀로 묶여 공개되지 않고 있는 기록물이 매우 많은 데다
비밀해제 신청도 계속 거부되고 있어, 지속적인 관심과 발굴 노력이

---

23 하버드 대학교, 옌칭 도서관에는 모두 26박스에 달하는 하우스만 자료가 소장되어
   있다. 이 자료의 목록은 https://hollisarchives.lib.harvard.edu/repositories/25/
   resources/9101에서 확인할 수 있다. 소이어는 1951년부터 1955년까지 군사연
   구실에 근무하면서 '군사고문단사'를 집필하였으나, 당시 소이어는 원고를 완성
   하지 못하였고, 후에 월터 험즈(Walter G. Hermes)가 수정, 보완하여 1962년 공
   간되었다. 소이어가 수집 정리한 자료는 RG 319, Entry No. 181, Office of the
   Chief of Military History BKGD-Military Adv. Korea: KMAG Peace & War,
   Correspondence to Supporting Doucments, Box 2에 있다. 박동찬, 『주한미군사
   고문단』, 19~20쪽. Millet, *The War for Korea*, p. 8 in Acknowledgments.

필요한 상황이다."라고 밝히고 있다. 여순사건 관련 미국 자료 조사 및 수집 사업도 일회성에 그치는 것이 아니라 장기적인 계획을 세우고 추진되어야 할 것이다. 아울러 수집된 자료는 전문가들에 의한 번역 사업을 통해 여순사건에 대한 일반 대중의 접근성과 이해도를 제고하여야 한다.

마지막으로 여순사건 자료 조사, 수집의 대상 시기와 공간을 확대하여야 한다. 이는 왜 여순사건이 발생하게 되었는지에 대한 문제뿐만 아니라 이후 한국전쟁 시기 지리산 지역 민간인 희생 문제까지 포괄적이고 구조적인 접근을 가능하게 함으로써 여순사건에 대한 폭넓은 이해를 도모할 수 있게 할 것이다. 제주 4·3 사건과 관련된 미국 자료 수집 사업의 경우에도 이 사건과 관련된 광범위한 자료를 수집함으로써 진상규명과 학술적 접근에 크게 기여하였다. 더 나아가 이러한 자료에 기반한 진상규명과 학문적 기반을 통해 제주 4·3 사건은 이제 누구도 함부로 '반란'이라고 말할 수 없는 사건이 되었다. 제주 4·3 사건의 선례를 따라 여순사건 자료 조사 또한 광범위한 형태로 접근하여야 할 것이다. 이러한 접근은 여순사건이 제주 4·3 사건의 일부가 아닌 주체적인 역사적 사실로 설 수 있게 하는 밑거름이 될 것이다.

참고
문헌

1. 자료

Foreign Relations of the United States, 1948, The Far East and Australasia, Vol. VI.

Foreign Relations of the United States, 1949, The Far East and Australasia, Vol. VII, Part 2.

국립중앙도서관 해외한국관련자료(https://www.nl.go.kr/NL/contents/N20401010000.do).

국사편찬위원회 전자사료관(http://archive.history.go.kr).

국회전자도서관(https://dl.nanet.go.kr/index.do).

Harry S. Truman Library & Museum(https://www.trumanlibrary.gov).

Harvard-Yenching Library(https://library.harvard.edu/libraries/yenching).

MacArthur Memorial(https://www.macarthurmemorial.org).

Office of the Historian(https://history.state.gov/historicaldocuments).

U.S. National Archives and Records Administration(https://www.archives.gov).

〈미국 국립문서기록보관청 소장 문서〉

Record Group 59: General Records of the Department of State, 1763-2002.

Record Group 84: Records of the Foreign Service Posts of the Department of State, 1788-1964.

Record Group 319: Records of the Army Staff, 1903-2009.

Record Group 338: Records of U.S. Army Operational, Tactical, and Support Organizations(World War II and Thereafter), 1917-1993.
Record Group 407: Records of the Adjutant General's Office, 1905-1981.
Record Group 554: Records of General Headquarters, Far East Command, Supreme Commander Allied Powers, and United Nations Command, 1945-1960.

〈미국 육군역사연구소 소장 문서〉
Arno P. Mowitz Jr. Papers, ca. 1932-1947.
The John Fairchild Paper, 1896-1962.

〈트루만 도서관 소장 문서〉
James H. Hausman Oral History Interview, August 1988.

2. 단행본

구례문화원, 『구례군 마을조사자료』, 구례문화원, 2005.
국립순천대 지리산권문화연구원 여순연구센터 기획, 김득중 외 엮음, 『여순사건 자료집』 I ~ IV, 선인, 2015.
국사편찬위원회, 『해외소재 한국사자료 수집목록집』 II ~ V (미국편 1~4), 국사편찬위원회, 2001.
국사편찬위원회, 『미국소재 한국사 자료 조사보고』 V · VI, 국사편찬위원회, 2007· 2016.
김득중, 『'빨갱이'의 탄생: 여순사건과 반공 국가의 형성』, 선인, 2009.
로버트 소이어 저, 이상호·윤시원·이동원·박영실 역, 『주한미군사고문단사』, 선인, 2018.
박동찬, 『주한미군사고문단 KMAG』, 한양대학교 출판부, 2016.
선휘성 채록, 이계유 외 구술, 『지역민이 체험한 여순사건』 녹취록 1~2, 국사편찬위원회, 2006.

순천대학교 10·19연구소, 『70여년, 하루하루가 목숨 같은 시간이여』, 심미안, 2022.

순천대학교 10·19연구소, 『한 풀고 눈 감으면 좋으련만』, 2022.

순천대학교 여순연구소, 『여순 10·19 증언록: 나 죄 없응께 괜찮을거네』, 심미안, 2019.

순천대학교 여순연구소, 『한 번도 불러보지 못한 이름 그리운 아버지』, 심미안, 2020.

순천대학교 여순연구소, 『몸서리나는 세상이라 참말로』, 심미안, 2021.

여수지역사회연구소, 『여순사건 자료집(여순사건 연구총서 제2집)』, 여수지역사회연구소, 1999.

여수지역사회연구소, 『다시 쓰는 여순사건보고서』, 한국학술정보, 2012.

제주4·3사건진상규명및희생자명예회복위원회, 『제주4·3사건 자료집』7~11(미국자료편 1~5), 제주4·3사건진상규명및희생자명예회복위원회, 2003.

제주4·3평화재단, 『제주4·3사건추가진상조사자료집』(미국자료 1~5), 제주4·3평화재단, 2021.

주한미육군사령부 정보참모부 편, 『미군정정보보고서』 전15권, 일월서각, 1986.

지리산권문화연구단 편, 『지리산권 저항자료 선집』, 선인, 2016.

짐 하우스만 저, 정일화 역, 『한국 대통령을 움직인 미군대위』, 한국문원, 1995.

한림대 아시아문화연구소, 『주한미군정보일지(1945. 9~1949. 6)』(USAFIK, G-2 Periodic Report) 전7권, 1988, 1989.

한림대 아시아문화연구소, 『주한미군 주간정보요약(1945. 9~1948. 11)』(USAFIK, G-2 Weekly Summary) 전5권, 1990.

홍영기(책임편집), 『여순사건자료집 I : 국회속기록·잡지편(전남동부지역사회연구소 자료총서 1)』, 선인, 2001.

3. 논문

권오수, 「여순사건 관련 미국 자료 수집 현황과 과제: 주한미군사고문단 자료를 중심으로」, 『탐라문화』 72, 2023.

권오수, 「여순사건 관련 국내 미수집 자료의 현황과 과제」, 『인문학술』 12, 2024.

김득중, 「여순사건과 제임스 하우스만」, 『여순사건 53주년 기념 학술세미나: 여순사건의 진상과 국가 테러리즘』, 2001.

노영기, 「1945~50년 한국군의 형성과 성격」, 성균관대학교 대학원 사학과 박사학위논문, 2008.

박병섭, 「'여순 10·19' 관련 구술 사업의 현황과 과제」, 『역사학연구』 73, 2019.

안정애, 「주한미군사고문단에 관한 연구: 한국군 창군과정(1945~1950)에서의 역할 및 기능을 중심으로」, 인하대학교 정치외교학과 박사학위논문, 1996.

임송자, 「여순 사건과 지리산 빨치산 활동 연구의 기초자료: 김득중 외 엮음, 『여순사건 자료집』 Ⅰ~Ⅳ, 선인, 2015.7」, 『남도문화연구』 32, 2017.

임송자, 「여순사건 연구의 현황과 쟁점, 그리고 과제」, 『남도문화연구』 42, 2021.

정청주, 「여순사건 연구의 현황과 과제」, 『여수대학교 논문집』 13-1, 1998.

홍영기, 「여순사건에 관한 자료의 성격과 연구현황」, 『지역과 전망』 11, 일월서각, 1999.

Allan R. Millet, "Captain James H. Hausman and the Formation of the Korean Army, 1945-1950," *Armed Forces & Society*, Vol. 23, No. 4, 1997.

Allan R. Millett, *The War for Korea, 1945-1950: A House Burning*, Lawrence: University Press of Kansas, 2005.

Bruce Cumings, *Origins of the Korean War, Vol. 2: The Roaring of the Cataract, 1947-1950*, Princeton: Princeton University Press, 1992.

Bryan Robert Gibby, "Fighting in a Korean war: the American advisory missions from 1946-1953," PhD Diss., Ohio State University, 2004.

John Merrill, *Korea: The Peninsular Origins of the War*, Newark: University of Delaware Press, 1989.

Peter Ethan Clemens, "The Intelligent Man on the Spot, Captain James H. Hausman in South Korea, 1946-1948," A Masters Thesis, Kansas State University, 1988.

Robert K. Sawyer, *Military Advisors in Korea: KMAG in Peace and War*, Washington, D.C.: Center of Military History, United States Army, 1988.

William B. McAllister, Joshua Botts, Peter Cozzens, Aaron W. Marrs, *Toward "Thorough, Accurate, and Reliable": A History of the Foreign Relations of the United States Series*, Washington D.C.: U.S. Department of State, Office of the Historian, Bureau of Public Affairs, 2015.

강성호

고려대학교 사학과에서 박사학위를 받았고, 국립순천대학교 인문학술원장을 맡고 있다. ㈜호남사학회 이사장, 한국서양사학회 회장, 한국연구재단 학술지발전위원장 등을 역임하였고, 현재 한국인문사회연구소협의회 회장을 맡고 있다. 주요 저서로는 『전쟁의 경험과 기억』(2024), 『메가 체인지시대 메가 학문정책』(2023), 『전남동부지역 기독교인물과 선교활동』(2021), 『전남동부지역 기독교 기관과 지역사회』(2021), 『제도와 문화현상』(2020), 『탈서구중심주의는 가능한가』(2016), 『발전의 지정학과 궤적: 한국, 일본, 타이완, 독일, 푸에르토리코』(2010) 등이 있다.

임송자

성균관대학교 대학원에서 한국근현대사를 전공하고 박사학위를 취득하였다. 성균관대학교 연구교수, 한국방송통신대 학술연구교수, 순천대학교 HK연구교수와 학술연구교수를 역임하였으며, 현재 성균관대학교 동아시아역사연구소 책임연구원으로 재직 중이다. 주요 저서로 『배움과 좌절의 갈림길, 야학』(2017), 『전쟁과 동원문화』(공저, 2020), 『냉전 동아시아 '손상'의 발견』(공저, 2023) 등이 있고, 주요 논문으로 「한국전쟁기 전남지역 빨치산 활동과 지역민」(2020), 「전국광산노동조합 동원탄좌지부의 조직 활동과 사북사건」(2021), 「한국전쟁 초기 조선인민군의 호남지역 점령과정과 여수순천학도병」(2021), 「제주4·3 진압과 '냉전공간'으로서의 수용소」(2023 봄), 「제주4·3수용소의 지역민 수용 과정과 '손상'된 주체로서 수용자의 생활 실태」(2023), 「순천지역 여순사건의 재조명과 박찬길 사건」(2024) 등 다수가 있다.

우승완

순천대학교 대학원에서 건축공학(근대건축)을 전공하고 박사학위를 취득하였다. 현재 현재 순천대학교 인문학술원에서 학술연구교수로 재직하고 있다. 저서로는 『매산등 이야기 백년 전 순천으로 마실가기』(공저, 2008), 『천 년 순천의 근대 도시 이야기』(2023)가 있다. 주요 논문으로 「근대 순천의 도시 발전 동인에 따른 도시 변화에 관한 연구」(2009), 「광양 읍성의 공간 구조에 관한 연구」(2009), 「일제 강점기 여수의 도시 특성 변화에 관한 연구」(2011), 「조선 시대 장시 벌교의 도시 형성 과정에 관한 연구」(2014) 외 다수가 있다.

박광명

동국대학교 사학과에서 현대사를 전공하고 박사학위를 취득하였다. 동국대·동양대·상지대·한국외대 등에서 강의하였고, 현재 국사편찬위원회 편사연구사로 재직 중이다. 주요 연구로는 「미군정기 경제통제정책의 시행과 암거래 실태」(2019), 「전후복구기(1954~1956) 중소기업개발계획의 전개와 성격」(2020), 「1957년 미국 회계감사원의 대한경제원조 감사와 한국 국회의 대응」(2021), 「4·19 이후 중소기업개발계획 운영 실태와 ICA 부진기업체 정리」(2022), 「1960~80년대 서울의 도시화와 초등교육환경 변화」(2023), 「1950~60년대 인천의 전후 복구와 인구변동」(2024) 등이 있다.

김창후

제주4·3연구소장, '제주4·3평화재단' 이사와 '5·18기념재단' 이사를 역임했다. 저서와 논문으로는 『이제사 말햄수다 1』(1989), 「1948년 4·3항쟁: 봉기와 학살의 전모」(1993), 「넬슨 특별감찰보고서: 제주도의 정치상황에 나나난 제주도지사 유해진」(2000), 『4·3으로 만나는 자이니치』(2017), 『4·3수장, 그 흔적을 찾아서』(2021) 등이 있다.

강진구

중앙대학교 국어국문학과를 졸업하고 동 대학원에서 박사학위를 받았다. 2007년부터 문화다양성과 관련한 연구와 강의를 시작한 이래, 지금까지 한국사회의 문화다양성과 코리안디아스포라 문학을 연구하고 있다. 2013년부터 2019년까지 중앙대학교에서 조교수로 재직했으며, 2020년 9월부터 제주대학교 탐라문화연구원 학술연구교수로 재직 중이다. 저서로는『한국사회와 다문화』(공저),『문화다양성과 문화 다시 생각하기』(공저),『어떻게 여기 난민: 난민 경험과 기억』(공저),『한국문학의 쟁점들: 탈식민·역사·디아스포라』,『한국문학과 코리안디아스포라』등이 있다.

유상수

한성대학교 사학과에서 한국현대사를 전공하고 박사학위를 취득하였다. 한성대, 한국교통대, 방송대 등에서 강의하였고, 순천대학교 인문학술원 학술연구교수를 거쳐, 여순사건위원회 진상조사보고서기획단 전문위원 겸 보고서팀장으로 재직 중이다. 주요 저서로는『시민과 함께 읽는 여순사건』(공저, 2023),『노동과 삶의 통제』(공저, 2022),『간첩시대』(공저, 2020) 등이 있다. 주요 논문으로는「한국의 혈액관리체계 구축과정: 대한적십자사를 중심으로」(2023),「민주당정부 국토건설사업의 재검토」(2022),「고등학교『국사』의 여순사건 서술 변천 과정」(2022),「한국전쟁 전후 이승만의 사적통치기반 형성과 변화」(2021) 등이 있다.

김치완

제주대학교 철학과장, 제주대학교 기초교양교육원장, 제주대학교 신문방송사 주간, 제주대학교 교육혁신본부장을 거쳐 제주대학교 탐라문화연구원장직을 수행하고 있다. 제주대학교 총장추천관리위원장, 제주대학교 탐라문화연구원 편집위원회 위원장, 전국국공립대학 주간협의회 회장, 언론중재위원 제주지부 위원을 역임했다.『제주 섬 공간 가로지르기: 트드멍, 도투멍, 쿰으멍』(제주대학교 탐라문화연구원, 2024)을 비롯한 다수의 단독 저서와『호모 노마드 선언: 난민은 없다, 아니 모두가 난민이다』(제주대학교 탐라문화연구원, 2024)를 비롯한 다수의 공저를 펴냈다.「모빌리티로 본 근현대 도시공간 제주의 지형 변동」(『도서인문학연구』16권 1호, 서울시립대학교 도시문학연구소, 2024)을 비롯한 다수의 논문을 발표했다. 2023년 9월부터 '쿰다'로 푸는 제주 섬의 역사와 난민사업단 연구책임을 맡고 있다.